初中数学

单元起始课的教学研究与设计

毕晓燕 ◆ 主编

CHUZHONG SHUXUE DANYUAN QISHIKE DE
JIAOXUE YANJIU YU SHEJI

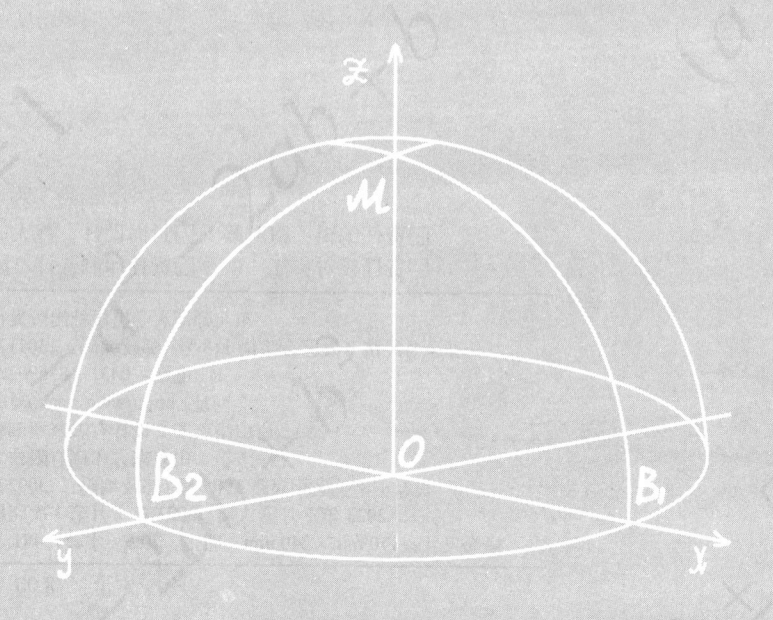

东北师范大学出版社
NORTHEAST NORMAL UNIVERSITY PRESS

图书在版编目（CIP）数据

初中数学：单元起始课的教学研究与设计 / 毕晓燕等主编． -- 长春：东北师范大学出版社，2022.11
ISBN 978-7-5681-9757-1

Ⅰ．①初… Ⅱ．①毕… Ⅲ．①中学数学课－教学研究－初中 Ⅳ．① G633.602

中国版本图书馆CIP数据核字（2022）第 209168 号

□责任编辑：宿航熙　　□封面设计：魏大庆
□责任校对：江　琪　　□责任印制：许　冰

东北师范大学出版社出版发行
长春净月经济开发区金宝街 118 号（邮政编码：130117）
电话：0431—85690289
网址：http://www.nenup.com
唐山雨滴图文设计有限公司制版
山东东方印刷有限公司
长春市南关区平泉路 1905 号（邮政编码：130022）
2023 年 1 月第 1 版　　2023 年 1 月第 1 次印刷
幅面尺寸：170 mm×240 mm　印张：20.5　字数：481 千

定价：78.00 元

编 委 会

主　编　毕晓燕
副主编　王孟孟　周艳艳
　　　　　张敬敬

前　言

在我区"推进基于课程标准的'教—学—评一致性'"研究项目的统领下，我们初中数学团队迎来了教研转型的快速发展时期。多年来，我们坚持不懈地研究，已取得了"单元整体教学的设计与实施""基于课程标准的学习目标的制订""基于学生高阶思维发展的评价任务设计""基于进阶的学习进程设计"等方面的实操路径及序列化课程教学方案及策略。

本书的研究内容隶属于"单元整体教学研究"这一课题，是我们研究解决单元整体教学设计系列问题的关键切入点。

本书包括五个部分："前言"，介绍了我们的研究背景、过程与内容。第一章"单元起始课的教育意涵"，概览了当前国内外关于单元起始课研究的现状和已取得的成果，并依据相关理论和我们的现实需求对核心概念进行了界定。第二章"单元起始课教学设计的路径与方法"，提供了单元起始课教学设计的基本操作流程，包括基于课程标准的目标研制，基于学生高阶思维发展的表现性评价设计，基于学习进阶的学习进程设计。第三章"单元起始课教学设计的关键策略"，从单元主题与大概念的提炼、大任务与大问题的设计优化、评价活动的设计优化、作业设计、板书设计五个方面，提炼出切实可行的策略与指导建议。第四章"单元起始课教学设计的案例与反思"，提供了囊括初中数学重点单元的起始课课时教学方案设计，通过实例呈现了逆向设计思路，把以上的研究真正落到了实处，促进学科核心素养的落实与建构。希望能给一线教师的教学实践指明方向，提供可行的操作方法。

本书是团队合作的结晶。毕晓燕作为工作室的负责人，负责全书的整体规划、统筹安排、审稿统稿等工作。毕晓燕、王孟孟、周艳艳、张敬敬共同撰写了全书的前三章，毕晓燕制订了课时教学方案的模板，进行了模板使用与设计的培训，全体工作室成员共同努力，理论与实践相结合，几易其稿，开发了第四章的案例，毕晓燕、王孟孟、周艳艳、张敬敬共同对第四章的案例进行审议讨论和全面修改。

本书呈现的内容，是我们平时研究与思考的全面体现，但由于理论素养和专业水平所限，本书难免存在路径与策略提炼不到位、表述不专业与不精准等问题；同时，由于撰稿时间比较仓促，难免存在错漏及不当之处，恳请广大读者提出宝贵意见，我们将不胜感激！

在本书行将出版之际，我们数学团队要感谢经区教育教学研究中心的正确引领，感谢威海市教育教学研究院、经区工委管委及教育分局领导提供的优越环境，感谢持续跟进引领项目研究的张斌博士，以及华师大朱伟强教授和台州教育学院王少非院长等专家的指导，同时我们也要感谢本书编撰团队的所有成员，感谢初中数学学科工作室的全体成员。今后我们还将一路耕耘，深化研究，持续加强课堂实践研究。

目 录

第一章 单元起始课的教育意涵 ·················· 1
第一节 单元起始课的研究现状与内涵 ·················· 1
第二节 单元起始课与单元整体教学 ·················· 8
第三节 单元起始课研究的价值与意义 ·················· 9
第四节 单元起始课的设计原则与方法 ·················· 11
第五节 单元起始课的设计路径 ·················· 14

第二章 单元起始课教学设计的路径与方法 ·················· 19
第一节 基于课程标准的目标研制 ·················· 19
第二节 基于学生高阶思维发展的表现性评价设计 ·················· 33
第三节 基于学习进阶的学习进程设计 ·················· 37

第三章 单元起始课教学设计的关键策略 ·················· 41
第一节 单元主题与单元大概念的提炼 ·················· 41
第二节 大任务与大问题设计优化 ·················· 47
第三节 评价活动的设计优化 ·················· 55
第四节 作业设计 ·················· 63
第五节 板书设计 ·················· 74

第四章 单元起始课教学设计的案例与反思 ·················· 76
第一节 数与代数领域 ·················· 76
1. "有理数"课时教学方案 ·················· 76

1

2. "用字母表示数"课时教学方案 ……………………………… 85
   3. "等式与方程"课时教学方案 …………………………………… 99
   4. "用表格表示变量之间的关系"课时教学方案 ………………… 109
   5. "无理数"课时教学方案 ………………………………………… 119
   6. "函数"课时教学方案 …………………………………………… 129
   7. "二元一次方程组"课时教学方案 ……………………………… 137
   8. "因式分解"课时教学方案 ……………………………………… 154
   9. "认识分式"课时教学方案 ……………………………………… 163
   10. "二次根式"课时教学方案 …………………………………… 175
   11. "一元二次方程"课时教学方案 ……………………………… 184
   12. "反比例函数"课时教学方案 ………………………………… 193

第二节 几何与图形领域 ……………………………………………… 203
   1. "生活中的立体图形"课时教学方案 …………………………… 203
   2. "认识三角形"课时教学方案 …………………………………… 214
   3. "探索勾股定理"课时教学方案 ………………………………… 227
   4. "图形的平移"课时教学方案 …………………………………… 244
   5. "平行四边形的性质"课时教学方案 …………………………… 256
   6. "菱形的性质与判定"课时教学方案 …………………………… 268
   7. "圆"课时教学方案 ……………………………………………… 277
   8. "确定位置"课时教学方案 ……………………………………… 290

第三节 概率与统计领域 ……………………………………………… 299
   1. "平均数"课时教学方案 ………………………………………… 299
   2. "用树状图或表格求概率"课时教学方案 ……………………… 310

第一章 单元起始课的教育意涵

新颁布的《义务教育数学课程标准（2022年版）》中提出要制订指向核心素养的教学目标，充分发挥核心素养导向的教学目标对教学过程的指导作用，在实现知识进阶的同时，体现核心素养的进阶。要整体把握教学内容，不仅要整体把握教学内容之间的关联，还要把握教学内容主线与相应核心素养发展之间的关联。单元起始课在实现新旧知识关联、激发学生兴趣、构建知识结构、提升人文情怀等方面有着重要作用。因此，对发展学生的核心素养、提升学生的思维能力而言，单元起始课不失为一种行之有效的路径。

第一节 单元起始课的研究现状与内涵

一、单元起始课的理论依据

（一）先行组织者理论

先行组织者理论是由奥苏贝尔提出的，"先行组织者"是先于学习任务呈现的引导性材料，比起学习任务本身，"先行组织者"具有更高的概括水平、抽象水平和综合水平，并且可以将学生认知结构中的原有观念与新知结合起来，即在新的学习任务与学生已有观念之间搭建桥梁，从而促进有意义学习的发生。

先行组织者理论为单元起始课的教学提供了理论支撑与策略支撑，单元起始课的教学就是通过引导性材料唤醒学生的"旧知"——学过的知识、形成的经验、总结的方法，并用"旧知"去联系、整合或者探究"新知"，促进学生新知识的建构并完善学生的认知结构。

（二）建构主义学习理论

建构主义学习理论是由皮亚杰提出的，包含知识观、学习观、教学观的基本观点。所谓知识观，即教师在教学过程中不能无视学生已有的知识经验，更不能把学习看成一个简单的知识传递过程。所谓学习观，即学生才是学习的主体，而且是一个个独立有个性的主体，学生的学习过程是主动学习而非灌输式学习。所谓教学观，即教师应该基于学生已有的知识经验和基础进行教学设计，搭建教学台阶，引导学生逐级完成新知识的构建，以及从原有知识和经验基础入手去构建和学习新知识的学习过程。数学强调知识间的逻辑关系及衍生关系，帮助学生更好地掌握数学知识的内在结构关系。

建构主义学习理论对单元起始课教学实践给予了理论支持和方法支持，单元起始课的学习是学生积极主动构建的过程。学习过程包含两方面的构建：首先，是基于旧知的构建，但又高于旧知，这里对旧知并不是单纯地提取，而是需要对其重组、改造再加以利用。其次，教师作为课堂的引导者，通过设计创设大问题、大情境、大任务，诱导、启发学生进行思维创造，掌控好课堂建构的风向，使学习向有意义的方向建构。

（三）最近发展区理论

最近发展区理论是由维果茨基提出的，其认为学生发展存在"现有水平"和"潜在发展水平"两个区间。现有水平是学生在独立活动过程中获得的解决问题的能力和水平，是学生已经具备的能力和水平。潜在发展水平是学生通过学习可以获得的潜在能力。两个发展区间的区别为起点和最高点的差别。通常而言，学生现有发展水平是学生现有的起点，而潜在发展水平是学生能够达到的最高点。"最近发展区"理论认为教师的教学过程就是立足学生最近发展区，通过教学方法的创新调动学生学习的积极性，从而激发学生的潜能，实现学生从"起点"到"最高点"的发展。

最近发展区理论为单元起始课实现从"起点"到"最高点"的过渡提供了理论支撑，单元起始课的教学需要从两个方面开展：一是采用多样教学方式，创新教学手段，帮助学生掌握、领会新知识，建立起教学与发展的桥梁；二是要因材施教，以学生为主体开展教学，充分考虑学生现有水平及潜在发展水平进行教学设计，实现从当前发展水平向"最高点"水平发展。

（四）主题／单元教学理论

单元教学是指根据现有的教学材料，从教学材料的完整性、学习者发展的整体性和学习的整体性考虑，将逻辑联系强、共性多的教学材料进行整理并重新组合，将重新组合后的材料作为一个整体来进行教学设计和教学，以此达到整体大于部分之和的教学效果。单元教学的实质是根据教学材料的内容和结构，将其分为不同的主题或单元，以此来实施教学。[①]

《普通高中数学课程标准（2017年版）》提出要重视以学科大概念为核心，使课程内容结构化，以主题为引领，使课程内容情境化，促进学科核心素养的落实。钟启泉[②]认为，主题教学不是将教学材料串联成一个个知识点来进行教学，而是将其有机地整合起来。同时，不能简单地将主题教学设计看成知识点的讲授和技能的掌握，而应是教师根据本学科的学科核心素养要求，创设符合教学目标和教学主题的情境，引导学生参与其中，从而设计精良的教学过程。李昌官[③]认为，主题教学的优势在于解决了平时教学时长不足的问题，为数学学科核心素养的落实奠定了基础。其次，主题教学有助于促进教师的专业化发展，可以加深教师对教学内容本质的认识，以及对本单元知识结构的理解，改善教师的教育教学理念，提升教师的教学内容设计水平。

主题／单元教学理论为单元起始课的教学奠定了理论基础，单元起始课同样要将单元的知识看作一个整体，从系统的角度去看待本单元的教学内容，既有助于学生更好地理解知识，体会教学材料所包含的数学思想，培养学生的核心素养，也有助于开拓教师的眼界，改进教学过程。

二、单元起始课的研究现状

"单元"是指具有从属关系、相互联系的知识之间所组成的大单元，其范围

---

① 邹鑫. 指向数学学科核心素养的高中章引言课教学设计及实施研究. 天津：天津师范大学，2021.

② 钟启泉. 学会"单元设计"[N]. 中国教育报，2015(009)：2.

③ 李昌官. 基于核心素养的数学单元教学[J]. 中国数学教育，2018(10)：3—6.

要比教材中的章节所涵盖的内容更全面、更完整。通过对文献的检索，笔者发现目前基本都停留在章起始课的研究，对单元起始课的研究较少。

(一)国外的研究

J.Fauvel 认为在章起始课教学中将数学历史融入教学案例，可以提高数学教育的水平。Uffe Thomas Jankvist 认为在章引言课教学设计时可以借助数学史，关注数学知识产生的源头，了解知识背景及发展过程，构建知识内容框架。Janine T. Remillard 等人认为教师在使用课程材料设计教学时，可以关注概念的引导性知识，先于概念呈现，以促进学生新旧知识之间的联系。Schallert 等人认为可以在学习内容前提供入门材料，入门材料应激发学习者扩展或修改其先前的知识，来提供要学习的内容和先前主题之间的联系，以促进先前知识的激活。Marvin Willerman 认为概念图作为章引言课教学的内容，在章节教学中起到了"先行组织者"的作用。

国外关于单元起始课的研究更强调的是单元起始课的"先行组织者"功能，帮助学生从整体的角度去了解学习材料，了解学习材料的前后联系、知识背景及发生过程，为学生构建完整的数学学习过程。

(二)国内的研究

马兆金[1]将章起始课的教学比作跟团旅游，教师就像一名导游，带领学生去研究本章要学习的知识。为什么学？已有知识间有何联系？将用怎样的方法学？林年生强调，章起始课的任务就是经历本章知识的生成和建构过程，从整体上把握知识之间的逻辑结构。顾颖[2]通过问卷发现：章起始课教学在教师心目中的地位不高，只有少部分教师认为它很重要，还有一部分教师不知道如何将其有效地实施起来。认为教师应"以学定教"为后续的学习构建框架；关注"以能定教"为学生核心素养谋成长；"以趣定教"为学生学习添加乐趣；"以材定教"为教师自身发展打基础。杨敏[3]认为章起始课教学应该具备结构化，其设计方面应该遵循系统性、结构性、双向性与可行性，可通过对教学内容分析、教师分析、学者分析以及教学环境分析来进行整体结构化的起始课教学设计。徐

---

[1] 马兆金. 高中数学章节起始课教学设计研究[D]. 徐州：江苏师范大学，2016.
[2] 顾颖. 七年级数学章起始课教学设计的研究[D]. 苏州：苏州大学，2016.
[3] 杨敏. 初中数学章节起始课的结构化教学设计研究[D]. 西安：陕西师范大学，2018.

应娟[①]认为章起始课教学设计是指在依据数学课程标准提出的科学学习目标基础上，结合每章的具体内容和素材创新地组织教学活动，引导学生初识全章的相关背景、知识结构、逻辑体系和应用价值，帮助学生明晰本章的学习内容、学习特点和学习方法，形成教学方案的过程。

国内普遍认同章起始课的价值与作用，但在一线教学的真实现状却不容乐观，基本停留在理论探讨的层面，缺乏持续而广泛的实验研究和成熟的操作策略，对单元起始课的研究则少之甚少。因此，立足单元整体教学与本土教育实际，开展扎实的单元起始课行动研究势在必行。

三、单元起始课的内涵

（一）单元的内涵

单元并非是新课程改革的产物，许多教育名家对单元都进行了研究与阐述。

钟启泉教授对"单元"这一核心概念进行历史回顾后指出：单元是基于一定目标与主题所构成的教材与经验的模块、单位，可以大体分为以系统化的学科为基础所构成的教材单元（学科单元）与以学习者的生活经验为基础所构成的经验单元（生活单元）。教材单元是作为学科框架内的模块式学习内容来组织的；经验单元是通过师生合作或者儿童自身经验活动的模块来计划与组织的。[②]

庞志雷在《核心素养视角下数学学科单元教学设计的方法与策略》中指出："单元"，不仅是教师所熟悉的教材"单元"，更是基于一定的主题、目标、方法等构成的知识与经验的模块。"单元"可以理解为介于课程标准与课时内容之间，对外相对独立，对内关联性强、共同特征多、相对完整的"教学单位"。它是开展单元教学设计的基本元素和重要因子。[③]

崔允漷教授指出核心素养发展的大单元是一种学习单位，一个单元就是一

[①] 徐应娟. 初中数学章起始课教学设计研究[D]. 重庆：重庆师范大学，2018.
[②] 钟启泉. 学会"单元设计"[N]. 中国教育报，2015-06-12(009).
[③] 庞志雷. 核心素养视角下数学学科单元教学设计的方法与策略[J]. 青海教育，2019(5)：42—43.

个学习事件、一个完整的学习故事。因此，一个单元就是一个微课程。一个学习单元由素养目标、课时、情境、任务、知识点等组成，单元就是将这些要素按某种需求和规范组织起来，形成一个有结构的整体。[①]

结合专家的解读与研究的经验，我们认为单元是基于一定的素养和目标达成所构成的学习模块，由具有内在关联的学习内容组成。单元不仅是教师所熟悉的教材"单元"，更是基于一定的主题、目标、方法等构成的知识与经验的"大单元"。

（二）单元的分类

1. 基于《课程标准》所规定的课程内容模块和主题单元。

初中数学学科课程内容分为"数与代数""图形与几何""统计与概率""综合与实践"四部分，以"数与代数"为例，又划分为"数与式""方程与不等式""函数"等几个主题单元。

2. 教材编排的自然单元或基于自然单元的若干有关联的知识结构组成的主题单元。

教材的自然单元与现行教科书规定的内容单元基本一致，方便教师的理解与运用。也可将自然单元进行调整或者组合为教材改良单元，如将鲁教版八年级上册"平行四边形"与八年级下册"特殊平行四边形"两部分内容进行整合，形成"平行四边形"主题单元。

3. 以数学思想方法为主线组织的专题类单元。

学习数学离不开数学思维。数学思想方法就是数学思维的体现，是数学思想和数学方法的统一。如抽象思想、分类思想、符号化思想、归纳思想、类比思想、数形结合思想、方程思想、函数思想、模型思想、分析法、综合法，等等。数学思想方法的分类可以有不同层面的，可以是学科核心素养的三大基本思想，也可以是指向解题实操层面的。因为以数学思想方法为主线组织的专题单元，跨出了知识层面的限制，往往是跨教材单元的，凸显思维和思想方法层面，进而有利于揭示其中蕴含的本质。例如，设置的"图形的变换"专题类单元，是由鲁教版七年级上册的"轴对称"、八年级上册的"图形的平移与

[①] 崔允漷. 如何开展指向学科核心素养的大单元设计 [J]. 北京教育（普教版），2019(2)：11—15.

旋转"和八年级下册的"图形的相似"中的"利用位似放缩图形"三个自然单元组成，本专题单元是以这些学习内容为载体，更好地关注和体现其中蕴含的数学思想方法，贯串始终的数学思想方法是转化、类比、归纳、推理等思想方法。

4.以大概念、大任务统领的经验单元，围绕一个学科观念，完成一个项目而组织成的"完整"的经验单元。

以观念"用数学语言可以准确描述位置"为统领建构"如何确定位置"经验单元，围绕核心知识（数对；方向角＋距离）、驱动性问题、高阶认知、学习实践、学习成果、学习评价等环节开展学生的实践化项目研究。

学科教学是系统性非常强的专业性活动，在教师的经验中，大多会从内容的视角认识"单元"，即倾向于"教材单元"的界定。在教学中，既可以参照教材的结构，将一章中的若干节直接作为一个单元，也可以根据不同的需求适当地重组、调整学习内容，构成新的主题结构单元。

（三）单元起始课的内涵

目前，关于单元起始课的介绍并不多，更多的是关于单元起始课的定义，但不同的学者对单元起始课也有着不同的解释。

所谓"单元"，应区别于"章"，"章"是教材编写的划分，"章首"指教材内容上的章节的起始，而"单元"可能是与教材章节相吻合的自然单元，亦可能是围绕某一主题重新设定的主题单元，"单元起始"则是着眼于这一主题的单元教学的开始[①]。单元起始课与传统的单元起始课有很多共同之处，但单元起始课更突出内容和研究方法的整体关联性。

单元起始课是指在单元整体教学设计的基础上，结合学生的知识经验创造性地利用单元的具体内容和素材组织本单元第一节课的教学活动，注重单元整体的关联性，引导学生初识整个单元的相关背景、知识结构、学习方法、学习路径和应用价值，肩负着开山引路、承前启后的任务。

---

① 孙军波.核心素养观下的主题单元起始课教学实践：以复数单元起始课为例[J].数学通报，2019(12)：31—34.

第二节 单元起始课与单元整体教学

单元整体教学是以"单元"为一个结构单位，基于学生的认知基础和学习特点，依据课程标准对该单元的学习内容进行"再建构"，提炼单元大观念，找出单元基本问题，确定单元目标，设计单元评价任务，设计单元学习进程。整个单元呈现"总—分—总"的教学架构，即单元起始课—课时新授课—单元复习课。

一、单元起始课应纳入整个"单元"进行整体规划

单元起始课是一个单元学习的开始，不能简单地等同于第一课时，应运用结构化思维引导学生系统规划单元知识，在整个单元学习中起到开启和统领性的作用。单元起始课的教学设计应突破课时限制，从单元整体上进行规划建构，从单元的课标、教材分析、学情分析入手，体会单元大观念，感知单元的基本问题，整体设定单元学习目标，明晰单元的基本学习路径，再按照给定的总课时数，合理规划每个课时的学习目标，且让每课时的教学都为落实单元学习目标服务。高品质的单元起始课是保障单元教学及课时教学的关键基础，能够实现从关注数学教育到关注教育数学的有效转化。

二、单元起始课教学目标的落实需延伸至单元整体设计中

单元起始课只是一个单元学习的序曲，不可能在一节起始课中落实单元中的所有知识。单元起始课主要是让学生明晰自己的学习起点，准确了解学习内容和学习方向，实现从以往的被动学习向主动学习的转化，并进行知识的有机融合，形成新的知识，产生新的理解。单元起始课学习目标的达成需要教师系统地设计，需要延伸至课后的作业设计、评价设计乃至单元后续课时的教学设计之中，这也是单元教学理念的体现。

第三节 单元起始课研究的价值与意义

一、单元起始课的价值

（一）落实国家课程标准的要求

《普通高中数学课程标准（2017年版）》提出了主题单元教学，其中，单元教学设计提议将教学内容容纳到整个主题之中来，将教学重心放在教学内容的本质以及本单元的学习方法和学生数学核心素养的落实上来，这就要求教师实行整体教学观，系统地把握数学教学知识。《义务教育数学课程标准（2011年版）》中指出："数学知识的教学，要注重知识的'生长点'与'延伸点'，把每堂课教学的知识置于整体知识的体系中，注重知识的结构和体系，处理好局部知识与整体知识的关系。"因此，在实际教学过程中教师通过数学知识的内在联系，关注知识的生长点和延伸点进行整体教学设计是非常有必要的。

课程标准是上位的、高度概括的指导思想，但对于大多数教师而言，课程标准要求转化为课堂生产力仍存在难以跨越的沟壑。因此，在课程标准与课时教学之间还需要有一个大小适中的载体——这个载体既能进一步细化课标要求，又能统整课时知识形成结构化体系，单元起始课可以有效架起课程标准与课时之间的桥梁。单元起始课的教学可以帮助学生了解本章的学习内容、结构及思想方法，实现数学知识的串联，有效避免课时之间知识的割裂，对整个单元的学习起着整体规划、引领的作用，有效落实课程标准的要求。

（二）落实数学核心素养的培养

数学学科核心素养是数学课程目标的集中体现，是具有数学基本特征的思维品质、关键能力以及情感、态度与价值观的综合体现，是课程实施要贯串始终的主线和要达成的目标。《普通高中数学课程标准（2017年版）》在教学建议中指出：整体把握教学内容，促进数学学科核心素养连续性和阶段性的发展。这要求教师要以数学学科核心素养为导向，抓住函数、几何与代数、概率与统计、数学建模活动与数学探究活动等内容主线，以明晰数学学科核心素养在内容体系形成中表现出的连续性和阶段性，进而在实际教学中引导学生从整体上把握数学知识，以实现学生数学学科核心素养的形成与发展。单元起始课既注重学生对知识的获取，也让学生关注本节内容与实际生活的紧密联系，让学生在获得"四基"、提高"四能"的过程中，学会用数学的眼光观察世界，用数学的思维思考世界，用数学的语言表达世界，体现出单元起始课的育人价值，以此来落实数学核心素养的培养。

(三)落实单元知识的建构

课程标准在教学建议中提倡整体教学观，教师在单元起始课教学时，要做到以下几点：首先，要帮助学生挖掘本单元的知识内涵，即本单元包含哪些数学知识，这些知识的内涵外延是怎样的；其次，要掌握本单元的思想方法，即要解析本单元教学内容所反映的数学思想方法，从而帮助学生更好地理解本单元的知识；最后，要厘清本单元知识的来龙去脉，明确它的上位知识和下位知识是什么，与它有何关系等，即从整体上对本单元进行内容解析，点明本单元的结构，以及本单元在初中数学课程中的地位，甚至在整个数学学科中的地位，这样有利于学生建构完整的知识链条和结构体系，更好地理解所学内容。

二、单元起始课的意义

(一)有助于落实学生数学核心素养的培养

首先，单元起始课的教学在激发学生的学习兴趣、渗透数学文化、提升人文情怀、构建知识体系等方面有着重要的影响。以落实数学核心素养为目标的单元起始课教学，有助于提高学生的数学素养，拓宽学生的数学思维，使得学生在发现问题、提出问题的同时会用数学的眼光观察现实世界；在分析问题的同时会用数学的思维思考现实世界，在用数学方法解决问题的过程中会用数学的语言表达现实世界。其次，单元起始课还起着"先行组织者"的作用，有助于学生了解本单元知识的背景及发展过程，益于学生构建知识内容框架，促进学生将本单元的新知与学生已有的旧知联系起来，更好地理解新知，从而促进学生数学核心素养的落地。

(二)有助于提升教师的专业素养

核心素养的落实对初中数学教师提出了更加严格的专业要求，教师从教学主导者转化为关注学生数学思维品质提高、数学能力提升的学习指导者、教学组织者，数学课堂由一味地灌输知识转化为关注学生综合素质发展的探究式"有意义"学习。在单元起始课的教学中教师关注学生知识的获得过程，注重引导教学；充分展示知识的形成过程，体现过程教学；归纳提炼思想方法，为后续的有效教学打下基础。在此过程中，既促进了学生的能力发展，也促进了教师的专业发展。

(三)有助于改善初中数学单元起始课的教学

单元起始课有效构建了本章的知识框架，为学生搭建完整的数学学习过程，具有独特的教育价值及功能。但在实际教学中并未引起足够的重视，部分教师在进行单元教学时，往往采用"部分—整体"的教学模式，忽略了单元起始课在教学中承担的承上启下的重要角色。单元起始课是一种新的数学课型，它满足新课改的发展需求，充分反映了素质教育的核心要求，一线数学教师应重视单元起始课的价值，并充分发挥它在数学教学中的作用。

第四节 单元起始课的设计原则与方法

单元起始课是数学教学内容的重要组成部分，统领整个单元的学习。它既渗透单元大观念，也为整个单元的学习提供相关背景、基本问题、知识框架、学习路径、逻辑体系和应用价值。那么，如何有效地设计单元起始课？单元起始课设计的基本原则又有哪些？

一、单元起始课的设计原则

(一)整体性原则

单元起始课设计的整体性原则主要表现在三个方面：第一，知识的整体性。

学生所学的知识不应该是零散的、杂乱无章的数学知识，而应该是知识与思想方法整合后系统化的知识。这样，从单元整体上把握，让学生初步感知整个单元的知识结构。第二，认知的整体性。学生的认知理解不应该是断层的，而应该是连续的。起始课的教学应当结合学生的心理特点和认知规律形成整体思维，既让学生知道本单元学什么，又让其明白为什么学和怎么学，从而统领单元教学[1]。第三，活动的整体性。学生不是自学，而是在教师的引导下，根据当前的学习活动去联想、激活以往的经验，以贯通的方式对学习内容进行组织，从而建构起自己的知识体系。整体性也体现在"完整化"的学习过程中，不是掐头去尾烧中段，而是由碎片化走向结构化、系统化，要把知识的前生后世弄清楚[2]。

（二）发展性原则

发展性原则是指要用发展的眼光来看待学生，主要表现在两个方面：一是用发展的眼光看问题，注重教会学生学习和解决问题的方法，"怎么学比学什么更重要"。起始课的教学设计不能局限于事实性、概念性的知识层面，更应关注学生的思维方式，要把学生的成功放在更长的时间轴上去考量，不汲汲于当下，不纠缠于细碎，不止步于脚下，要用战略眼光、发展眼光力葆后程长远的可持续性、可迁移力。二是思维的进阶发展，由低阶思维向高阶思维进阶，不能停留在记忆与理解的层面。发展性的表征为"远"，不但要实现当前的显性教学目标，还要渗透思想、提高精神力量，更要涵育进入未来社会的生存能力、可生长性内能[3]。

（三）主体性原则

在单元起始课的教学中，在多种多样的活动引领下，促进学生的学习以及自主思考。在单元起始课上老师注重对数学思想、方法的渗透，通过潜移默化的培养过程，培养学生的数学能力，提高学生的数学素养和数学抽象思维能力，也能培养学生建立良好的学习习惯，从而达到知识的全面掌握。在之后的学习中，学生就会较为注重单元起始课中的思想方法和知识构图，从而对整体的学习进行有效把握。

---

[1] 王华. 数学单元起始课教学设计的原则和方法[J]. 教学与管理，2020(7)：39—42.
[2][3] 邢成云，王尚志. 初中数学"章起始课"的探索与思考[J]. 课程·教材·教法，2021(3)：76—82.

（四）激趣性原则

苏霍姆林斯基认为，教与学统一性的起点，在于激发学生学习的兴趣与愿望。约翰·杜威说过："教师的首要任务在于唤起学生理智的兴趣，激发对探究的热情。"中学数学课程中有很多重要且难以理解的知识，想要在有限的时间内了解并厘清单元重难点知识并非易事。而有了兴趣，就会作用于人的精神世界，走进人的内心，触及人的心灵，这其实也是深度学习的一种表征。课堂中教师可以多种方式激发学生的学习兴趣，创设各种情境；运用多种技术手段，利用互动式教学方式，设置各种活动等。

二、单元起始课的设计方法

"教学有法，教无定法，贵在得法。"每一单元所处的位置不同，知识结构也有差异。不同的单元起始课有各自的特点，不能千篇一律地按照同样的办法处理，而应该依据教材，利用恰当的教学原则进行差别化处理设计。概括起来，单元起始课的设计方法主要有如下三种。

（一）运用结构思维类比式设计

数学课程标准指出，"学生的数学学习过程是一个自主构建对数学知识的理解的过程。数学知识的连续性、结构性，以及新旧知识的联系性是数学知识的显著特点。那么，如何将新知识结构化？学生的已有认知基础就是非常重要的资源，学生通过对已学内容的学习路径的回顾，发现新知与旧知在方法和路径上存在共性，具有类似的性质，因而可以将旧知作为类比源，类比已掌握知识的结构去建构新知，从而将学习内容结构化。

例如，分式的单元起始课。学生在小学的学习中已经掌握分数、分数的基本性质及其运算，头脑中有了与分数相关的知识结构，这为分式的学习奠定了良好的认知基础，提供了学习经验。因此，教师可以让学生经历表示分式的活动，发现一类新的代数式，体会从分数到分式的概念形成过程，并寻找分式的特征，归纳定义。而整个单元的学习也是类比分数的研究结构研究分式，做到内容结构化。

（二）运用整体思维分解组合式设计

整体思维又称系统思维，即整体是由各个局部按照一定的秩序组织起来的，要求以整体和全面的视角把握研究对象。在观察、分析和处理研究对象时，应注重研究对象本身固有的完整性、统一性和关联性，以普遍联系的观点看待数学问题。那么，如何利用整体思维建构起始课呢？面对一些较为复杂的数学问题，不能一下子以整体的形式解决。首先，需要对主题进行任务分解，将其转化为一个个"子任务"加以研究。其次，围绕若干"子任务"设置相应的问题，之后通过对问题的解答完成相应任务。最后，将所有"子任务"重新组合、整体关联，达成总任务，从而实现起始课的教学[①]。

例如，数据的分析单元起始课，分析两组数据需要从数据的集中趋势与离散程度进行分析，我们就可以将其分解成两个任务，一是分析集中趋势，二是分析离散程度，再把这两个大任务转化成一个个子任务，即如何分析数据的平均数、中位数、众数、方差、标准差等，最终完成数据的整体分析。

（三）运用逻辑思维推理式设计

数学是关于思维的科学，数学重在培养学生的思维。在教学中教师需要站在知识的生成与发展上进行有序思考，形成基本的研究路径，这既是数学学科本身的要求，也是学生思维发展的需要。几何部分教材的呈现方式总是表现出一定的逻辑顺序，循着"定义—性质—判定—应用"的研究路径展开，在研究平面几何问题时，教师应将逻辑思考的过程建立成体系，并将此思维过程可视化，用推理的方式构建学习这一类型知识的体系。

例如，研究平行四边形，教材就循着"定义—性质—判定—应用"的研究路径展开，特殊平行四边形的学习依然按照此路径展开，所以平行四边形的单元起始课教师就可以渗透几何图形的研究路径，帮助学生逐步形成这一类知识的体系。

第五节 单元起始课的设计路径

一、单元起始课的设计路径

单元起始课起着对整个单元知识的结构、逻辑关系和安排顺序的总领

---

① 王华. 数学单元起始课教学设计的原则和方法[J]. 教学与管理，2020(3)：39—42.

和导引作用，单元起始课的教学要从统摄单元特点出发，紧紧围绕"是什么(what)""为什么学(why)""学什么(what)"和"怎么学(how)"四环节进行设计。

（一）是什么

单元起始课的教学教师应从大处着眼、整体入手，充分发挥单元比课时"大"的优势，借助"章引言"首先让学生对即将学习的内容有一个整体大概的了解，清晰地知道本章的主要内容有哪些，并认识到本章所要解决的主要问题。教师通过创设大情境、提出大问题、建立大任务、明确大概念、形成大策略，为本单元的后续学习提供"先行组织者"。这里的"大情境"是指蕴藏着本单元核心问题的情境，它既是本单元核心知识的源头，也是学习本单元内容的缘由。这里的"大问题"是指具有统领和整合作用且贯串课堂学习始终的问题。这里的"大任务"是指为了解决大问题而建立的解决问题的表现性评价任务。这里的"大概念"是指本单元学习和问题解决中具有持久价值和迁移价值的关键性概念、原理或方法，它是设计核心问题的"向导"。这里的"大策略"是指具有较强普适性的、能够用于解决一类问题的数学思想方法。

（二）为什么学

单元起始课的教学应抓核心与本质，让学生全面认识到学习本单元内容的意义和价值，它往往蕴藏在数学的核心知识中，蕴藏在核心知识的形成过程与形成方法中，蕴藏在核心知识的本质中。教师应思考：本单元的核心概念是什么？它的形成过程与形成方法是什么？它与其他相关概念有怎样的联系？为什么这个知识是核心知识？它背后蕴含的大概念是什么？教师应该全面掌握本单元内容的价值，引导学生从已有的知识和经验出发设计问题，促进学生有兴趣地高效学习。

（三）学什么

确定"学什么"的关键在于教师把握课标内容要求，吃透教材，单元起始课的教学应该以知识为载体，以问题为中心，以探究为手段，以素养为目标来组织实施。为此，教师应充分解读教材，准确把握教材编写者的思路和意图，抓住教材的核心内容、重难点和关键点，准确把握知识内容的逻辑关系、组织线索和呈现方式；借助问题，激发学生的学习动力，明确学习目标，搭建学生主动参与、深度参与的载体与平台。这样通过知识问题化、问题任务化、任务活动化，充分发挥问题对学生学习的引领、指导和促进作用，在体现"四基""四能"

的基础上,凸显数学核心素养的要求。

(四)怎么学

单元起始课应科学、合理地整体化设计,让学生清晰用什么方法学,教师明确如何引导学生学才能真正掌握数学知识、把握数学本质。应夯实基础,求稳求实,以单元的初始知识为载体,强化研究和解决本单元问题的一般思路与方法,积累数学基本活动经验,为后续学习积蓄更强大的能量。

二、单元起始课的设计模板

单元起始课课时教学方案模板

课题			设计者		
所在单元		年级		课时	
目标设计	课标要求				
	单元大概念				
	教材分析				
	学情分析				
	单元目标				
	课时目标				
评价设计	评价任务或问题序列				
	评价方案	核心目标	表现标准	评价任务(包括情境和核心问题)	评价工具
学习进程设计					
环节一	学习任务:				
	学生活动			教师活动	
	设计意图:				

续表

课题			设计者	
所在单元		年级		课时

环节二……	学习任务：	
	学生活动	教师活动
	设计意图：	

作业设计

板书设计

教学反思与改进

模板解析：

整个设计分为三大部分：目标设计、评价设计、学习进程设计。具体要求如下：

1."课标要求"：既要呈现内容标准，也要呈现学段目标，将二者融合在一起。

2."单元大概念"：本单元学习和问题解决中具有持久价值和迁移价值的关键性概念、原理或方法。

3."教材分析"：用简图呈现知识结构，分别从纵向、横向及章首图三个维度进行分析，每个分析维度中的框架图要求形式出新、构图新颖，凸显学科逻辑，体现思想方法。

4."学情分析"：分析学生的已知、未知，找准学生思维的进阶点、障碍点。

5."单元目标"：综合呈现学习目标，分析教材和学情后对单元目标提取或分解，一般3~4条，每一条目标叙写规范【行为主体（可省略）+行为条件（可省略）+行为表现（建议每条目标一个，动宾结构）+表现程度】。

6."课时目标"：在单元目标的基础上，提取细化得到该起始课的课时目标。

7."评价任务或问题序列"：用图表或文字表示主任务（或主问题）及子任务（或子问题）的内容及逻辑关系。单元主问题是统领全章且决定起始课的问题和任务的，起始课的主评价任务和子评价任务的设计应相辅相成。

8."评价方案"：把课时目标中的核心目标进行重点规划的逆向设计，是学习进程设计的重要依据。

9."学习进程设计"：围绕着"评价方案"中的核心问题和评价任务具体展开，要将评价工具体现在教师活动和学生活动中。学习任务要清晰、完整地呈现学习内容，包括情境、文字、图片及相关要求等；师生活动描述要详细，对课堂具有指导意义，是课堂的再现；教师活动需要包括教师预设可能会出现的问题以及由此教师追问的问题、运用的策略等；学生活动要有层次、有要求。

10."作业设计"：一般要求设计三种类型的作业，体现作业的分层布置、个性化布置、弹性作业、综合性实践作业等理念。

11."板书设计"：用图表或图示将文字内容清晰、美观地以框架形式结构化地呈现。

第二章　单元起始课教学设计的路径与方法

第一节　基于课程标准的目标研制

课程标准是规定课程性质、课程理念、课程目标、课程内容、学业质量、课程实施的教学指导性文件。教学目标的精准研制，有助于教师站在宏观视野，系统地剖析课时目标间的内在关联；有利于学生建构结构化的知识体系，从而灵活地迁移应用。本节我们将结合具体案例，重点探讨基于课程标准的教学目标研制的依据和路径。

一、解析课程标准

课标解析是指通过研读《数学课程标准》，了解和本单元有关的总目标、学段目标、内容标准，对接核心素养，提炼大观念，挖掘数学思想方法，明确单元学习的内容。

（一）分析学段目标，对接核心素养，提炼大观念

1. 提取本单元相关的学段目标

学段目标是根据不同学段学生发展的特征，描述总目标在各学段的表现和要求，并将核心素养的表现体现在每个学段的具体目标之中。

以"一元二次方程"为例，它隶属于"数与代数"领域，从这一领域中提取本单元的相关学段目标。不难发现，《课标》对本单元的要求是"会用方程描述现实问题中的数量关系和变化规律，形成合适的运算思路解决问题；形成抽象

能力、模型观念，进一步发展运算能力""探索在不同的情境中从数学的角度发现和提出问题，综合运用数学和其他学科的知识从不同的角度寻求分析问题和解决问题的方法，能运用逻辑推理等方法解决问题，形成模型观念。"

2. 依据学段目标要求，对接单元核心素养

2022版《数学课程标准》指出数学课程要培养学生的核心素养，主要包括会用数学的眼光观察现实世界、会用数学的思维思考现实世界、会用数学的语言表达现实世界三个方面。初中阶段侧重对概念的理解，主要表现为：抽象能力、运算能力、几何直观、空间观念、推理意识、数据意识、模型意识、应用意识、创新意识。

依据学段目标，对接"一元二次方程"单元的核心素养是——"抽象能力""模型意识""运算能力"和"推理意识"，发展学生这四大核心素养是本单元的核心任务。

3. 抓住核心素养，提炼单元大观念

"大观念"又叫"大概念"，它是指处于更高层次、居于中心地位和藏于更深层次，更能广泛迁移的观念。大概念可以以各种形式体现——一个词、一个短语、一个句子或者一个问题。也就是说，一个核心的概念、一个基本问题或一个正式理论，都可能是大观念，只是用不同的方式表达出来而已。

《数学课程标准》指出，方程部分应当让学生经历对现实问题中量的分析，借助用字母表达的未知数，建立两个量之间关系的过程，知道方程是现实问题中含有未知数的等量关系的数学表达。因此，方程部分的整体教学目标确定为：经历从具体情境中抽象出方程的过程，体会模型思想，提高推理能力。据此提炼出本单元的大观念：方程是含有未知量、表达等量关系的式子，通过运算和等式性质可以使未知量成为可知。单元大观念和核心素养将引领本单元的学习。

（二）解析内容标准，初步确定单元目标

义务教育阶段的数学课程内容由数与代数、图形与几何、统计与概率、综合与实践四个学习领域组成，《数学课程标准》对每个领域的课程内容都呈现了"内容要求""学业要求""教学提示"三个方面。内容要求主要描述学习的范围和要求；学业要求主要明确学段结束时学习内容与相关核心素养所要达到的程度;教学提示主要是针对学习内容和达成相关核心素养而提出的教学建议。因此,要聚焦内容标准,剖析内容要求的关键词,明确单元具体概念,重点分析其所对应的行为动词和行为条件,匹配认知水平;结合学业要求,初步确定单元目标。

1. 剖析关键词,匹配具体概念的认知水平

剖析内容要求,找出具体概念,分析具体概念所对应的行为动词、行为条件。《数学课程标准》中的行为动词有两类:描述结果目标的行为动词和描述过程目标的行为动词。描述结果的主要有:了解、理解、掌握、运用四个层次。描述过程的主要有:经历、体验、感悟、探索四个层次。具体匹配如下表:

行为动词类型	认知水平	含义	同类词
描述结果目标的行为动词	了解	从具体实例中知道或举例说明对象的有关特征;根据对象的特征,从具体情境中辨认或举例说明对象。	知道,初步认识
	理解	描述对象的由来、内涵和特征,阐述此对象与相关对象之间的区别和联系。	认识,会
	掌握	多角度理解和表征数学对象的本质,把对象用于新的情境。	能
	运用	基于数学对象和对象之间的关系,选择或创造适当的方法解决问题。	证明,应用
描述过程目标的行为动词	经历	有意识地参与特定的数学活动,感受数学知识的发生、发展过程,获得一些感性认识。	感受,尝试
	体验	有目的地参与特定的数学活动,验证对象的特征,获得一些具体经验。	体会
	感悟	在数学活动中,通过独立思考或合作交流,获得初步的理性认识。	
	探索	在特定的问题情境下,独立或合作参与数学活动,理解或提出数学问题,寻求解决问题的思路,获得确定结论。	

以"一元二次方程"内容要求的第一条——"能根据现实情境理解方程的意

义，能针对具体问题列出方程"为例，首先找出内容要求中出现的名词"方程的意义""方程"，确定本单元的具体概念为"一元二次方程"。"方程的意义"对应的行为动词为"能""理解"，"方程"对应的行为动词为"能""列出"。对照上表，依据行为动词，匹配认知水平。"能"属于"掌握"层次，"掌握"属于描述结果目标的中间层次，要求：多角度理解和表征数学对象的本质，把对象用于新的情境。如下图：

内容要求
1.能根据现实情境理解方程的意义，能针对具体问题列出方程；
2.理解方程解的意义，经历估计方程解的过程；
3.理解配方法，能用配方法、公式法、因式分解法解数字系数的一元二次方程；
4.会用一元二次方程根的判别式判别方程是否有实根和两个实根是否相等；
5.了解一元二次方程的根与系数的关系；
6.能根据具体问题的实际意义，检验方程的解的合理性。

具体概念	行为条件	行为动词	认知水平
方程（一元二次方程）	根据现实情境	能，理解	掌握
	针对具体问题	能，列出	

分解内容要求后，可以与学业要求相对照，将内容要求中的行为动词依据其认知水平，进一步具体化，使其可评可测。

内容要求	行为动词	认知水平	学业要求	行为动词	认知水平
1.能根据现实情境理解方程的意义，能针对具体问题列出方程。	能，理解	掌握	能根据具体问题中的数量关系列出方程，理解方程的意义。	能，列出	掌握
	能，列出			理解	
2.理解方程解的意义，经历估计方程解的过程。	理解	理解	认识方程解的意义，经历估计方程解的过程。	认识	理解
	经历	经历		经历	经历
3.理解配方法，能用配方法、公式法、因式分解法解数字系数的一元二次方程。	理解	掌握	能根据一元二次方程的特征，选择配方法、公式法、因式分解法解数字系数的一元二次方程。	能，选择，解	掌握
	能，解				

续 表

内容要求	行为动词	认知水平	学业要求	行为动词	认知水平
4.会用一元二次方程根的判别式判别方程是否有实根和两个实根是否相等。	会，判别	理解	会用一元二次方程根的判别式判别方程是否有实根及两个实根是否相等，会将一元二次方程根的情况与一元二次方程根的判别式相联系。	会，判别	理解
5.了解一元二次方程的根与系数的关系。	了解	了解	知道利用一元二次方程的根与系数的关系可以解决一些简单的问题。	知道	了解
6.能根据具体问题的实际意义，检验方程的解的合理性。	能，检验	掌握	能根据具体问题的实际意义，检验方程的解是否合理。	能，检验	掌握

2．按照认知水平进阶，初定单元目标

将内容标准分解后，可以尝试进行分层合并。以"一元二次方程"为例，可以将六条内容标准分为三层：一元二次方程的相关概念、解方程及根的情况、方程应用。其中第二条是求一元二次方程的近似解，第三条是用三种不同的方法求方程的精确解，第四、五条是不解方程直接得出解的情况，将其合并为一条目标。结合学段目标及单元大观念的相关要求，确定五条单元目标。

学业要求	具体概念	行为条件	行为动词	认知水平	思想方法
1.能根据具体问题中的数量关系列出方程，理解方程的意义。	方程（一元二次方程）	根据具体问题中的数量关系	能，列出	掌握	抽象、模型
			理解		
2.认识方程解的意义，经历估计方程解的过程。	方程解（近似解）		认识	理解	转化
			经历	经历	

续 表

学业要求	具体概念	行为条件	行为动词	认知水平	思想方法
3.能根据一元二次方程的特征，选择配方法、公式法、因式分解法解数字系数的一元二次方程。	配方法 公式法 因式分解法		能，选择，解	掌握	转化、归纳
4.会用一元二次方程根的判别式判别方程是否有实根及两个实根是否相等，会将一元二次方程根的情况与一元二次方程根的判别式相联系。	根的判别式，根的情况		会，判别	理解	归纳
5.知道利用一元二次方程的根与系数的关系可以解决一些简单的问题。	根与系数的关系		知道	了解	
6.能根据具体问题的实际意义，检验方程的解是否合理。	实际问题的解	根据具体问题的实际意义	能，检验	掌握	模型

⬇

> 1.能根据具体问题中的数量关系列出方程，理解方程的意义，提高抽象能力，发展模型观念；
> 2.认识方程解的意义，经历估计方程解的过程，提高估算意识和能力；
> 3.能根据一元二次方程的特征，选择配方法、公式法、因式分解法解数字系数的一元二次方程，提高数学运算能力；
> 4.会用一元二次方程根的判别式判别方程根的情况，知道根与系数的关系，提高数学推理和运算能力；
> 5.能根据具体问题的实际意义，检验方程的解是否合理，发展模型观念，提高数学应用意识。

二、分析教材

分析教材是指以教材为主要载体开展对单元教学内容的解读和分析，包括明确核心内容及其在数学课程中的地位和作用，揭示教学价值，确定教学重点与难点等。

（一）横纵分析，明确地位作用，提炼基本问题

从"纵向"与"横向"两方面着手，了解本单元在初中阶段教材中的地位、作用以及它与其他单元的关联，提炼基本问题，得出本单元和整个模块等其他单元的结构图。

以"一元二次方程"为例，它隶属于"数与代数"领域，"数与代数"分为数与式、方程与不等式、函数三部分。"一元二次方程"属于"方程与方程组"部分。数（有理数、实数）与式（代数式、整式与分式）是方程与方程组的生长点。其中方程与方程组表示等量关系，不等式与不等式组表示不等量关系，函数表示变量关系，说明方程与不等式、函数之间有密切联系。

本单元的主要研究对象是一元二次方程，主要内容包括：一元二次方程的概念，用配方法解一元二次方程，用公式法解一元二次方程，用因式分解法解一元二次方程，一元二次方程根与系数的关系，一元二次方程的应用。在学习"一元二次方程"之前，学生已经学习过一元一次方程、二元一次方程组、分式方程等内容，它们基本是遵循"概念—解法—应用"的顺序展开的，概念中的"元"和"次"也具有前后一致性。学习解法时，也按照从简单到复杂的顺序，采用逐步化归的方法解决问题，积累了一定的用方程解决实际问题的经验，初步体会了方程的模型思想，这些都是本单元学习的基础。本单元内容既是以前学过的一元一次方程、二元一次方程组、分式方程的延续和深化，同时为高中学习参数方程、线性方程组等做好铺垫。数与式中的完全平方公式、平方根的相关知识是本单元的重要生长点，本单元又是一元二次不等式、二次函数的生长点，因此，本单元起着承上启下的作用。

列方程、解方程和方程应用不是截然割裂的，而是同一个问题解决过程中的几个步骤，因此，本单元的基本问题是：如何运用一元二次方程解决简单的实际问题？

建构如下结构图。

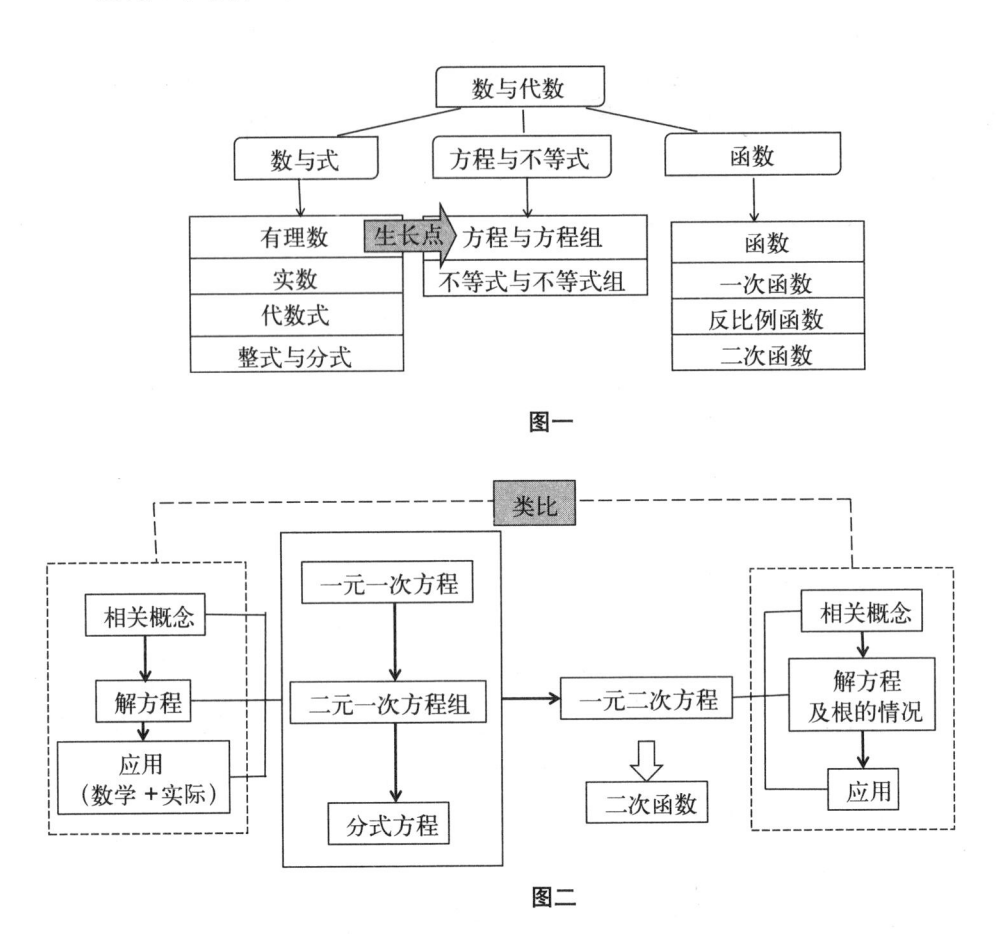

图一

图二

（二）细剖教材，构建知识体系，确定重难点

通过进一步剖析教材，以思维导图的形式梳理本单元的知识结构，明确单元教学重难点。单元教学重点一般是指单元中处于核心地位，体现关键价值的教学内容，也可以指单元重点开展的数学活动。被确定的教学重点需通过充分的教学时间和有效的教学手段来保障学习和活动。单元教学难点一般是指学生凭已有认知基础尚不易理解的概念或不易掌握的方法、技能等。

以"一元二次方程"为例，本单元共分为六节，通过细剖教材，发现在总体设计思路上，本单元遵循了"问题情境——建立模型——拓展应用"的模式，首先结合具体问题情境建立相关方程，归纳出一元二次方程的相关概念，然后探索其解法，并在现实情境中灵活应用，有效提高学生的应用意识和能力。

具体来讲，第1节通过丰富的生活实例，如"地毯四周有多宽""梯子的底端滑动多少米"等问题，建立一元二次方程，学生通过观察归纳出一元二次方程的相关概念，并从中体会方程的模型思想；第2~4节，通过具体方程，逐步探索解一元二次方程的具体方法：配方法、公式法、因式分解法等；第5节在求根公式的基础上，进一步探索一元二次方程的根与系数的关系；第6节再次通过几个问题情境进一步加强一元二次方程的应用。本章的知识结构如下图所示：

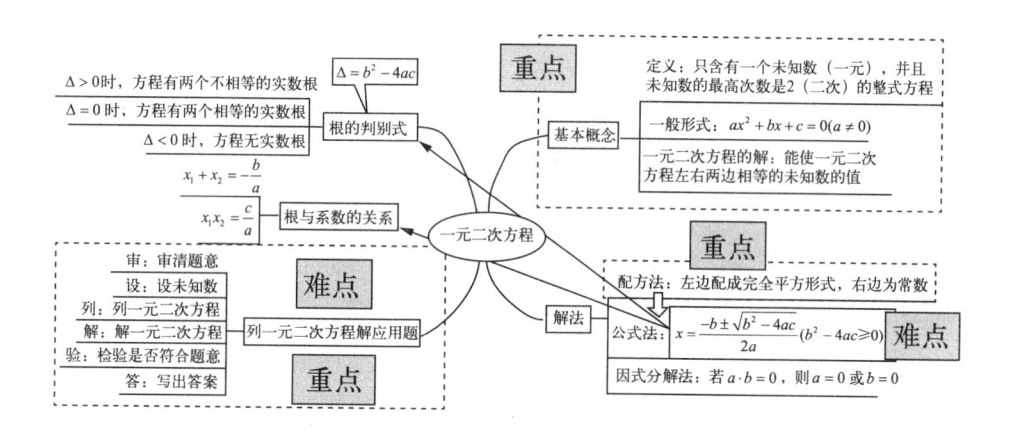

```
Δ>0时，方程有两个不相等的实数根 ┐                Δ = b² - 4ac      ┌ 重点 ┐
Δ=0时，方程有两个相等的实数根    ├─ 根的判别式 ←─────┤         定义：只含有一个未知数（一元），并且
Δ<0时，方程无实数根            ┘                            未知数的最高次数是2（二次）的整式方程
                                                    基本概念 ─ 一般形式：ax² + bx + c = 0(a ≠ 0)
   x₁ + x₂ = -b/a  ┐                                         一元二次方程的解：能使一元二次
   x₁·x₂ = c/a    ├─ 根与系数的关系 ←──                      方程左右两边相等的未知数的值
                                         一元二次方程
         审：审清题意                                        ┌ 重点 ┐
         设：设未知数     难点                               配方法：左边配成完全平方形式，右边为常数
         列：列一元二次方程 ─ 列一元二次方程解应用题 ←── 解法 ─ 公式法：x = (-b ± √(b² - 4ac))/(2a) (b² - 4ac ≥ 0)   难点
         解：解一元二次方程                                  因式分解法：若 a·b = 0，则 a = 0 或 b = 0
         验：检验是否符合题意
         答：写出答案    重点
```

在一元二次方程的解法中，配方法是通法，它是公式法的基础。"根的判别式"与"根与系数的关系"都是以"求根公式"为基础的。因此，配方法是学习的重点，同时，一元二次方程的概念、列一元二次方程解应用题也是本章的重点。

求解一般的一元二次方程 $ax^2 + bx + c = 0(a \neq 0)$ 对学生有一定难度，需要不断沟通"未知"与"已知"，将复杂问题简单化，因此，公式法是学习的难点。从实际问题中找到等量关系，构建方程模型也是本单元的难点。

经过上面的详细分析，最终确定的教学重点为：配方法、一元二次方程的概念、运用一元二次方程解决实际问题。教学难点为：公式法、由实际问题转化成数学问题，构建方程模型。

（三）挖掘教材，确定单元学习方式

挖掘教材主要指弄清教材中的章首图、情境、读一读、议一议、各种类型习题等资源蕴含的隐性内容，确定学习方式。

1. 分析教材编写方式

(1) 章首图是学习本单元的课程资源和课堂引领，是单元知识间衔接的纽带。章首图中的文字说明，一是介绍本单元的研究内容，二是本单元学完之后可以解决哪些实际问题，三是明确本单元的学习目标，同时介绍重要的数学思想方法，便于从总体上把握教材，进而优化认知结构。

(2) 教材情境、读一读、议一议、习题等可以从内容、路径、结果、水平这四方面来分析。首先明确学习内容，分析指向每一学习内容的读一读、议一议等学习活动（路径），结合教材习题编排，明确学习内容要达到的水平（结果、水平）。

以"一元二次方程"第一节第一课时的内容为例，首先，从学习内容来看，学习内容为一元二次方程及其相关概念。

其次，从学习路径来看，综合考虑学生年龄、认知特点，以及培养抽象能力和模型思想的需要，教材提供了三个问题情境，要求学生从实际问题情境中抽象出数学问题，列出方程，并对所列方程进行观察、归纳其共同特点，总结出一元二次方程及其相关概念，为学生提供了充分的探索空间，因此，学习内容的学习路径为：从具体的问题情境中抽象出一元二次方程，经历观察、抽象、归纳等学习活动。

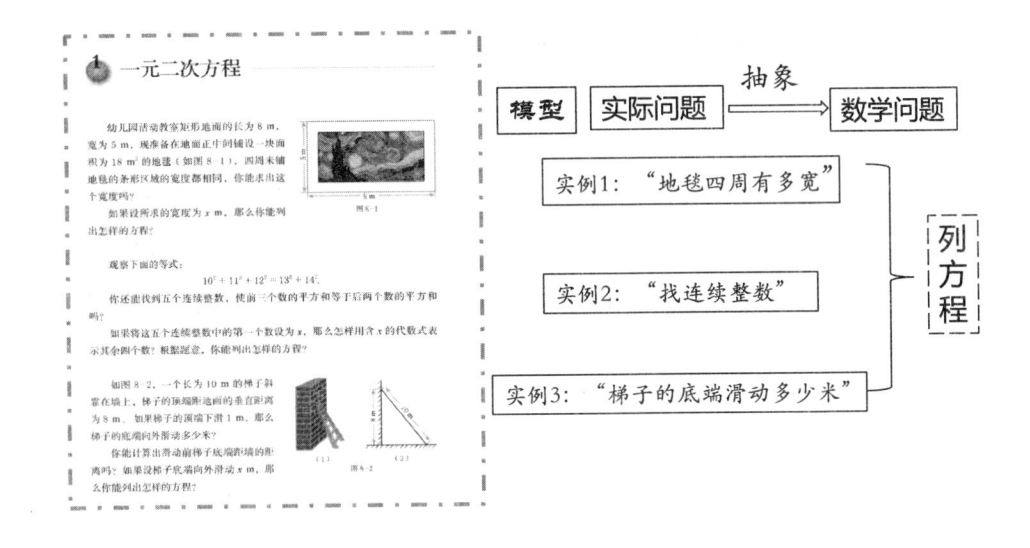

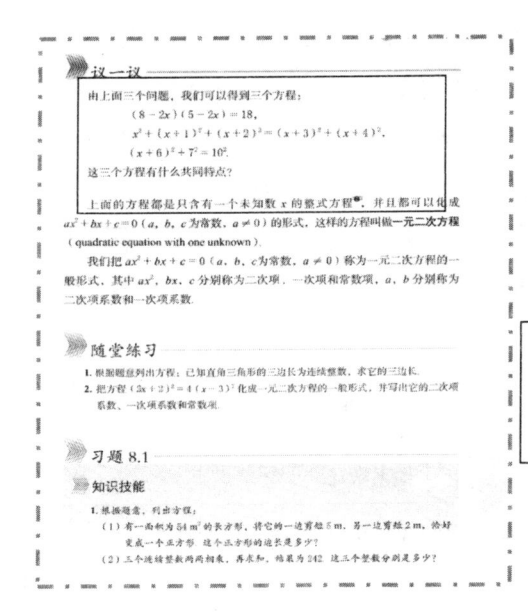

第二章 单元起始课教学设计的路径与方法

> **议一议**
> 由上面三个问题，我们可以得到三个方程：
> $(8-2x)(5-2x)=18$,
> $x^2+(x+1)^2+(x+2)^2=(x+3)^2+(x+4)^2$,
> $(x+6)^2+7^2=10^2$.
> 这三个方程有什么共同特点？
>
> 上面的方程都是只含有一个未知数 x 的整式方程，并且都可以化成 $ax^2+bx+c=0$（a,b,c 为常数，$a\neq 0$）的形式，这样的方程叫做一元二次方程 (quadratic equation with one unknown)。
> 我们把 $ax^2+bx+c=0$（a,b,c 为常数，$a\neq 0$）称为一元二次方程的一般形式，其中 ax^2、bx、c 分别称为二次项、一次项和常数项，a、b 分别称为二次项系数和一次项系数。
>
> **随堂练习**
> 1. 根据题意列出方程：已知直角三角形的三边长为连续整数，求它的三边长。
> 2. 把方程 $(3x+2)^2=4(x-3)^2$ 化成一元二次方程的一般形式，并写出它的二次项系数、一次项系数和常数项。
>
> **习题 8.1**
> **知识技能**
> 1. 根据题意，列出方程：
> （1）有一面积为 $54\,m^2$ 的长方形，将它的一边剪短 $5\,m$，另一边剪短 $2\,m$，恰好变成一个正方形，这个正方形的边长是多少？
> （2）三个连续整数两两相乘，再求和，结果为 242，这三个整数分别是多少？

> 学习路径：从具体情境中抽象出一元二次方程，经历观察、抽象、归纳等学习活动
>
> 观察 ↓ 归纳
>
> 学习内容：一元二次方程相关概念
> 学习结果：一元二次方程概念、一般形式、二次项、一次项、常数项、二次项系数、一次项系数

最后，从学习结果与学习水平来看，通过分析教材习题编排情况发现：随堂练习第2题和习题第2题是对于一元二次方程一般形式、项与系数概念的直接考查，要求会化一般形式，会写项与系数。其余3道题都是结合不同问题情境列方程，要求会列一元二次方程。因此，学习内容要达到的学习结果和水平为：会列一元二次方程；会化一般形式；会写二次项、一次项、常数项、二次项系数、一次项系数。其中体现的数学思想为"抽象、模型"，核心素养为"模型意识"。

> **随堂练习** — 学习水平：会列
> 1. 根据题意列出方程：已知直角三角形的三边长为连续整数，求它的三边长。
> 2. 把方程 $(3x+2)^2=4(x-3)^2$ 化成一元二次方程的一般形式，并写出它的二次项系数、一次项系数和常数项。
>
> 学习水平：会化，会写

> 2. 把下列方程化成一元二次方程的一般形式，并写出它的二次项系数、一次项系数和常数项：
>
> | 方程 | 一般形式 | 二次项系数 | 一次项系数 | 常数项 |
> |---|---|---|---|---|
> | $3x^2=5x-1$ | | | | |
> | $(x+2)(x-1)=6$ | | | | |
> | $4-7x^2=0$ | | | | |

> **习题 8.1**
> **知识技能** — 学习水平：会列
> 1. 根据题意，列出方程：
> （1）有一面积为 $54\,m^2$ 的长方形，将它的一边剪短 $5\,m$，另一边剪短 $2\,m$，恰好变成一个正方形，这个正方形的边长是多少？
> （2）三个连续整数两两相乘，再求和，结果为 242，这三个整数分别是多少？

> **问题解决**
> 3. 从前有一天，某人拿一杆竹竿进城门比高矮：竹竿横着比门框高 4 尺，整着比门框高 2 尺，斜着与门框的对角线长度相同。你知道这门框有多长吗？请根据这一问题列出方程。

运用同样的分析路径对教材中的其余内容进行分析，发现教材中设计了大量的问题情境，几乎每一节中都渗透着方程模型思想，它贯串本单元学习始终，在教学中，即使是在解方程的教学中，也要适当设计一些实际问题，力求将解方程的训练与实际问题的解决融为一体，逐步渗透方程模型思想。

结构	内容 （理解什么）	路径 （如何理解）	结果 （理解到什么）	水平 （理解得如何）
一元二次方程	一元二次方程及相关概念	问题情境、观察、抽象、归纳等学习活动	一元二次方程概念、一般形式、二次项、一次项、常数项、二次项系数、一次项系数	会列、会化、会写
	估计方程解（近似解）	实例1(解为整数)、实例3(解为无理数)，问题引导	用估计的方法求近似解	会估算
用配方法解一元二次方程	配方法	议一议、实例3求精确值、例题	配方法	熟练运用
用公式法解一元二次方程	公式法	做一做、例题、推导	求根公式、公式法	熟练运用
	根的判别式	实例、议一议	根的判别式	会判断
用因式分解法解一元二次方程	因式分解法	数学问题、议一议、例题	因式分解法	熟练运用
一元二次方程根与系数的关系	根与系数的关系	表格，议一议，观察、猜想、验证等学习活动	两根之和、两根之积与系数的关系	会求
一元二次方程的应用	解决实际问题	实际情境	实际问题的解	熟练运用

因此，本单元的学习方式以归纳推理为主。本单元的学习遵循了从特殊到一般的认知规律，对概念和解法的学习可以类比前面所学习的方程知识，借助具体情境抽象来完成数学建模的过程。在解方程的探究中，鼓励学生运用转化思想开拓出"配方法"求一元二次方程的根，得到"求根公式"，实现对知识的深度理解。在做习题规划时，要注意加强列方程、解方程和方程应用的联系，

力求在解决实际问题的过程中,提高解题技能,渗透方程模型思想;习题的选用要注意层次性,习题的设计要以掌握类型的题目为主,适当安排运用型的题目。

2. 各版本教材对比分析

对各版本教材的情境、路径以及内容进行对比分析。

以"一元二次方程"为例,对比各版本教材可以发现:

(1)问题情境既是起点也是终点,因此,应选用丰富多样的实际问题为背景,以模型观念为核心,以"转化"为基本策略;

(2)各版本教材都强调对已学过的方程进行对比梳理,所以单元目标的设计要关注过程,关注学生运用方程思想分析、解决问题的意识和能力;

(3)鲁教版和人教版虽然没有直接开平方法,但直接开平方法与学生已有的知识储备距离最近且难度最低,因此,可以借助直接开平方法为学生搭建知识"攀爬架",让新知生长有根,思维成长有方向。

综合以上教材分析,细化行为动词,补充行为条件及思想方法,对原有的单元目标进行调整、细化、完善。调整后的单元目标如下:

(1)经历从具体问题情境中抽象出一元二次方程的过程,通过观察、抽象、归纳出一元二次方程及其相关概念,提高抽象能力,发展模型观念;

(2)通过问题引导,能说出方程解的概念,经历估计一元二次方程解的过程,提高估算意识和能力;

(3)在解决问题的过程中,能根据一元二次方程的特征,选择用配方法、公式法、因式分解法解数字系数的一元二次方程,并在解方程的过程中体会转化等数学思想;

(4)通过观察、猜想、验证等活动,能说出根的判别式与根的情况、根与系数的关系并会灵活运用;

(5)在具体问题情境中,能运用一元二次方程解决问题,并能根据具体问题的实际意义,检验方程的解是否合理,提高分析问题、解决问题的能力。

三、研究学情

美国教育心理学家奥苏贝尔说过:"假如让我把全部教育心理学归结为一条

原理的话，那么，我将一言以蔽之曰：影响学习的唯一重要的因素，就是学习者已经知道了什么，要探明这一点，并据此进行教学。研究学情就要分析学生的已知、未知，找准学生思维的进阶点、障碍点。

学生的已知就是解决学生的"学习从哪里开始"的问题，明确学生已经具备的与本单元相关的知识经验、能力水平和活动经验等，它决定学习起点。学生的"未知"是相对"已知"而言的，解决"学生要去哪里"的问题，它包括学生学习本单元应该达到的终极目标所包含的未知的知识，还包括实现终极目标之前涉及的学生所没有掌握的知识。

障碍点主要是指学生在学习过程中可能遇到的认知障碍，突破和克服学生的认知障碍，关键是准确定位教师必须重点点拨的地方，即"进阶点"。"进阶点"是学生能否突破和克服认知障碍的分水岭，通常表现为决定学生能否真正理解的精要之处，或者学生学习过程中的关键之处。

以"一元二次方程"为例，学生在学习一元二次方程之前，已经学过三类方程（一元一次方程、二元一次方程组、分式方程），初步体会了方程的模型作用，积累了用方程解决实际问题的经验，同时具备完全平方公式、平方根的相关知识，为本单元的学习打下了良好的基础。因此，本单元可以采用类比的学习方法。学生是否能选择合适的方法解一元二次方程，体会转化的思想是学生的进阶点，需展开充分的交流。结合学情分析，补充行为条件，最终确定了单元目标如下：

(1) 经历从具体情境中抽象出一元二次方程的过程，通过类比、观察、抽象，归纳出一元二次方程及其相关概念，提高抽象能力，进一步发展模型观念；

(2) 通过问题引导，能说出方程解的概念，经历估计一元二次方程解的过程，提高估算意识和能力；

(3) 在解决问题的过程中，通过小组交流，能根据一元二次方程的特征，选择用配方法、公式法、因式分解法解数字系数的一元二次方程，并在解方程的过程中体会转化等数学思想；

(4) 通过观察、猜想、验证等活动，能说出根的判别式与根的情况、根与系数的关系并会灵活运用；

(5) 在具体情境中，能运用一元二次方程解决问题，并能根据具体问题的实际意义，检验方程的解是否合理，提高分析问题、解决问题的能力。

四、明确课时学习目标

课时学习目标是对单元目标的提取或分解,一般有3~4条。叙写目标时,可以包含行为主体、行为条件、行为表现、表现程度四个部分,其中行为主体和行为条件可以省略,行为表现采用动宾结构,采用的行为动词最好具体、可评、可测。具体表述可用以下格式:通过(经历)X,能(会)Y,发展(提高)Z。其中,X表示数学活动过程,Y表示知识技能(显性目标),Z表示数学思想和方法、数学关键能力、核心素养等(隐性目标)。

以"一元二次方程"单元起始课为例,对应单元目标的第一条——"经历从具体情境中抽象出一元二次方程的过程,通过类比、观察、抽象,归纳出一元二次方程及其相关概念,提高抽象能力,进一步发展模型观念"。将其进一步细化,确定本课时的目标为:

1. 通过类比、观察、抽象,归纳出一元二次方程的概念,能把一个一元二次方程化为 $ax^2+bx+c=0(a \neq 0)$ 的形式,并能说出一元二次方程的项与系数,提高类比分析、归纳概括能力;

2. 通过对实际问题的分析,能列出一元二次方程,提高抽象能力,进一步发展模型观念。

第二节 基于学生高阶思维发展的表现性评价设计

一、高阶思维概述

目前,高阶思维的研究理论基础大多源自布鲁姆的认知目标分类理论。国内外大多数学者认同布鲁姆认知目标分类当中的分析、综合、评价能力等为高阶思维能力。

杜威认为思维不是自然发生的,而是由一些"难题和疑问"或者"困惑、混淆或怀疑"所"引发"的,思维离不开"训练"。同样地,高阶思维也不是自然产生的，也需要经过培养和训练。

在我国，钟志贤教授对高阶思维的培养研究较为深入。钟教授深刻反思并剖析了传统教学设计模型的局限性，他认为"要发展高阶思维能力，必须有高阶学习的支持"。

哈佛大学著名心理学教授 戴维·珀金斯（David Perkins）认为良好的思维能力的培养需要相应的教学资源的支持，并通过教育工作者进行一系列有针对性的训练。对于教育工作者来说，高阶思维的培养应该在学科教学中进行。

基于数学学科的特点，数学高阶思维是指在数学情境中，发生在较高认知水平层次上的、为达到某种特定目标或完成某项任务而付诸努力的一种综合性能力，它包括问题分析解决能力、创造力和批判性思维能力等。在初中数学学习中，部分学生的计算能力较高，对知识点的基本概念掌握能力较强。这些特点只能说明学生掌握了良好的学习方法或把握了数学知识点，但是学生是否具有较高认知水平值得商榷。初中数学学科需要培养的高阶思维主要是策略性思维、批判性思维、创新性思维。

策略性思维主要是指面对学习任务时，学生能够转变被动的思维方式，采用更加主动的思维方式去面对教学任务中的问题，并将其解决。

批判性思维主要是指面对学习任务以及实际问题时，学生能够转变传统的、浮于表面的思考方式，加强对问题的质疑和深思，从而提高问题解决的合理性。

创新性思维是指在面对学习任务时，能够改变传统的固定思维，而采用更加实用，以及创新的思路解决问题，化被动为主动，从表面到深入，从普通到创新。

基于学生高阶思维发展的表现性评价设计，为学生提供真实的任务情境，希望学生在面对学习任务时，能够综合运用策略性、批判性以及创新性的思维方式去解决实际的应用问题。只有这三个思维方式共同发展，才能提高学生对实际问题的认知能力，以及对实际问题的解决能力，尤其是针对一些较难的实际问题，能够采用数学的思维和眼光去解决。

二、表现性评价任务设计

课时评价设计主要从两方面入手：一是基于学习目标，设计评价任务，二是针对表现性任务，开发评价量规。

(一)基于学习目标，设计评价任务

评价需要与目标匹配，首先依据目标分类，确定相对应的评价类型，其中表现性目标和过程性目标采用表现性评价，能力目标主要采用交流式评价，成果性目标主要采用纸笔测验。评价任务主要包括四个方面：评价主体，评价实施，评价工具，评价时间。表现性任务包括情境、核心问题和任务指导语。在设计表现性评价任务时，任务一定是真实的，情境的设置要能够引发反映评价目标所需展现的表现，能够激发学生兴趣、引发共鸣；符合学生的认知水平；学生对问题情境具有一定的熟悉度；问题具有可操作性；任务指导语需点明学生需要展现什么以及完成任务的时间。

以"反比例函数"为例，本节课的目标为：1.结合现实情境，通过合作探究，能发现、认识并举例说明什么是反比例函数；2.在具体情境中，通过类比一次函数，能运用待定系数法确定反比例函数的表达式；3.在解决简单的实际问题的过程中，初步了解运用反比例函数解决问题的一般方法。目标一需要合作探究，经历发现反比例函数的过程，属于过程性目标，适合采用表现性评价；目标二是成果性目标，应采用纸笔测验的评价方法；第三条是能力目标，适合表现性评价。

本节课设计的情境为：为了预防流感，学校采用"药熏消毒法"对教室进行消毒。从药物燃烧开始计时，药物燃烧 8 min 燃毕，在不同时间对室内每立方米空气中的含药量进行测量，结果如下：

时间 x/min	2	4	6	8	10	12	16	20	24
室内每立方米空气中的含药量 y/mg	1.5	3	4.5	6	4.8	4	3	2.4	2

研究表明，空气中每立方米的含药量降到 1.6 mg 以后，才能进教室。那么，从什么时间开始，同学们能回教室？

"药熏消毒"的任务情境中同时涵盖了正比例函数和反比例函数，有助于学生在与正比例函数的对比中，发现新函数，这样的真情境有助于激发学生的探究热情，这一评价指向目标 1，2，3。让学生面对身边的真实问题情境，在解决问题的过程中，发现新知识并激发探求新知识、解决问题的欲望。

(二)针对表现性任务,开发评价量规

评价量规是一种评分工具,是一个评量标准。编制评价量规主要分为三个步骤:

1. 确定评价维度,也可以称作"指标"

评价维度是确保学生表现的最终部分,数量不能太多。

2. 确定评价等级

评价等级:也称为"成就水平",通常用1、2、3或等级或水平描述,一般3~6个级别。这里采用A,B,C描述。

3. 撰写每个维度的描述符

结合表现性评价任务撰写描述符,最终确定完整的表现性评价方案。

维度 \ 等级	A	B	C
维度1	描述符a1	描述符a2	描述符a3
维度2	描述符b1	描述符b2	描述符b3

以"反比例函数"为例,从目标中找出三个关键字,确定量规的三个维度:发现关系(函数)、表示关系(函数)、运用关系(函数)。分为A,B,C,D四个等级描述。结合表现性评价任务撰写描述符,最终确定完整的表现性评价方案。

评分规则

评价维度	评价等级			
	A	B	C	D
发现关系(函数)	1.能从表格中发现两个变量之间的关系,并能从函数的角度给出解释; 2.能说出新函数(反比例函数)与正比例函数的区别,并能举出实例; 3.类比正比例函数,归纳出反比例函数的一般形式。	1.能发现8 min前后y与x之间的关系不同,并能从函数的角度给出解释; 2.能说出新函数(反比例函数)与正比例函数的部分区别,并能举出实例,但归纳出反比例函数的一般形式存在困难。	能判断出y是x的函数,但没有发现y与x之间关系的信息。	无法从表格中获取信息。

续　表

评价 维度	评价等级			
	A	B	C	D
表示关系 （函数）	能根据规律表示出变量之间的关系，也能用待定系数法确定函数表达式。	至少能用一种方法表示出两个变量之间的关系。	在同伴的帮助下，能用一种方法表示。	无法表示。
运用关系 （函数）	能用自己的方法解决问题并总结出用反比例函数解决实际问题的一般方法。	能用自己的方法解决问题，但总结出一般方法有一定困难。	能够得出结果，但解释不清。	在同伴的帮助下，依然无法解决问题。

评价方案的设计中，可以有一个目标对应着一个评价活动的一对一的评价，也可以有多对一的评价。既有知识与能力的评价，又有过程与方法的评价，更有情感态度与价值观的评价，不同的评价任务指向不同目标的达成，最终实现目标与评价的一致性。

综上所述，在设计表现性评价任务时，要围绕着评价任务与目标相对应的原则，以培养学生的高阶思维作为教学的根本目的，努力培养学生的策略性思维、批判性思维，以及创新性思维。这样，不仅能提高学生的质疑与反思能力，同时有助于数学知识框架的构建，最终促进学生数学思维方式的创新，从而提高其综合思维以及能力。

第三节　基于学习进阶的学习进程设计

一、学习进阶概述

（一）学习进阶的内涵

2011 年 7 月，美国国家研究委员会（NRC）发布了《K-12 科学教育框架：实践、跨学科概念、学科核心思想》，这个文件的发布标志着美国开始了新一轮的教育改革，此次改革明确提出按照学习进阶（Learning Progressions）的理念促进学生掌握核心概念。美国希望通过研究学习进阶，改变以往"广而不深"的课程体系，打破课程、教学与评价不一致的局面。因此，学习进阶成了近年来美国的研究热点。目前，教育科学界对学习进阶的定义还没有统一的界定。

史密斯等认为"学习进阶是学生在学习时对一系列概念连续的、逐渐复杂的思维方式"；罗曼斯等认为"学习进阶是从小学延续到高中的一条符合逻辑和学生发展的概念序列"。

赛琳娜认为学习进阶是"以实证为基础的、可检验的假说，它阐释了在一段时间内经过适当的教学指导，学生对科学核心概念、科学解释以及科学实践的理解和运用是如何逐渐发展、逐渐深入的"。

NRC把学习进阶定义为"对学生在一个较大时间跨度内学习和研究某一主题时，所遵循的连贯的、逐渐深入的思维路径的假定性描述"。综上所述，学习进阶是学习者在学习某一主题的过程中，从尚未接受教学，到开始学习，最后完成此学习阶段，学习者对主题内概念的想法与理解程度逐渐趋于成熟的发展过程，是在一段时间内，学生对某一核心概念的学习进展情况和发展历程。

（二）学习进阶的特点

1. 围绕核心概念展开

核心概念是各个学科中起关键性作用的概念，数学中的核心概念能将不同数学概念的理解结合成为一个有条理的整体，是对数学学习极为重要的概念。数学学科中的核心概念可以是课程标准中提出的符号意识、空间观念、创新意识、模型观念等比较抽象的概念，也可以是方程、图形变换、统计量等比较具体的知识点。学习进阶正是围绕着这些核心概念来研究学生知识习得的由浅入深、由易到难的过程。

2. 研究过程具有实证性

学习进阶是通过研究课程标准、教材、文献等资料提出的，开发学习进阶的目的是判断学生的知识水平属于学习进阶的哪个阶层，验证学生的表现是否与学习进阶的描述一致以及预测学生的知识发展路径等。要达到这些目的必须进行实证研究以获得学生的学业表现。

3. 进阶途径具有多样性

某一知识的学习进阶只能代表典型的发展路径，只能代表大多数学生的知识发展水平，而学生的基础水平、教育背景、认知发展规律等都存在个体差异，同一个学习进阶不一定符合每一个学生。对于学习进阶中的某一水平，不同的学生所达到的时间和所掌握的程度不一定相同，因此，学习进阶的途径具有多样性。

4. 学习进阶的假设性

学习进阶的开发是通过系统分析当前大量的理论与实践研究得到的假设性发展路径的描述，通过实证研究之后需要不断地修改与完善。

5. 学习进阶的层级性

学习进阶中的每一个阶段都是前一个阶段所要达到的目标，同时也是后一个阶段的认知基础，各个阶段的学习是循序渐进的，每个阶段代表一种新的认知发展水平。学生学习的过程是从学习进阶的最低阶层逐渐发展到最高阶层的过程。

（三）学习进阶的组成要素

学习进阶一般包含进阶起点和终点、进阶水平、学业表现、进阶维度、测评工具这五个核心要素。

1. 进阶起点和终点

进阶起点是学生开始学习某个核心概念所具有的水平，进阶终点是学生学习某一核心概念时所能达到的最高水平。

2. 进阶水平

进阶水平是指学习进阶的各个阶层所要达到的目标，是学习进阶所描述的发展路径上的各个步骤，它反映了学生在掌握核心概念时的阶段性与顺序性，各个进阶水平都是相互关联的。

3. 学业表现

学业表现描述学生处于某个特定进阶水平时的具体表现。依据各个进阶水平的学业表现，可以判断学生处于学习进阶的哪一个发展水平。

4. 进阶维度

进阶维度是指学生学习了多个核心概念时，通过追踪这些核心概念的发展路径可以了解学生的整体学习情况。只有学生掌握越来越多的核心概念，分析学生的各个进阶维度时才能了解学生掌握整个学科基本知识框架的程度。

5. 测评工具

测评工具是根据学习进阶编制的评量试题，通过学生的答题表现来评价学生所处的发展阶段，评量试题随着学习进阶的修改而进一步完善。一个学习进阶最好开发多套评量试题。

二、学习进程设计

本着评价先于教学的原则，学习活动设计要结合评价任务进行。学习进程设计主要包含教学环节、问题、师生活动要求、设计意图等要素。

教学环节主要以"问题串"方式呈现，所提出的问题应当注意适切性，对学生理解数学概念、形成基本技能和领悟基本思想具有启发作用，达到"跳一跳摘果子"的效果。问题适切性的衡量标准是：反映学习内容的本质；在学生思维最近发展区内；具有可发展性，使学生能从模仿过渡到自主主动提问。

学生活动要求指下放学习任务（问题）后，学生进行的学习活动内容、组织要求及学习结果等。（以学生为第一人称表述）

教师活动要求是指针对学生的学习活动，教师收集与研判、处理信息的行为。包括预设学生可能产生的问题，教师相对应的用于追问的问题串，或者相对应的对学生进行点拨指导的语言及活动设计。

设计意图是指基于教学问题诊断分析、学生学习行为分析等综合说明该环节的设计出发点和思考。

学习进阶活动与表现性评价任务相融，便于教师根据评价结果对学习过程与结果实行动态的监测与检测，掌握学情，基于证据，随时调控，改进教学，这种让活动与评价对应的设计方式就形成了完整的学习进程，体现了学生学习进阶的过程。

第三章　单元起始课教学设计的关键策略

第一节　单元主题与单元大概念的提炼

一、大概念的内涵

早在 20 世纪中期，教育学家就已经对大概念理论进行了系统的阐释说明。菲尼克斯在 1964 年提出了表达学科内容核心的"代表性概念"，布鲁纳提出了学科知识的"一般观念"。埃里克森在 1998 年明确提出：大概念是一种抽象概括，是在事实基础上产生的深层次的、可迁移的观念，是对概念之间关系的表述。[①]

《追求理解的教学设计（第二版）》一书中，麦克泰格和威金斯对大概念进行了具体的论述，把大概念归纳为：代表一种重大的观念，居于课程的核心，贯串很多单元的学习；通过联结及组织许多事实信息、技能、经验来提供意义的广度，以作为理解之关键；指向学科的核心概念，为问题的研究提供一个概念"透镜"；意义需要被"揭示"；有极大的迁移价值，在一段时间内，可应用到许多其他探究主题或问题、同一学科课程或者跨学科课程，直到今后生活中，具有超越课堂的持久性价值；需要深入探讨的抽象的、易于误解的观念；对学生学习有吸引力。

2009 年，哈伦等科学家在中小学科学教育国际研讨会上进行了一次非常重要的学术报告——《科学教育的原则和大概念》。在报告中，提出了科学教育中的大概念体系，强调了教育并不是简单的知识片段的堆积，而是有联系、有结

---

① 邵朝友，崔允漷. 指向核心素养的教学方案设计：大观念的视角[J]. 全球教育展望，2017(6).

构的模型。这次中小学科学教育国际研讨会推动了中小学科学教学结构的变革，使"大概念"的教育理念得到了更多的关注和思考。

近年，有的教育学者又把大概念称为"大观念"，大观念是指在某一学科中居于重要地位，对学科其他内容具有统摄力、关联性的概念，是对众多知识的筛选与整合，可以是一个概念、一个观点。[1] 在学科结构上，大观念处在学科的核心，突出展现学科特质的核心方法和核心问题；在功能上，大概念体现学科知识的具体化、结构化。指向大概念的课程结构，能够加深学习者对知识的深度思考、理解与迁移。

二、大概念的类型与层级

不少教育学者对大概念进行过详细而又系统的论述，如李松林教授的网络化结构、吕立杰教授的金字塔型知识结构、埃里克森将概念分为五个层级等。

李松林教授在《深度学习设计：模板与示例》中，把大概念直观地看作一个由横向的三个类型和纵向的四个层次有机结合而成的网络化结构。[2] 其中，横向的三个类型：结论与结果、方法与思想、作用与价值。纵向的四个层次：学科课时内、学科单元内、学科单元间、跨学科。

吕立杰教授在《课程论研究》一书中提到概念的体系符合金字塔型知识结构特征。从底层到顶层分为五个层次，分别是科学事实和现象、具体概念和统摄性较低的学习方法、核心概念和思想方法、跨学科主题、哲学观点。[3] 一般情况下，前两层内容指科学小概念，科学大概念包括后三层内容。

概念有不同的类型和层级，概念之间有上位、下位和并列等关系，形成了一个网络结构，大概念是其中相对上位的概念。概念是一个层次性的结构，知识之间有上、下位关系。科学概念不仅是对客观事物的本质描述，而且是一种更复杂的概念体系，其中包含了事物的内在属性、深层结构以及事物之间的逻辑关系，即概念的学习是一个有层次结构且互相联系的复杂结构系统。

---

[1] 夏繁军，胥庆，王建华. 数学大概念及其提取 [J]. 教育研究与评论，2021，10.
[2] 李松林. 以大概念为核心的整合性教学 [J]. 课程·教材·教法，2020，10.
[3] 吕立杰. 课程论研究 [M]. 福州：福建教育出版社，2021.

埃里克森将概念分为五个层级，分别是主题事实、概念、概况、原理、理论。在课程设计上，概况和原理都是对概念性关系的表述，都属于大概念。概念是从事实、具体实例中剥离出来的，一般采用词或短语表述。概况多是说明两个或两个以上概念之间的关系。原理，与概况类似，对概念性关系的表述，多指定律、公理等。理论指一个推论或者一组解释现象或实践的概念性观点。

综上，我们认为，数学教学中的大概念可以分为单元知识结构大概念、展现学科本质的大概念、学科融合大概念、哲学观念四个层级。大概念是比核心素养更上位的概念，数学大概念包括数学抽象、逻辑推理、数学建模、直观想象、数学运算、数据分析等数学核心素养，又不止于此。而数学学科的大概念每种类型都有高低不同的层级，包括数学的核心知识、四基四能、思想方法、数学观念等。

三、如何提取数学大概念

崔允漷教授在《核心素养与教学改革》一书中指到，内容标准是大概念的主要依据。当内容标准确定后，确定大概念的常见策略有：寻找内容标准中一再出现的名词或重要的短语，将此作为大观念；用追问的方式确定大观念；用配对的方式产生大观念，即对内容标准的概念进行配对；用归纳的方式获得大观念。

刘徽老师结合目前教育的现状，综合不同学者的观点，给出寻找学科大概念的八个路径：自下而上的四个是生活价值、知能目标、学习难点、评价标准。自上而下的四个是课程标准、学科核心素养、专家思维、概念派生。[1]

此外，国内学者对如何提取学科大概念有众多不同的研究，分别从不同的视角，给出了专业的提炼大概念的方法。结合数学学科的特点以及学生学习规律，我们认为，数学大概念的提取一般来源于四个方面的分析：学科（包括学科概念和本质、学科思想、学科基本技能）、课程标准、解决问题的方法、学习观念。

---

[1] 邵卓越，刘徽，徐亚萱. 罗盘定位：提取大概念的八条路径[J]. 上海教育科研，2022(1).

学科大概念的提炼，要聚焦数学学科本质，基于课程标准，符合学生的发展需求，构建大概念阈域下的单元知识结构层级。学科不同，提取大概念的方法和路径会有所差异。不同的教师提炼的大概念或许不同。除此之外，对学习内容和主题的追问，也是我们找到大概念的好方法。比如，知识本质、为什么学、学什么、怎样学、学习方法需要渗透、如何渗透核心素养，厘清学生学习的真正困惑，构建促进深度学习的知识结构层级和核心问题。

经过我们的教学实践研究，总结出了在课程视域下明确单元学习价值中提炼大概念的方法，紧扣课程标准、教材等课程资源，密切联系学情。提炼过程为：明确课标对本单元的总体目标定位，明确课标对本单元的具体目标要求，知识结构图贯串知识之间的联系，理解本单元学习的价值，提取本单元的大概念。

下面以初中数学"反比例函数"单元为例，具体论述提取数学大概念的过程。

1．明确课标对本单元的总体目标定位

本章通过对具体情境的分析，概括出反比例函数的表达形式，明确反比例函数的概念，通过例题和学生列举的实例可以丰富对反比例函数的认识，理解反比例函数的意义。结合实例经历列表、描点、连线等活动，理解函数的三种表示方法，逐步明确研究函数的一般要求。反比例函数的图象具体展现了反比例函数的整体直观形象，为学生探索反比例函数的性质提供了思维活动的空间，通过对反比例函数（$k>0$ 和 $k<0$）图象的全面观察和比较，发现反比例函数自身的规律，结合语言表述，在相互交流中发展从图象中获取信息的能力，同时可以使学生更牢固地掌握由他们自己发现的反比例函数的主要性质。

本章最后讨论了反比例函数的某些应用，包括在实际中的应用和在数学内部的应用。在这些数学活动中，教科书注意用函数观点来处理问题或对问题的解决用函数做出某种解释，用以加深对函数的认识，并突出知识之间的内在联系。

在本章内容编排方面，直观操作、观察、概括和交流仍是重要的活动方式。通过这些活动：①对函数的三种表示方法进行整合，逐步形成对函数概念的整体性认识，②逐步提高从函数图象中获取信息的能力，提高几何直观水平，③逐步形成用函数观点处理问题的意识，进一步感悟数形结合的思想。

2．明确课标对本单元的具体目标要求

内容标准	具体概念	行为条件	行为动词	认知水平	核心概念
1.结合具体情境体会反比例函数的意义，能根据已知条件确定反比例函数的表达式。	反比例函数	结合具体情境	能，列出	体验	模型思想，运算能力，推理能力。
	反比例函数表达式	根据已知条件	体会	掌握	
2.能画出反比例函数的图象，根据图象和表达式探索并理解$k>0$和$k<0$时，图象的变化情况。	画函数图象		能	掌握	
	图象性质	根据图象和表达式	探索、理解	理解	
3.能用反比例函数解决简单的实际问题。	实际应用		能	掌握	

3．知识结构图贯串知识之间的联系

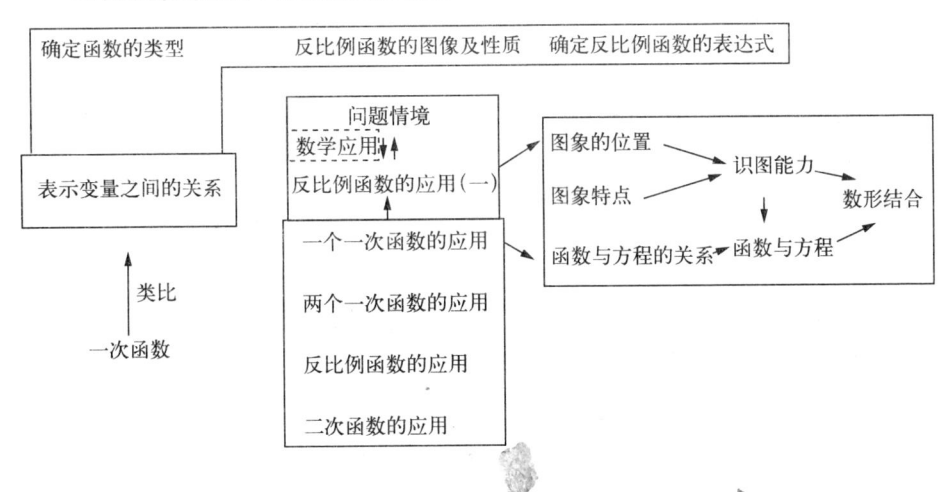

4. 理解本单元学习的价值

函数是在探索具体问题中的数量关系和变化规律的基础上抽象出的重要数学概念，是研究现实世界变化规律的重要数学模型。学生曾学习过"变量之间的关系"和"一次函数"等内容，对函数已经有了初步的认识，在此基础上讨论反比例函数及其性质，可以进一步领悟函数的概念并积累研究函数性质的方法及用函数观点处理实际问题的经验，这对后续的学习（如二次函数等）会产生积极影响。

5. 提取本单元的大概念

结合以上分析，我们可知函数的特征：在问题情境中建立等量关系，数形转换的数学思想方法的渗透和应用，用图象与函数的对应关系解决问题。

针对在问题情境中建立等量关系的分析：关系不仅是一个数学大概念，也是哲学大概念。数学上的关系包括数量关系、位置关系。数量关系包括：大小关系、相等关系、对应关系、函数关系等。

对用图象与函数的对应关系解决问题的分析：使用数学关系，可以把一个集合中的元素对应于另一个集合中的元素。函数这个特殊的规则，让一个集合中的每个元素，在另一个集合中都有唯一的元素与之对应。

因此，在反比例函数单元中，大概念可以概述为：数学关系可以用表格、图象和表达式来表示和分析。在数学关系中，一个量的值取决于另一个量的值。变量关系的不同决定了不同的函数类型，并体现出不同的函数性质，以及函数模型的构建。

再比如四边形单元的大概念，可以概括为：

研究几何图形可遵循从一般到特殊的路径，可使用类比方法，从旧知识中学习新知识；

研究一个几何图形就是要研究其定义、表示方法、分类（特例）、性质、判定、应用。[1]

几何要素之间的确定的位置关系、大小关系就是几何图形的性质。[2]

---

[1] 王为峰. 大概念引领 整体化建构："平行四边形"章统领课的教学及其分析 [J]. 中学数学教学参考，2020(2)：18—21.

[2] 章建跃. 研究平行线的数学思维方式 [J]. 数学通报，2019(3)：6—10.

第二节 大任务与大问题设计优化

一、任务与问题的确定

大问题引领下的单元整体教学备课环节主要分为 5 个过程：构建问题习题、确定学习内容、确定学习目标、开展学习活动、实施多元评价。[①]

设置大问题的流程图，如下图：

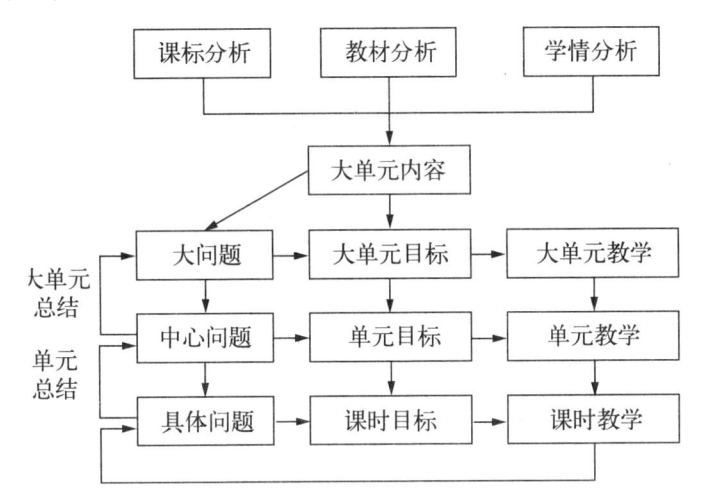

```
课标分析    教材分析    学情分析
            ↓
         大单元内容
            ↓
大问题  →  大单元目标  →  大单元教学
    ↓           ↓              ↓
中心问题  →  单元目标   →  单元教学
    ↓           ↓              ↓
具体问题  →  课时目标   →  课时教学
```
（左侧：大单元总结、单元总结）

1. 首先依据课标分析、教材分析和学情分析确定大单元内容。
2. 依据大单元内容确定主干问题，即大问题。
3. 围绕主干问题，设置中心问题和具体问题。

比如：

在反比例函数自然单元中，依据课标可以确定出中心知识点和具体知识点，依据知识点设置问题。

分析课标要求和具体问题中的关键词、行为条件和行为动词，有些是可以转换成大问题的。

---

① 黄晶，陈烟兰．大问题统领的大单元教学：以"人类抗击新冠病毒"为例[J]．生物学教学，2021(6)：12—14.

核心内容	中心知识点	课标要求	具体知识点
反比例函数	反比例函数的概念	结合具体情境体会反比例函数的意义,能根据已知条件确定反比例函数的表达式。	1. 能根据具体问题中的数量关系列出反比例函数表达式。 2. 能利用待定系数法,根据已知条件确定反比例函数的表达式。 3. 体会反比例函数是描述具有反比例变化规律的数学模型。 4. 了解反比例函数中自变量 x 的取值范围。
	反比例函数的图象和性质	能画出反比例函数的图象,根据图象和表达式探索并理解 $k>0$ 和 $k<0$ 时图象的变化情况。	1. 类比正比例函数、一次函数的研究方法,探究反比例函数的图象和性质。 2. 会用描点法画出反比例函数的图象。 3. 类比正比例函数探究 $k>0$ 和 $k<0$ 时图象的形状和位置,归纳图象的特征,理解函数的增减性。
实际问题与反比例函数	用反比例函数解决实际问题	能用反比例函数解决简单的实际问题。	通过将具体问题抽象为数学模型——反比例函数,运用反比例函数的性质,进一步加深对反比例函数的认识。

比如:

结合具体情境,可以转换不同情境,甚至学生举例不同情境,对应高阶思维的创造能力、应用能力。

比如:

描述规律,如何描述反比例函数的变化规律?从哪些方面?如何类比正比例函数的研究方法探索反比例函数问题?从侧面体现函数一类的规律,也体现了单元整体设计。

二、问题设计的特征

问题设计的主要特征包括灵活性、依附性、思考性。

(一)灵活性

大问题强调的是问题的"根",有一定的自由度,能够给学生留下充分的探究空间，引发学生的独立思考和主动参与探究的兴趣。

在解决问题的过程中，学生需要结合已有生活经验、认知，进行深度探究。在问题解决的思考中，教师为学生提供一种有意义的问题情境，既能够引发学生掌握最基本的数学核心知识，又能够发展学生的数学核心素养。

学生解决问题的方法和路径很多样，来自于真实的生活情境，那么问题的答案也是不唯一的，教师的评价标准也应该是多样化的。

比如：在引出三角形中位线的定义中，可以设置的问题为：如何将一块三角形蛋糕分成4个全等的三角形蛋糕？

（二）依附性

大问题是围绕课程标准、教材内容和学情设计的，因此，"大问题"设计的目的是指向教学目标、依附课程标准的；

大问题是依附数学思想和数学核心素养进行实现的，反映数学学科本质的问题；

大问题的依附性是指课堂教学活动围绕"大问题"展开，最后又落实到解决"大问题"上，依附"问题"本身展开课程知识教学。

大问题依附学生的认知发展水平与学生的思维特点，设置难度适当的问题。

比如：在一元一次方程一课中，教师改变原有设问的教学模式，让学生通过问题情境提出有意义的问题，在提出问题的基础上解决问题，促进核心素养的落地。

（三）思考性

大问题最重要的特征就是具有思考性、研究性，没有明确的解决方法和过程，需要设计具体的思维性的活动解决方案，解决大问题的过程本身也是一种探究式学习，适当的时候可以依据动手操作，思考问题、解决问题，培养数学素养。

比如：如何改变平行四边形的边角关系，使其成为菱形？

三、问题设计的原则

问题设计的主要原则包括指向性、结构性、趣味性、灵活性。

（一）指向性

无论是哪种类型的"大问题"，其核心目标都是促进学习目标的达成。在设计"大问题"的过程中，教师要从"四基""四能"、数学思想方法、核心素养等维度以及问题的达成层级进行设计。总之，教师在预设"大问题"时要有一个大体的把握。

指向性原则是指"大问题"是依据教学目标落实大概念的，教师在设计"大问题"时要指向教学目标，明确在课堂教学中要达到教学目标该如何落实问题的设计。

比如，在"平均数"一课中，学习的重点在于渗透、理解"权"的意义。教师在课例中分别设置了不同的问题，让学生感悟不同问题中"权"的意义。

（二）结构性

大问题设计的结构性是指在具体的课堂教学内，课前预设的几个"大问题"之间有层次性、逻辑性、结构性，各问题之间的关系不是割裂的，而是具有层次性的教学整体。

大问题设计更注重在已有学习经验的基础上，对学生认知水平要求的逐层递进，与此相对应的学习过程不仅可以呈现出教学结构层次，重要的是可体现出教学过程向纵深推进的互动生成过程，把问题的结构性进一步地具体化，也是体现学生核心素养发展的过程。

比如，在三角形中位线一节中，对于中位线定义的引入，大致可以设置3个问题：

1. 你能将三角形蛋糕分成2块面积相等的三角形蛋糕吗？学生很自然地能想到三角形的中线。

2. 你能将三角形蛋糕分成4块面积相等的三角形蛋糕吗？学生也能想到三角形的中线，并且画法多样。

3. 你能将三角形蛋糕分成4块面积相等且全等的三角形蛋糕吗？这个时候学生就要深刻思考：到底怎么样才能全等？

整个问题设置呈现出了教学结构层次，重要的是可体现出教学过程向纵深推进的互动生成过程，也体现了学生思维层次发展的过程。

目标一：知"中位线"

1. 你能将三角形蛋糕分成2块面积相等的三角形蛋糕吗？

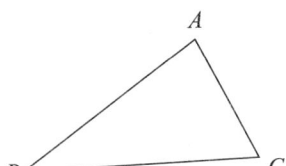

2. 你能将三角形蛋糕分成4块面积相等的三角形蛋糕吗？

3. 你能将三角形蛋糕分成4块面积相等且全等的三角形蛋糕吗？

（三）趣味性

兴趣是最好的老师，教学活动第一步要做的就是激发学生的学习动机，学生对学习内容感兴趣自然也就会有学习的动机，因此，大问题的设计一定要有趣味性。

例如，在"三角形的认识"一课，设计大问题：为什么大桥的结构形状多是三角形的？

这可能是学生之前没有仔细思考过却又是生活中常见的问题，因此，能够引起学生的兴趣，能够满足学生的好奇心，从而激发学生的探究欲望。

（四）灵活性

大问题设计的灵活性是指大问题的设计要能够满足发展学生的多种能力。

大问题设计要从培养学生的感知能力、分析综合能力、比较能力、抽象概括能力和创造想象能力（高阶思维能力）等几个方面入手，问题具有启发诱导性、清晰的层次性。[1]

大问题要能够为学生提供大的空间，能够使课堂呈现大格局。

四、大问题的设计方法

大问题的设计方法大致分为5种：

---

[1] 施淋燕. 问中的数学：谈数学课堂提问的有效性[J]. 读与写, 2020(23): 155.

（一）基于生活现象创设问题

数学来源于生活，而又服务于生活。伴随着核心素养的提出，提出问题更显重要，进行大问题设计的过程中，教师可以结合生活中常见的场景，根据教学内容需要，设置不同的数学问题，开展实际教学。

某同学非常巧妙地测量出了石块的体积，你知道他是如何测量的吗？

在一元一次方程的应用一节中，通过生活化问题情境的创设，教师可以将课堂中的数学知识与学生生活实际密切联系起来，体会不规则与规则图形之间的转化。

这样的实例，课本中还有别的呈现，比如，六年级第二章有理数及其运算中，对于数轴的引入采用了温度计。

（二）在冲突中解决问题

学习的进步，很多时候是在遇见"冲突"和剖析"冲突"的过程中螺旋上升的。在设置问题的过程中，教师加强学生对已有知识经验的思考和利用，引发学生的思考，在"冲突"中实现深度学习，加深学生对知识点的理解程度。

实例分析，感受"权"

学校"英语园地"招募成员，C，D两名同学的成绩如下表：（单位：分）

	听力	口语	阅读	写作
C同学	6	9	6	5
D同学	5	5	7	9

1. 在两名同学中选1名加入"英语园地"，选择谁？选择的标准是什么？
2. 如果社团想选拔一位英语主持人，该如何选择？

提出这一问题的主要目的是使学生产生问题冲突，并且让学生利用已有的学习经验，对"平均数"产生深层次的思考，进一步激发学生对课程内容的探究欲望，最终实现课堂教学效率的有效提升。

再比如：在引入无理数中，用2个边长为1的正方形拼成1个长方形，求边长，也属于这种设置方法。

（三）设计有针对性的问题链

教师在授课过程中，设置聚焦核心的问题，并且对课堂教学的节点精准把握，是培养学生高阶思维的关键。教师需要注重对核心问题设置的意识，在实际教学中进行充分的预设，设计有针对性的问题。在这种模式下，学生学习到的知识才最深刻，才能够促使学生的数学知识转变为数学技能，促进数学核心素养的实施落地。

目标一：知"中位线"

1. 你能将三角形蛋糕分成2块面积相等的三角形蛋糕吗？

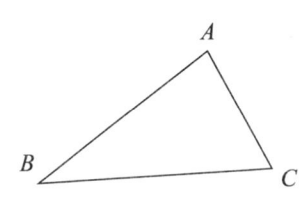

2. 你能将三角形蛋糕分成4块面积相等的三角形蛋糕吗？

3. 你能将三角形蛋糕分成4块面积相等且全等的三角形蛋糕吗？

在这样的合作、交流与观察下，学生就会对中位线得出最正确的认知，从而加深对该知识内容的理解程度，提升学习效率。

在讲授"垂径定理"中，还可以采用同样的方法设置问题：

问题1：给每名同学一张圆形的纸片，你能找出纸片的圆心吗？

问题2：老师把纸片换成圆形杯盖，你能找出它的圆心吗？

问题3：你们能继续用这个方法找出学校里操场一侧半圆的圆心吗？

（四）拓展问题维度，培养深度学习思维

在设计问题时，教师要立足教学目标，有效结合教材知识点，抓住学生思维活动中的热点或焦点，设计具有开放性特点的问题，确保问题的深度和维度

可以达到教学要求，以加强对学生深度学习思维能力的培养。只有从问题设计的维度入手，才能拓展学生的思考维度及深度，并最终提升数学课堂的教学效率。

实例分析，感受"权"

我来决策：M，N两名同学竞选"英语园地"团长，他们的各项测试成绩如下表所示：（单位：分）

	文化成绩	语言表达	组织能力
M同学	90	80	100
N同学	100	90	80

你能制订一个方案，选出团长吗？
要求：1.方案说明清楚；2.选出团长。

设计问题具有灵活性、开放性、指向性的特点，并作为推动课堂有效性提升的关键问题，可以贯串课堂教学的全过程，体现问题的梯度性，在学生和数学知识之间建构起沟通的桥梁。

在三角形全等一课中，教师也可以设置如下问题：在三角形全等的实际判定中，至少需要满足几个条件？

（五）创设合理的问题情境

开展数学教学的根本目的是让学生能够灵活运用所学的知识，并将其迁移到实践，解决实际问题。

活动一：体会方程

学校开展综合实践活动，准备将一块空地分给初一各班，要求每班分别用长为20米的栅栏，围出一个长方形场地。各班的方案如下：

一班　　　　　　二班　　　　　　三班
长与宽相等　　　长比宽多2米　　　长比宽多4米

根据题目信息，你想研究哪些内容？

设计的问题，不仅重点考查了学生对于几何图形面积的计算能力，同时还将与几何图形相关的知识内容与新的问题情境进行了有机融合，可以在新的问题情境中培养学生运用所学数学知识解决实际问题的能力,为学生未来实现更好的发展奠定坚实的基础。

第三节 评价活动的设计优化

一、学习任务的设计标准

(一)与学习目标相匹配

学习目标是评价任务设计的依据。评价任务的设计就是将学习目标转化为可测、可评的学习任务以收集学生学习结果的行为反应,故评价任务应与学习目标相匹配。

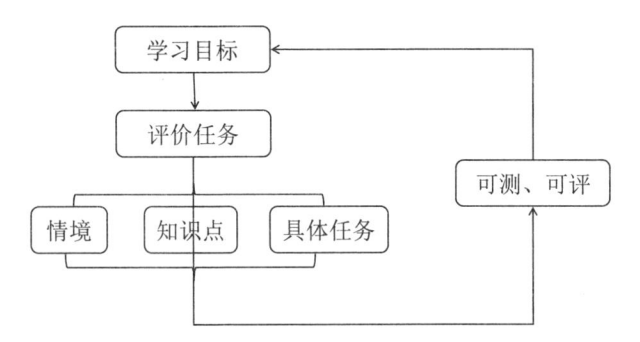

评价任务的设计包含三方面的内容:情境、知识点(隐藏于任务、情境中)、具体任务。情境,也称问题情境,是指教师有目的、有意识地创设各种场景,以促使学生去质疑问难、探索求解。问题情境与目标匹配、与学生经验相吻合的程度越高,评价的效度也就越高。知识点是评价任务所检测的知识泛称,包括知识本身、技能与方法,它往往隐藏于任务或情境之中,评价任务中所包含的知识点越少,与目标的匹配度就越高。任务是指要学生做的事,即要求指令、内容明确,容易理解。[1]

---

[1] 刘大双. 课堂情境中的"正在学习""真实学习"始于设计:以义务教育化学课程学历案的撰写为例[J]. 新课程(中学), 2018(7): 15—17.

当然，这里的"匹配"不等于与目标一一对应。对于"一维"的知识与技能目标，必须有相应的评价任务与之对应；但是，对于"二维""三维"目标，有时难以设计与之对应的评价任务，往往只能依据学习经历、课堂表现等现象来推断，尤其是涉及学科素养的目标，它的达成不能仅靠一两节课，而是需要一个长期的积累过程。

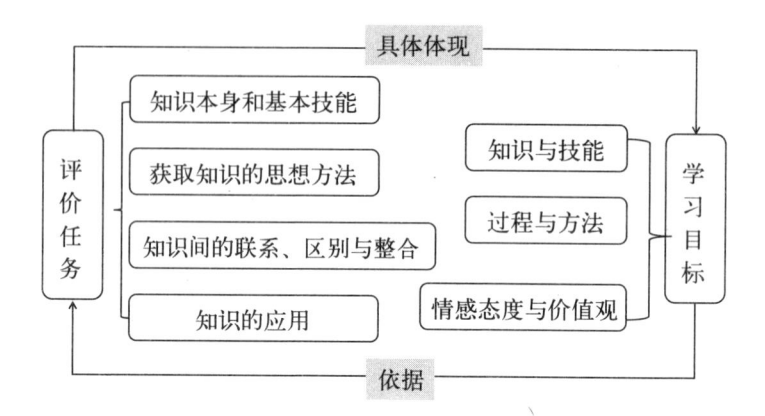

评价任务以任务的形式把知识、技能、知识获取过程涉及的思想方法、知识间的联系、整合及应用等元素融于具体的情境中，通过任务的实施来检测学习目标的达成情况。学习目标是评价任务设计的依据，评价任务是目标的具体体现。在实际操作过程中，教师可以根据教学实际把评价任务安排在课内实施，也可与作业一起，安排在课外实施。

（二）明确设计顺序

评价任务要先于教学活动，遵循的是一种逆向设计的路径，即"学习目标—评价任务—教学活动"。基于目标，设计评价任务来收集学习目标达成的证据，灵活地将评价任务嵌入教学活动中，确保教师的教、学生的学和课堂的评价都围绕学习目标展开，聚焦目标达成。正如王少非专家所讲的评价即GPS——全程导航。将评价任务的设计先于教学活动的设计，这是为了更好地帮助教师清晰目标达成的"标准"，正确区分学习任务与评价任务，使教学活动的安排更具针对性。唯有这样，才能保证"学—教—评"的一致性的落实，充分发挥评价对学生学习的促进作用。[①]

---

① 田国华．基于学历案的高中历史深度学习探究[J]．中小学教材教学，2021(6)：45—48．

（三）描述清晰可执行

评价任务的描述要做到语言清晰，基于学生原有知识经验，情境真实，言简意赅。明晰的评价任务具有"导学"的功能，其描述的是"要求学生做什么""怎样做"以确保"做得怎样"。因此，在设计时教师首先要把握好评价任务的指导语，使其清晰可执行，如"请思考下列问题，再与同桌交流；观察表格内的数据，你有什么发现"等，让学生一看就明了"要我做什么""要我怎么做"。反之，学生则不知道要在课堂上说什么、读什么、写什么，我们就难以得到清晰的评价信息。

（四）任务方式多元

效度和信度是"评价任务"设计的两个关键指标。效度往往借助"评价任务"本身的内容来实现，主要考察检测内容与目标的吻合度，信度则是指多次评价检测结果的一致性。要提高"评价任务"的效度与信度，需对"评价任务"进行多元化设计，可以采取以下策略：第一，评价任务的设计，要基于学生实际，设置合理的情境、题型，突出检测的针对性，以提高效度。第二，同一学习目标需设置多角度的、不同的评价任务，考查学生对概念的理解是否全面、深刻，能否在变换的情境下继续正确回答问题，以提高信度。第三，评价任务要充分体现学生的差异性。为此，评价任务的设计可以体现多样性和发展性，只要是能够根据其行为来收集学生是否学会的证据的评价任务形式都可以采纳。

二、评价任务的设计形式

（一）根据评价任务所检测的学习目标的数量，评价任务可以分为单一型评价任务与综合型评价任务

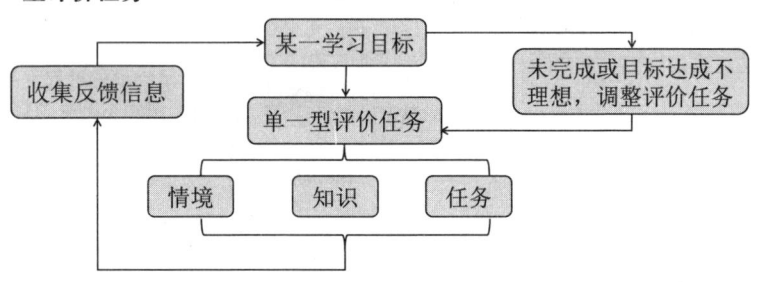

1. 单一型评价任务

单一型评价任务即一个评价任务只检测一个学习目标，主要针对知识本身的内容及其简单应用，包括在知识获取过程中涉及的一些重要数学思想方法在新的问题情境中的简单应用。其功能是通过它来检测学生对该目标的达成情况，其优点是针对性强、检测效度高，能具体检测出学生对某一个具体内容的达成情况。

2. 综合型评价任务

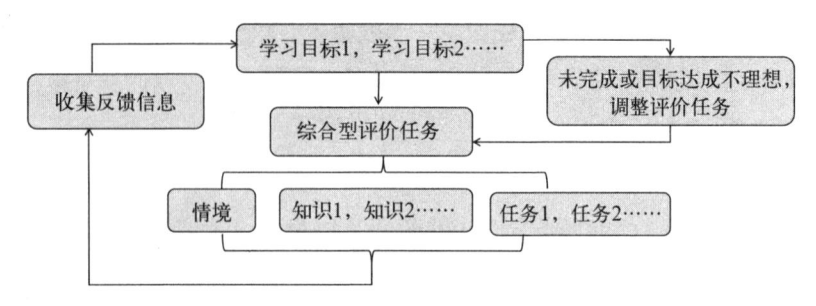

综合型评价任务即一个评价任务同时检测两个或两个以上学习目标所包含的知识点和能力点。此类评价任务的功能是用于检测学生综合运用知识的能力，着眼于实际问题的解决。[①] 优点是具有一定的综合性，能检测学生的综合应用能力和思维的活跃性，这是单一型评价任务所不具备的。但相应的也会有不足，如果学生出错，教师可能会一下子难以判断是哪一个知识点上出了问题。

（二）根据斯蒂金斯的分类方法，可以将课堂评价分为四个类别：纸笔测验、表现性评价、交流式评价和档案袋评价

下面重点介绍纸笔测试型评价任务与表现性评价任务的设计。

1. 纸笔测试型评价任务

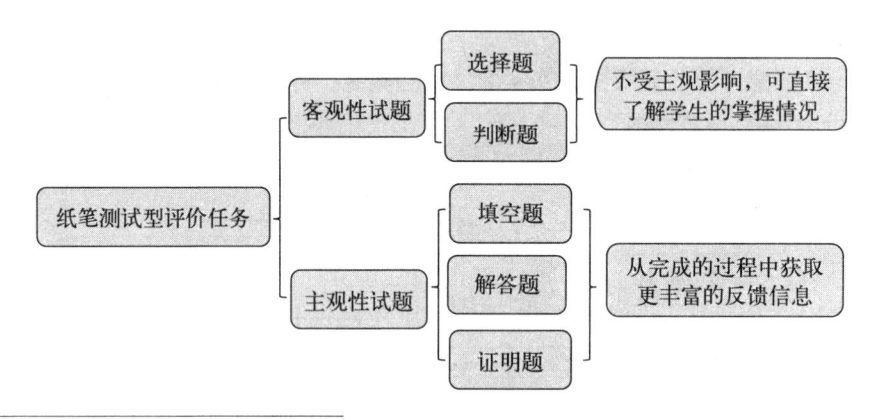

---

① 王建峰. 如何撰写与目标匹配的"评价任务"[J]. 教育视界，2016(15)：19—22.

纸笔测试型评价任务是检测学生数学能力的重要工具，在数学评价中应用得比较广泛，主要指的是试题类(包含例题、练习题、测试题等)。

2.表现性评价任务

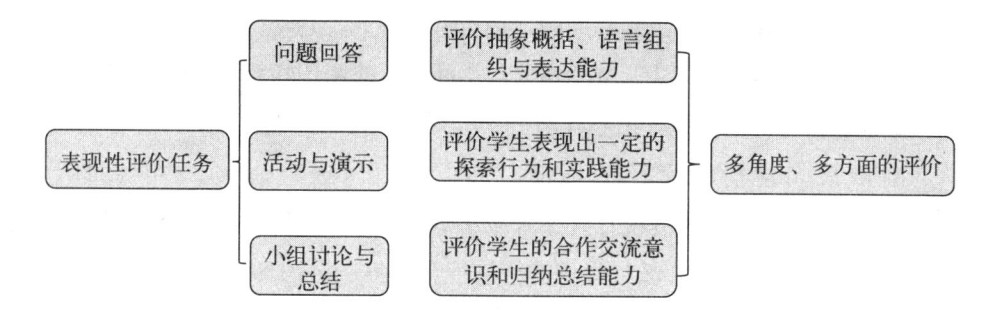

```
表现性评价任务 ── 问题回答 ── 评价抽象概括、语言组织与表达能力
              ── 活动与演示 ── 评价学生表现出一定的探索行为和实践能力 ── 多角度、多方面的评价
              ── 小组讨论与总结 ── 评价学生的合作交流意识和归纳总结能力
```

表现性评价任务是提升学生综合素养的有效手段，表现性评价任务不仅能评价学生知道什么，知道到什么程度，还能评价学生能做什么，表现性评价不仅是对结果的评价，更多的是过程性评价。

三、评价任务的设计流程

基于评价任务的设计标准，单元评价的设计主要通过四步来完成：细化学习目标，确定评价类型，设计评价任务，制订评价量规。

(一)细化学习目标

单元目标可以根据目标的价值取向不同拆解成使能目标，再依据使能目标的陈述方式分析目标类型。例如，目标1.4，描述的是学习成果，具体、可预期、可测评，所以这类目标是成果性目标；例如，目标4.1，4.2，4.3，描述的是一种能力，所以是能力目标；目标4.4，描述的是学习过程，成果不具体、不可预期、不可直接测评，是过程性目标；目标2.3，描述的是学习任务，反映的是能力，成果不具体、不可预期、可测评，所以它是表现性目标。

(二)确定评价类型

依据我们的目标分类，初步匹配相对应的评价类型，其中表现性目标、过程性目标采用表现性评价，能力目标主要采用交流式评价，成果性目标主要采用纸笔测验。

（三）设计评价任务

案例1："三角形"单元表现性评价任务的设计

1. 分析核心目标，确定评价内容。目标二、四是本单元的核心目标，通过分析，确定"能用全等解决实际问题，进行有条理的推理""培养几何直观，发展空间观念和数学推理能力，感受数学与生活实际的密切联系"为评价内容。

2. 创设任务情境，设计核心问题。

高质量问题情境设计的标准："妙""活""合"。如何才能设计出"妙""活""合"的问题情境？要深入分析教材里面的概念群；深入分析学生心灵的出发点；深度分析教材知识的情境性。任务一定是真实的，我们选取了"学校工程队需要测量学校一个大花坛的最大宽度，可是花坛中种了很多花草树木，无法直接测量"这一贴近学生的真实情境，核心问题就是要达成的任务，"以小组为单位，设计测量校园花坛最大宽度的可行方案，画出设计图纸，说明方案实施的依据和具体过程"。

3. 撰写任务指导语。为了更好地完成任务，要让学生知道需要做什么，所以我们撰写了详细的任务指导语：

（1）利用本章所学知识，以小组为单位设计可行的测量方案，小组长为组员明确分工，各司其职。

（2）方案要求：方法多样化，内容包括设计图纸、方案实施的具体过程、方案实施的依据。

（3）小组设计完成之后进行展示交流，其他小组质疑和称赞，确定最终可行方案。

该表现性评价任务，在测量方案的完成过程中，发展了学生的空间观念，在得出方案的过程中训练了学生的推理能力，这也与我们的整体单元目标相契合，因此，它是对整个单元核心目标的评价。

（四）制订评价量规

评价量规是一种评分工具，是一个评量标准。目标与任务中的多个角度都是考查"三角形"这一章的知识与方法，所以我们设置了"知识与方法的运用"这一维度；目标四以及任务指导语中涉及了"培养几何直观，发展空间观念和数学推理能力""利用本章所学，设计测量方案"等方面，这些都考查学生解决问题的能力,所以设置了"问题解决方案"这一维度;根据评价任务中的以小组为单位设计,还设计了"小组合作的质量"这一维度。

为此,结合单元学习目标和表现性评价任务,评价量规设置了知识及方法的运用、问题解决方案、小组合作的质量三个维度。纵观整个评价量规的设置,是按照由深到浅的原则。

案例2:"探索三角形全等的条件3"单元纸笔测试型评价任务的设计

1. 确定评价内容。

2. 依据评价内容,设计单元检测试题。

3. 编写双向细目表,并根据双向细目表自评与反思:(1)试题能否有效体现评价目标?(2)试题的题型选择是否适切?(3)试题的陈述语是否清晰、准确、无科学性问题?(4)试题的参考答案是否正确?评分标准是否科学、可操作?

学生如实填写"学习内容与水平记录表",对自己的单元学习结果如实作出评价并记录,教师可以对所有学生的情况进行统计与汇总,以便有针对性地进行单元复习。

评价任务设计没有固定模式,但要与目标相适配,做到情境的真实与适切,让学生真正参与进来,学到且学会!对教师而言,设计出符合核心素养要求的评价任务,有利于改善无评或评价无针对性的局面。多元化、多样化的评价任务设计,能更好地提升核心素养。对学生而言,促进学生对评价任务的认识,学会通过评价任务来评估自己的学习情况,更加积极地参与到学习活动中,促使核心素养的发展。有了评价,无论是教还是学,都更具有方向感。

四、评价任务的实施

基本流程为:呈现任务、执行任务、交流反馈、二次评价。

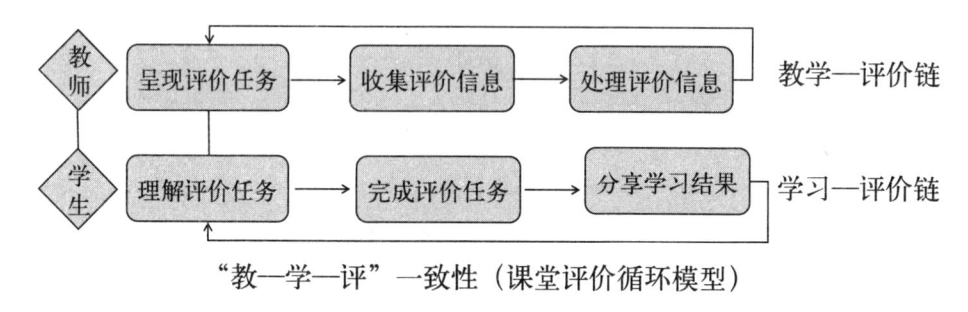

教师:呈现评价任务 → 收集评价信息 → 处理评价信息   教学—评价链

学生:理解评价任务 → 完成评价任务 → 分享学习结果   学习—评价链

"教—学—评"一致性(课堂评价循环模型)

具体来说，首先是评与教的整合。对于教师而言，要做到以下几点：第一，呈现评价任务。教师不是简单地把评价任务"端上来"，而是要根据评价任务的特点与学生的学习情况，帮助学生明白评价任务，如果学生没有明白评价任务，学习就无法进行。如何呈现评价任务？可以直接告知，但表达必须非常清晰，这种清晰不是教师以为的清晰，而是学生能理解的清晰；可以用PPT呈现，再配以适当解释；可以举例说明，用具体的实例帮助学生理解。第二，收集评价信息。教师要通过倾听、对话、观察等方法收集评价信息，要收集错误的学习信息、特殊的学习信息、面上的学习信息、个体的学习信息，教师的实践智慧与教师对重要信息的敏感性息息相关。第三，处理评价信息。对不同的学习信息进行不同的处理，教学的过程就是评价信息处理的过程：达成处，肯定之；不足处，补充之；差错处，纠正之；困惑处，点拨之；杂乱处，梳理之；高明处，放大之；争辩处，辨析之。

其次，是评与学的整合。对于学生来说，要做到以下几点：第一，明确评价任务，明白自己的学习任务。第二，完成评价任务，在完成评价任务的过程中"生产"学习信息，任务完成方式要根据任务特点与学生情况进行精心设计；第三，分享学习结果，在教师的组织与指导下，把相关的学习情况与同学进行分享、交流与改进。

因此，"教—学—评"是一个不断推进的"链"，是"教学链""学习链""评价链"的统一，是"教—学—评"一致性的循环。在这个循环中，"评价任务"是关键，因为有了"评价任务"，教与学会相互依存；只有教师以十分适切的方式呈现评价任务，学生才会理解评价任务；在学生完成评价任务的过程中，学生只有产生了评价信息，教师才能收集与评价信息，也才能组织学生分享与交流评价信息，进而对评价信息进行处理，以不断的"教与学"帮助学生更好地学习。

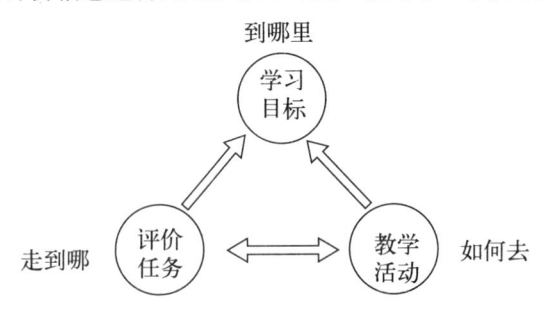

"教—学—评"三位一体，目标是核心，评价是关键，在教学设计中嵌入评价任务，在教学过程中推动评价任务的实施和开展，在深度教与学的互动过程中让学生的数学素养和教师的专业素养得到提升。

第四节 作业设计

一、单元整体教学背景下作业设计的基本原则

数学具有逻辑性强、严谨、科学的特点，根据学科特点设计出促进数学学习的作业，有利于激发学生学习数学的兴趣。我们必须思考数学作业的设计，如何才能达到"面向全体学生，让每个学生都有所收获"的教育教学标准呢？怎样安排数学作业的难易度、作业量呢？结合初中生心理和生理特点，结合核心素养双减的教学理念，双减模式下的数学作业设计应该遵循的基本原则有：

（一）目的性原则

数学作为一门学科，应遵循"教学和数学对应"的原则。设计出的数学课后作业必须与教学目标有高度的关联性和贴合性，这样的作业才会起到真实的效果，如果与学习目标不一致，就不可能达到做作业的目的，学习效果将会大打折扣。只有围绕着数学教学和符合数学课程标准的数学教育，才是高效、有意义的。

因此，教师要重视数学教学的重要组成部分——数学作业，在设计作业时，首先要确定学习目标；其次，设计形式多样的实践作业，帮助学生深入理解所学的知识，促进核心素养的落实，使学生的能力得到发展。

（二）适量性原则

教育家卡罗尔在他的研究中精练地论述了在课堂有限的时间里完成课堂作业，以及由学生自主分配自己学习知识的做法，使学生有独立的学习空间和时间。可供学生支配的独立的学习时间越多，学生学习的效果就越明显。我们应当走出对传统作业任务量的认识，传统作业任务量往往存在这样的误解：总是认为作业的量是多多益善，坚持"熟能生巧"的理解。熟能生巧的根本是建立在对知

识理解的基础上进行。在没有理解的情况下，只靠熟练是远远不够的，过度地训练，会影响学生创造力的发展，可能会导致学生对学习产生负面影响，甚至是矛盾的态度、心思。所以，超负荷的、大量重复的数学作业不是提高数学成绩的途径，但数学作业应相对地控制在一个适中的范围内。"适中"是一个相对的概念，它与学生所处的时代、学生的学习方式、学习能力等有很大的关系，不同学段甚至是不同年级的学生，他们的需求各有不同，所以只要最大化地实现数学作业的功能，并能积极地促进学生的有效学习，这样的任务量就是"适中的"。

设计初中数学作业时，需要注意并认真分析以下几点：首先，教材上的重难点分析；其次，要立足学生的学情，深入了解学生的心理和生理特点等，深知他们的认知发展规律；最后，精心设计作业练习，指向核心素养，基于课程标准，力争不重复，提升学生运用知识和社会实践活动的能力。

(三)多样性原则

形式新颖的数学作业，可以让学生以最高效的方式将所学的知识最大限度地转化为自己思维中所学会的知识的一部分。不同的课程结构、知识内容，都有各自相对应的开展形式，将知识回归到对应的生活情境中，才能引起学生的兴趣和注意。通过研究，发现双减模式下的初中数学作业总的可分为四大类：实践型、知识型、拓展型、个人爱好型。知识型作业是我们在数学作业设计中最为常见的方式，更加贴近学习的知识。在作业的目的、作业的内容、类型的选择和确定上，教师考虑到学生的个体差异和班级的统一是很有必要的。

(四)层次性原则

每节课的教学目标是不同的，每个学生的理解能力、认知水平、接受能力、感受能力、心理承受能力既有共性也有差异。要结合教学内容，从较高层面设置难易适中、符合学生认知水平和认知能力的练习题，更好地训练学生的思维，开阔他们的视野。[①] 对于基础薄弱的学生，只需要完成课后作业中的必做部分，掌握好教学目标所提出的要求即可；对于学有余力的学生，除了要完成好课后作业中的必做部分，还要尽量完成课后作业中的拓展型作业部分，在完成作业的过程中，进一步培养学生的思维能力、运算能力，并加深学生对数学知识、

---

① 杜彦武.地方大学数学教育与基础教育互动发展研究[M].长春：吉林出版集团股份有限公司，2019：208.

数学方法的理解和领悟。

二、单元整体设计背景下作业设计的依据

(一)课程标准为双减模式下的作业设计指引方向

课程标准是教学设计、目标评价的总指挥,课程标准既是教学过程落实的总抓手,也是作业设计的导航仪。双减模式下作业的设计应是在课程标准的指导下,基于大概念,紧密围绕教学目标和教学内容,并与课程标准的要求相对应,针对不同的目标进行的作业设计有了准确性、科学性和适宜性的基本保障。具体的教学目标能更高效地指导作业配合教学,体现作业巩固知识和提升技能的功能,同时也可避免作业过偏、过难,减少学生不必要的负担。

(二)课程教学为作业内容提供支撑

根据艾宾浩斯遗忘曲线规律,得到及时复习对防止遗忘、巩固知识是必不可少的,所以作业应当建立在大单元整体的角度下,以巩固当天教学内容为主,渗透学科思想和基本知识。

以圆为例进行作业设计说明:

1. 单元知识图

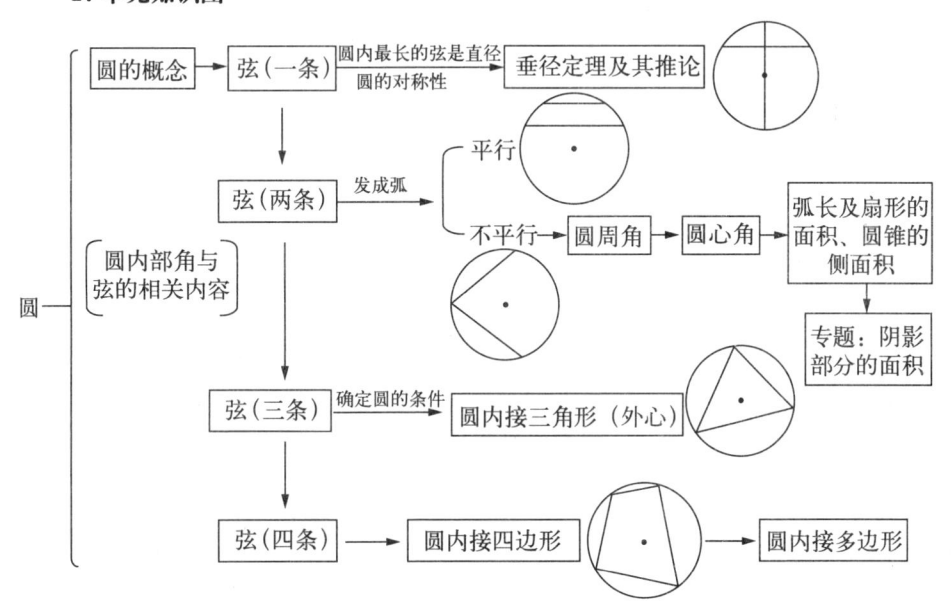

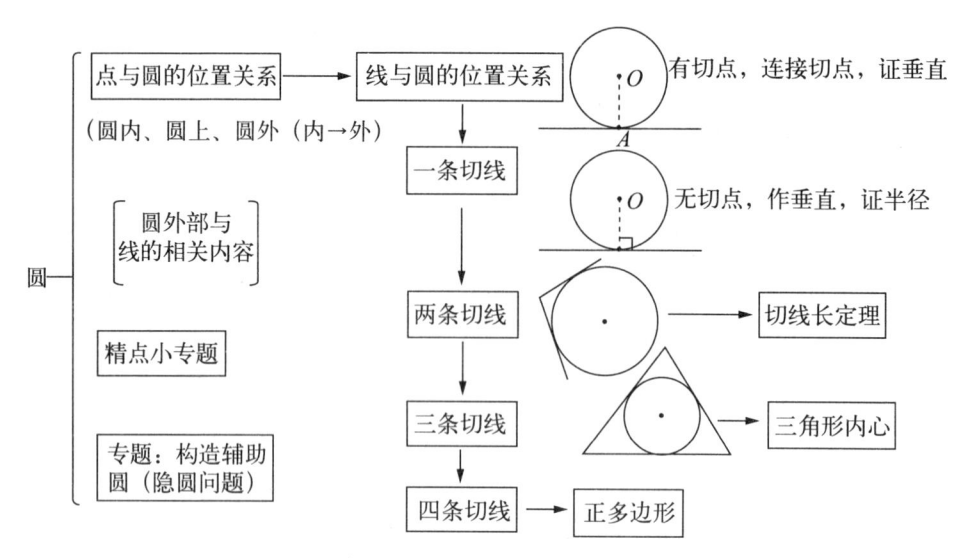

```
         ┌─ 点与圆的位置关系 ──→ 线与圆的位置关系 ──→ [○A图] 有切点，连接切点，证垂直
         │  （圆内、圆上、圆外（内→外））         ↓
         │                                  一条切线 ──→ [○图] 无切点，作垂直，证半径
         │  ┌ 圆外部与        ┐                ↓
   圆 ───┤  │ 线的相关内容    │              两条切线 ──→ [○图] ──→ 切线长定理
         │  └                ┘                ↓
         │  [ 精点小专题 ]                   三条切线 ──→ [△○图] ──→ 三角形内心
         │                                    ↓
         │  ┌ 专题：构造辅助  ┐              四条切线 ──→ 正多边形
         └  │ 圆（隐圆问题）  │
            └                ┘
```

2. 单元知识目标

（1）理解圆的相关概念以及点与圆的位置关系。

（2）探索圆的轴对称性和中心对称性以及垂径定理。

（3）探索圆心角、弧、弦之间的关系。

（4）了解直线与圆的位置关系。

（5）掌握切线的性质定理。

（6）掌握圆周角定理及其推论。

（7）掌握直径所对的圆周角是 90°。

（8）会计算弧长、扇形面积。

（9）会计算圆锥的侧面积和全面积。

（10）经历自主探究、小组交流等活动，学生在具体的题型中分析、总结求解方法，建立模型。

（11）了解三角形的外接圆以及外心的概念。

（12）会利用作图绘制相应图形。

（13）了解并证明圆内接四边形对角互补；了解圆内接多边形的概念及正多边形与圆的关系。

（14）巩固切线的性质及判定定理，分辨直线与圆的位置关系，能够独立完成圆中的计算问题。

(15) 掌握切线的概念，探索并证明切线长定理，会用定理解决问题。

(16) 知道三角形的内心和外心。

(17) 巩固切线性质及判定定理。

(18) 会用三角形、四边形及多边形的内切圆的性质解决相关问题。

(19) 会用切线的性质及判定解题。

(20) 会用三角形、四边形及多边形的内切圆的性质解决相关问题。

(21) 掌握并会应用定点定长模型、直角圆周角模型、定弦定角模型、四点共圆模型。[①]

3. 单元作业目标设计表

单元作业目标描述	目标维度与学习水平	对应课程标准要求	对应学科核心素养
能够辨认弦、弧、等圆、等弧、圆心角等概念。能够辨认点与圆的位置关系。	了解	理解圆的相关概念以及点与圆的位置关系。	数学抽象
知道圆的轴对称性和中心对称性。会用垂径定理求弦心距、半弦长以及对应锐角的三角函数。	掌握	探索圆的轴对称性和中心对称性及垂径定理。	数学建模 逻辑推理 数学运算
能通过圆心角、弧、弦之间的关系解决相关问题。	了解	探索圆心角、弧、弦之间的关系。	数学建模 逻辑推理
能够辨认直线与圆的三种位置关系：相交、相切、相离。	了解	了解直线与圆的位置关系。	直观想象
能够找到或者构造圆的切线。能运用切线与过切点的直径之间的关系，求相关线段的长度。	运用	掌握切线的性质定理。	数学建模 逻辑推理 数学运算
能够在图中找到圆周角，并确定圆心。能利用圆周角的度数等于它所对弧的圆心角度数的一半，求出角的度数、线段长、弧长。	运用	掌握圆周角定理及其推论。	直观想象 逻辑推理 数学运算

[①] 《2014 版数学课程标准》

续　表

单元作业 目标描述	目标维度 与学习水平	对应课程 标准要求	对应学科 核心素养
能够根据90°的圆周角所对的弦是直径，为最终解决问题创造条件。	掌握	掌握直径所对的圆周角是90°。	直观想象
能够利用弧长公式求扇形的弧长、半径和所对应的圆心角；知道圆锥的侧面展开图是扇形，能够利用扇形面积公式求扇形的半径、弧长。	掌握	会计算弧长、扇形面积。	数学分析 数学运算
能利用公式计算圆锥的侧面积和全面积。	运用	会计算圆锥的侧面积和全面积。	数学分析 数学运算
经历自主探究、小组交流，能够在和差法、等积法、割补法等方法中选取合适的方法，并利用转化思想将不规则图形转变为规则图形，进而求阴影部分的面积。	运用	经历自主探究、小组交流等活动，学生能够在具体题型中分析、总结求解方法，建立模型。	数学建模
能够找到三角形的外心。知道什么是三角形的外接圆。知道不在同一直线上的三个点能确定一个圆，以及过不在同一条直线上的三个点作圆的方法。	了解	了解三角形的外接圆以及外心的概念。	直观想象
能够利用尺规作图，过不在同一直线上的三点作圆、作三角形的外接圆、作圆的内接正方形和正六边形。	理解	会利用作图法绘制相应图形。	数学分析
能够推导出圆内接四边形对角互补，知道圆内接多边形的概念及正多边形与圆的关系。	理解	了解并证明圆内接四边形对角互补；了解圆内接多边形的概念及正多边形与圆的关系。	直观想象 逻辑推理
知道切线的判定方法，能判定一条直线是否为圆的切线。	掌握	巩固切线的性质及判定定理，分辨直线与圆的位置关系，能够独立完成圆中的计算问题。	逻辑推理

续 表

单元作业目标描述	目标维度与学习水平	对应课程标准要求	对应学科核心素养
知道切线长的定义，并会用切线长定理解决数学问题。	掌握	掌握切线的概念，探索并证明切线长定理，会用定理解决问题。	数学运算
认识圆内切三角形，知道三角形的内心是角平分线的交点，能解决与内心有关的计算问题。	理解	知道三角形的内心和外心。	数学运算 数学建模
巩固切线的性质及判定定理，从三条切线增加至四条切线、多条切线，解决对应的角与边的问题。	理解	巩固切线性质及判定定理。	逻辑推理
明白正多边形与圆的关系，能借助正多边形的半径、边长和边心距之间的关系，把正多边形的计算问题转化为解直角三角形的问题。	运用	会用三角形、四边形及多边形的内切圆的性质解决相关问题。	数学运算 数学分析
巩固切线的性质及判定定理，分辨直线与圆的位置关系，能够独立完成圆中的计算问题。	掌握	会用切线性质及判定解题。	数学建模
会用三角形、四边形及多边形的内切圆的性质解决相关问题。	掌握	会用三角形、四边形及多边形的内切圆的性质解决相关问题。	数学建模 逻辑推理
能够从题意中发现定点定长、定弦定角的特点，能够借助90°的圆周角所对的弦是直径的定理，发现隐藏的圆，会通过构造圆运用圆的相关知识来解决数学问题。	运用	掌握并会应用定点定长模型、直角圆周角模型、定弦定角模型、四点共圆模型。	数学建模 数学分析 逻辑推理

4. 单元作业目标分配表

目标序号	课时1	课时2	课时3	课时4	课时5	课时6	课时7	课时8	课时9	复习课	测验课
1	*	*	*								
2	*										
3	*					*				*	
4	*									*	
5	*										
6		*	*	*							*
7		*									*
8			*								
9			*							*	
10				*							*
11					*						
12					*						*
13					*		*				*
14					*		*			*	
15						*					*
16						*					*
17							*				*
18							*				*
19								*		*	
20								*			*
21									*		*

三、作业设计案例

"圆"的作业设计（鲁教版九年级下册第五章第1节）

作业目标

目标1：能够辨认并找出弦、弧、圆心角，并利用三者之间的关系解决问题。

目标2、3：能够分清点与圆的位置关系，辨认点在圆内、圆上、圆外；会用垂径定理及其推论解决相关的数学问题。

目标4、5：能够分清直线与圆的位置关系，辨认相交、相切、相离的位置关系；知道切线的概念，会用切线的性质定理解决简单的数学问题。

目标序号	对应题号 （括号内打"√"）	评价量化	
目标1	1★（ ） 2★（ ） 2变式★★（ ） 3★（ ） 3变式★★（ ）	①完全达成5★😀共7★ ②基本达成3★🙂 ③没有达成2★☹	实行"师友"捆绑对抗：课上采用"师友制"，师友互助解决疑难问题。后由对抗组的师父改编出错题1—2题进行达标考核，两次积分统计到每周考评。
目标2、3	4★（ ） 4变式★★（ ） 4变式★★★（ ） 5★（ ） 5变式★★★（ ）	①完全达成6★😀共10★ ②基本达成4★🙂 ③没有达成2★☹	
目标4、5	5★（ ） 5变式★★（ ） 5变式★★★（ ）	①完全达成3★😀共6★ ②基本达成2★🙂 ③没有达成0★☹	
综合	实践作业	共3★	优秀作品展评

单元作业题分析表

基本信息	学科	年级	学期	单元	主题
	数学	9年级	下	五	圆
作业题内容	★1.下列说法中正确的是（ ） A.长度相等的弧是等弧 B.优弧长度大于劣弧 C.直径是圆中最长的弦 D.同圆或等圆中的弦一定相等 ★2.如图，A，B是⊙O上的两点，$\angle AOB=120°$，C是$\overparen{AB}$的中点，则$\overparen{AC}$的度数=＿＿＿。 ★★变式：若⊙O的半径为4cm，连接AC，BC，求四边形$OACB$的面积＿＿＿。					

续 表

基本信息	学科	年级	学期	单元	主题
	数学	9年级	下	五	圆

作业题内容

★3. 如图，弦 AB 与 CD 相交于点 P，且 PO 平分∠DPB。若弦 AB=5cm，则弦 CD=_____。

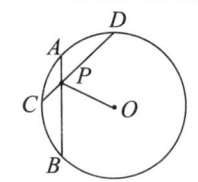

★★变式：如图，$\overset{\frown}{AB}=\overset{\frown}{BC}$，OD⊥BC，OE⊥AC，垂足分别为 D，E，且 OD=OE=3cm，求 AB 的长是多少。

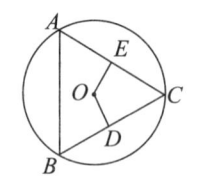

★4. 如图，"圆材埋壁"是我国古代数学名著《九章算术》中的一个问题："今有圆材，埋在壁中，不知大小。以锯锯之，深一寸，锯道长一尺。问：径几何？"转化为现在的数学语言就是：如图，CD 是⊙O 的直径，弦 AB⊥CD，垂足为点 E，CE=1 寸，AB=10 寸，则直径 CD=_____寸。

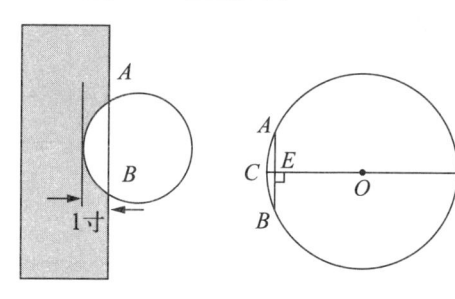

★★变式：如图，CD 为⊙O 的直径，弦 AB⊥CD，垂足为 E，AB=BF，CE=1，AB=6，则弦 AF 的长是多少？
★★★变式：已知⊙O 的半径为 10cm，弦 AB∥CD，AB=12cm，CD=16cm，求 AB 和 CD 间的距离。 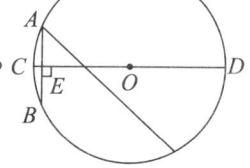
攻略：画出图形，注意不同位置下的分类讨论。

★5. 如图，AB 是⊙O 的直径，PA 切⊙O 于点 A，连接 PO 并延长交⊙O 于点 C，连接 AC，AB=10，∠P=30°，则 AC=_____。

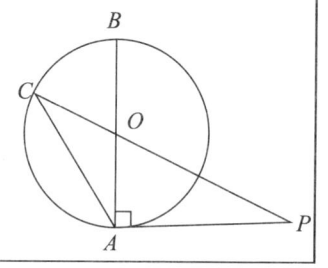

续 表

基本信息	学科	年级	学期	单元	主题
	数学	9年级	下	五	圆

作业题内容	★★变式：延长直径 AB 至点 E，$\odot O$ 与 CE 相切于点 D，AD 平分 $\angle EAC$，$DE = \sqrt{3}\,OD$，$AE=12$，则 CD 是多少？ ★★★变式：如图，PA，PC 是 $\odot O$ 的切线，A，C 为切点，AB 是 $\odot O$ 的直径，$\angle BAC=30°$，$AP = 4\sqrt{3}$，则 $\odot O$ 的半径为多少？ 攻略：考查切线的性质，判定特殊三角形，结合其性质，通过垂径定理以及三角函数解决问题。 ★★★实践作业： 探索神舟十三号航天工程中运用的圆的知识，单元学习结束时形成探究报告.

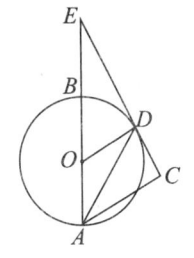

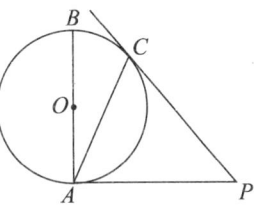

题目质量分析（符合的打"√"）	功能指向、作业目标明确	表述科学，语言精练	完成要求明确，易于理解	反映学生思维过程、方法应用	答案合理	情境设计合理、有效
	√	√	√	√	√	√

作业题属性	对应目标	目标维度与学习水平	题目类型	题目完成方式	难度	预计完成时间
	目标1	了解	填空 解答 选择	独立	较低	20分钟
	目标2	理解	填空 解答	独立	较低	
	目标2	掌握	填空 解答	独立	中等	
	目标2	运用	解答	独立（合作）	较高	
	目标3	理解	填空 解答	独立	较低	
	目标3	掌握	解答	独立（合作）	中等	
	目标3	运用	解答	独立（合作）	较高	

第五节　板书设计

一、让知识从琐碎到整体架构：思维导图式板书

结构化的板书形式，能够改变数学知识琐碎、零散的点状，直观展现知识的整体性、模块化，有利于数学结构和思维的形成。数学共同结构特征的有效整合，可以让学生由此及彼、问牛知马。采用结构化的呈现方式构建知识网络，能够让学生有序地学习数学知识，体系化地思考问题，提高学生学习思维的灵活性和辨识度。

课堂教学实践表明，这种导图式的板书容易吸引学生的注意力，激发他们的兴趣。这是一种基于思维导图的教学设计，与传统的直线记录方法完全不同，通常以直观形象的图式建立起各概念之间的联系，将某一主题置于重要位置，主题的主干作为分支向四周发射，随着思维的不断深入，逐步建立一个有序的、发散的图式。思维导图式板书使整节课的内容丰满而又有体系，也便于学生梳理本课的结构，掌握本节课的重点。[①]

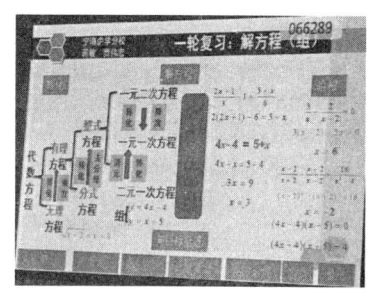

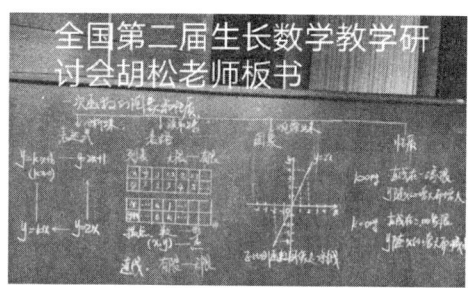

二、利于突破教学的重难点：简明扼要的板书

板书是数学课堂的核心，必须体现科学性、结构化、启发性、有序性。一节课的高效呈现、知识结构层级与教学过程的设计是息息相关的。简洁、清晰

---

① 张静. 重塑数学教学板书的价值 [J]. 教学与管理，2018(14)：32—33.

的板书有助于教师进一步深入思考，弄清教什么、如何教、为什么教、如何设置问题支架等问题，有利于突破教学的重难点，也便于学生对所学知识的归纳、内悟与转化，总结与提升。

如图所示的板书，呈现了"探索三角形相似的条件"一课所学的主要内容，体现了知识的由来过程，关注数学知识的变化过程，由数学猜想到数学证明的跨越，无形中渗透了解决问题的方法和思想。本节课的重点、难点在板书中都有所展现，学生能够通过看板书内容，掌握本课学习的要点。

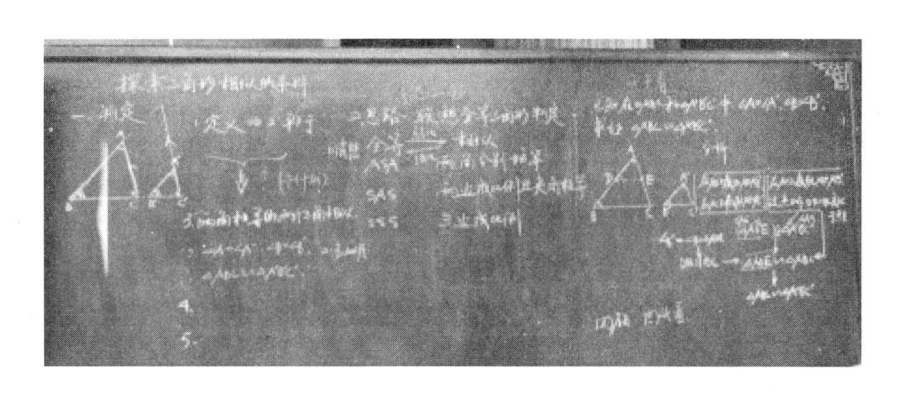

三、凸显思维过程，让思维看得见：思维可视化板书

动态、直观的板书呈现方式，凸显思维过程，让思维看得见，能让学生在学习中体验抽象和归纳、提升和转化，这对学生的思维能力，特别是逻辑思维能力的发展起着重要的作用。学生能从中联

注：板书图片来自于2019年第二届生长数学教学研讨会现场会教学展示

想到其他函数的学习方式和学习过程，从单元整体的视角看待数学问题，更能为函数以后的学习积累经验，真正促进核心素养的达成。

第四章　单元起始课教学设计的案例与反思

第一节　数与代数领域

1. "有理数"课时教学方案

课题		有理数	设计者		刘志丹
所在单元	有理数及其运算	年级	六年级上册	课时	1课时
目标设计	课标要求	\{1. 经历有理数的形成过程，初步理解数域的扩充；掌握数与式的运算，能够解释运算结果的意义； 2. 理解负数的意义；理解有理数的意义，能用数轴上的点表示有理数，能比较有理数的大小； 3. 借助数轴理解相反数和绝对值的意义，掌握求有理数的相反数和绝对值的方法； 4. 理解乘方的意义； 5. 掌握有理数的加、减、乘、除、乘方及简单的混合运算（以三步以内为主）；理解有理数的运算律，能运用运算律简化运算； 6. 能运用有理数的运算解决简单问题； 7. 了解近似数，在解决实际问题中，能用计算器进行近似计算，会按问题的要求进行简单的近似计算。			
	单元大概念	数是最基本的运算对象，运算是解决数学问题的基本手段。			
	教材分析	1. 单元教材地位 数 ├─ 六上"有理数及其运算" │　有理数、数轴、绝对值 │　有理数的加法、减法、加减混合运算 │　有理数的乘法、除法、乘方 │　科学记数法 │　有理数的混合运算 │　近似数 │　用计算器进行运算 └─ 七上"实数" 　　无理数 　　平方根 　　立方根 　　估算 　　用计算器开方 　　实数 本章节在小学的算理基础上扩充了数系，对于小学到初中的算理学习起到了承上启下的作用			

续 表

课题		有理数	设计者		刘志丹
所在单元	有理数及其运算	年级	六年级上册	课时	1课时
目标设计	教材分析	本单元的学习内容围绕"数与数量关系"的核心概念展开。本单元知识的生长点是：有理数、有理数及其运算。后续学习的实数是初中阶段数的终结点。本单元是第二阶段的学习延伸，为后续学习实数等知识打下基础，起到了承上启下的作用。通过小学的算法的学习，学生形成了对"负数加入后，算法是否改变"的初步研究。学生通过本单元的学习深化了算理的要求，对研究数学算理的进一步发展起到关键的作用。 2. 单元知识结构 鲁教版教材中"有理数"单元分为"有理数"和"有理数的运算"两大节，共10小节，章节后附加活动设计。其中有理数、数轴以及绝对值3小节可以看作根据数（系）的发展需要而延伸的新内容；有理数的加、减、乘、除以及混合运算5小节可以看作根据数的运算需要而提供的学习内容；有理数的乘方、科学记数法2小节则兼具数（系）发展以及科学、便捷地表示数而产生的；章节后的活动以及阅读材料则是对有理数的综合运用。			
	学情分析	虽然六年级学生已经学习了整数和分数的知识，但是他们的运算能力依然较弱，仍处于从具体形象思维向抽象逻辑思维的过渡时期，因而这种思维发展水平还不足以很容易地理解具有多重身份的事物，学生在运用数学知识解决实际问题和自己提出问题等方面的意识和能力均很薄弱。这一阶段的学生在数的意义的理解方面表现最好，在运算意义的理解方面表现次之，其次为恰当策略（如估算、分解和重组数字等）的运用，再次是对数与数之间多种关系的理解，而基准量的运用是学生最为薄弱的方面。			

续 表

课题		有理数		设计者		刘志丹	
所在单元	有理数及其运算	年级		六年级上册	课时	1课时	
目标设计	单元目标		1.通过具体情境，理解有理数、数轴、相反数、绝对值、科学记数法、近似数的概念，提高抽象能力。 2.通过具体情境，合情推理，能借助数轴理解相反数和绝对值的意义，比较有理数大小，初步形成数形结合、分类讨论的数学思想。 3.通过具体情境理解乘方的意义，掌握有理数的加、减、乘、除、乘方及简单的混合运算（以三步以内为主）；通过类比非负有理数的运算律，理解有理数的运算律，能运用运算律简化运算，能运用有理数的运算解决简单的问题；掌握必要的运算（包括估算）技能，初步形成转化思想。
	课时目标		1.在具体情境中，会用正、负数表示具有相反意义的量，体会引入负数是实际生活的需要。 2.能按一定的标准对有理数进行分类，体会转化思想。
评价设计	评价任务或问题序列	单元主问题		之前所学的运算法则与运算律适用于有理数吗？
		主任务		子任务
		一、用正、负数表示具有相反意义的量		1.尝试用学过的数表示生活中常见的量，体会引入负数是实际生活的需要。 2.用正数和负数表示具有相反意义的量。
		二、按一定的标准对有理数进行分类		1.写出3个不同类型的数。 2.能利用不同类型数的特点对不同类型的数进行分类。 3.按照一定标准对有理数进行分类。
	评价方案	核心目标	colspan="4"	表现标准	评价任务（包括情境和核心问题）	评价工具
		通过收集不同类型的数，按照要求对其进行分类，并能按照一定标准对有理数进行分类	表现维度	A	B	C	情境：请你写出3个不同类型的数，并将大家汇总的数按照要求进行分类。 核心问题：如何对有理数进行分类？	1.括号的填写。 2.分类的总结。 3.检测。
			写出3种数	能写出至少3种不同类型的数，并能说出每种数的类型。	能写出3种不同类型的数，能简单说明类型。	无法写出3种不同类型的数或不能说出数的类型。		

第四章 单元起始课教学设计的案例与反思

续 表

课题		有理数		设计者		刘志丹	
所在单元	有理数及其运算		年级	六年级上册		课时	1课时
			表现维度	A	B	C	
			填写括号	根据括号信息,能将汇总的数根据信息准确填入括号,并能合理解释小数、百分数、无限循环小数与分数的转化关系。	根据括号信息,能将汇总的数根据信息准确填入括号,凭感觉将小数、百分数、无限循环小数填入分数栏,或产生括号信息不全的质疑,但无法解释。	根据括号能将汇总的数尽可能多地填入表格,但类型不对应,或无法完成括号。	
			合理分类	能准确按照一定标准进行合理分类,并尝试得到其他分类标准。	能按照一定标准分类。	不能进行分类。	

79

续 表

课题	有理数		设计者		刘志丹
所在单元	有理数及其运算	年级	六年级上册	课时	1课时

学习进程设计		
环节一：情境导入、整体感知	学习任务：用正数、负数、0表示生活中的量。 问题1： 在日常生活中，常会遇到下面的一些量，能用学过的数表示吗？ (1) 汽车向东行驶3千米和向西行驶3千米。 (2) 收入500元和支出237元。 (3) 水位升高1.2米和下降0.7米。 (4) 温度是零上10℃和零下5℃。 (5) 买进100辆自行车和卖出20辆自行车。 (6) 利润率增加25%和降低12%。	
	学生活动	教师活动
	学生认真完成文字信息的表示。 学生交流表示方式，归纳出最简洁的表示方式。 学生回顾之前探究数的路径，寻找相同之处，类比探究。	点拨指导：小学的时候学过的一些运算法则与运算律同样适用于负数吗？ 追问：你认为我们应该从哪些方面研究负数？你是如何想到的？ 预设：类比正数和0的研究路径。
	设计意图：通过生活中的量的表示，体会引入负数是实际生活的需要，并整体感知深入学习负数需类比正数和0的研究路径。	
环节二：跟踪评价、深化意义	学习任务：用正数、负数表示具有相反意义的量。 问题2： (1) 某人转动转盘，如果用+5圈表示沿逆时针方向转了5圈，那么沿顺时针方向转了12圈怎样表示？ (2) 在某次乒乓球质量检测中，一只乒乓球超出标准 质量0.02 g记作+0.02 g，那么-0.03 g表示什么？ (3) 某大米包装袋上标注着"净含量：10 kg±150 g"，这里的"10 kg±150 g"表示什么？	

续 表

课题	有理数		设计者	刘志丹
所在单元	有理数及其运算	年级	六年级上册	课时	1课时

	学生活动	教师活动
环节二：跟踪评价、深化意义	学生独立解答问题2 (1) 沿顺时针方向转了12圈记作 -12。 (2) -0.03 g 表示乒乓球的质量低于标准质量 0.03 g。 (3) 一袋大米的标准质量为 10 kg。但实际每袋大米可能有 150 g 的误差，即最多超出标准质量 150 g，最少不少于标准质量 150 g。 学生回顾正数、负数、0的知识。 学生独立思考达标的范围，同桌交流。学生发言，利用费曼学习法，互相解释不易理解的生活常识。	预设可能的问题： 无法理解净含量：10 kg ± 150 g。 追问1：(3) 中一袋 9.9 kg 的大米是否达标呢？ 追问2：(1) 和 (2) 中的 0 分别表示什么？ 预设： 生1：9.9 kg 达标。如学生确认是达标的，则追问理由；如回答不达标，则追问下列问题： 追问1：10.9 kg 是否达标？ 追问2：达标的范围是多少？ 出示结论：正数、负数可以表示具有相反意义的量；基准可以是 0，也可以是根据实际情况自选的数。
	设计意图：让学生通过身边的实例感受生活中具有相反意义的量以及用正、负数表示的量的实际意义，让学生明确各题中的"基准"，并不是所有的"基准"都是 0，通过三种情况的冲突，让学生更清楚地了解生活中的具有相反意义的量，体会引入负数是实际生活的需要。	
环节三：归纳提升、探究分类	学习任务：按一定的标准对有理数进行分类。 问题3： 随着负数的引入，我们所学的数的范围扩大了，你能写出3个不同类型的数吗？ (1) 我们能够将这几名同学所写的数进行分类，填到对应的括号中？ 正整数：{　　…}；0：{　　…}；负整数：{　　…}； 正分数：{　　…}；负分数：{　　…}。 (2) 我们是否可以把上面的数分为两类？如果可以，应分为哪两类？	

81

续 表

课题	有理数		设计者		刘志丹
所在单元	有理数及其运算	年级	六年级上册	课时	1课时

	学生活动	教师活动
环节三：归纳提升、探究分类	学生独立完成第（1）题，班级展示时生生之间、师生之间共同汇总，完善、补充所学过的数的类型。	预设第（1）题可能产生的问题： (1) 0.3333333……、25%、−12% 不是分数。 点拨：无限循环小数和百分数都可转换为对应分数。 追问：还能举出其他数吗？
	独立思考完成第（2）题，学生总结提升：一是有理数按照数的性质可分为整数和分数；二是可以思考按照其他标准分类。	预设第（2）题可能产生的问题： 只看符号，按正、负分为两类，忽略0。 出示概念：整数和分数统称为有理数。 追问：若对有理数按照正、负进行分类，应如何分类？
	设计意图：通过相互讨论，学生可以主动参与到学习活动中来，培养学生合作交流的学习习惯，问题设置的目的是使学生深化巩固所学过的数的类型，并明晰数系扩充时可以按照一定标准对扩大后的数系进行分类。同时，通过分类，学生也能更加熟悉数的特征，提高数感，也能提高学生分析问题的能力，培养学生善于思考、精益求精的良好思维习惯，以及缜密、严谨的逻辑推理能力。	

环节四：盘点收获

学习任务：
①本节课你学会了哪些知识？在知识应用中需要注意什么？
②你学到了哪些思想方法？

学生活动	教师活动
学生回顾本节课的知识、思想。	追问1：我们是如何表示具有相反意义的量的？ 追问2：你认为接下来我们会继续学习有理数的哪些内容呢？

设计意图：师生互动，锻炼学生严谨的口头表达能力，培养学生有条理地梳理知识点，有目的地整合知识点的能力。追问1意在引导学生回顾有理数的数系扩充，并在其中渗透转化思想；追问2指向培养学生研究一个数学对象的套路意识，留给学生继续思考的空间。

续 表

课题		有理数	设计者		刘志丹	
所在单元	有理数及其运算	年级		六年级上册	课时	1课时

作业设计

一、基础型作业（必做题）：

1. 中国历史上刘徽首先给出了正、负数的定义"今两算得失相反，要令正负以名之"。意思是说，在计算过程中遇到具有相反意义的量，要用正数和负数来区分它们。如果零上 28 ℃记作 + 28 ℃，那么零下 10 ℃记作 _____ ℃。

2. 把下列各数填在相应的大括号里：
$+\dfrac{1}{2}$, -6, 0.54, 7, 0, 3.14, 20%, $-\dfrac{12}{4}$, 3.4365, $-\dfrac{4}{13}$, -2.543。

正整数集合：{_____ …}；

负整数集合：{_____ …}；

分数集合：{_____ …}；

自然数集合：{_____ …}；

负有理数集合：{_____ …}；

正有理数集合：{_____ …}。

3. 一袋糖果包装上印有"总质量（500±5）g"的字样。小明拿去称了一下，发现质量为 497 g，则该糖果厂家 _____（填"有"或"没有"）欺诈行为。

二、扩展型作业（选做题）：

我们知道，有理数包括整数、有限小数和无限循环小数，事实上，所有的有理数都可以化为分数形式（整数可看作分母为 1 的分数），那么无限循环小数如何表示为分数形式呢？请看以下示例：

例：将 $0.\dot{7}$ 化为分数形式。

由于 $0.\dot{7} = 0.7777\cdots$，所以设 $x = 0.7777\cdots$，①

则 $10x = 7.777\cdots$，②

②－①得 $9x = 7$，解得 $x = \dfrac{7}{9}$，于是得 $0.\dot{7} = \dfrac{7}{9}$。

同理，可得 $0.\dot{3} = \dfrac{3}{9} = \dfrac{1}{3}$，$7.\dot{4} = 7+0.\dot{4} = 7+\dfrac{4}{9} = \dfrac{67}{9}$。

根据以上阅读，回答下列问题：（以下计算结果均用最简分数表示）

基础训练

(1) $0.\dot{6} = $_____，$8.\dot{2} = $_____；

(2) 将 $0.\dot{6}\dot{4}$ 化为分数形式，写出推导过程。

迁移应用

(3) $0.1\dot{5}\dot{3} = $_____。（注：$0.1\dot{5}\dot{3} = 0.153153\cdots$）

探索发现

(4) 若已知 $0.\dot{7}1428\dot{5} = \dfrac{5}{7}$，则 $2.\dot{2}8571\dot{4} = $_____。

续 表

课题	有理数		设计者		刘志丹
所在单元	有理数及其运算	年级	六年级上册	课时	1课时

板书设计

6.1 有理数

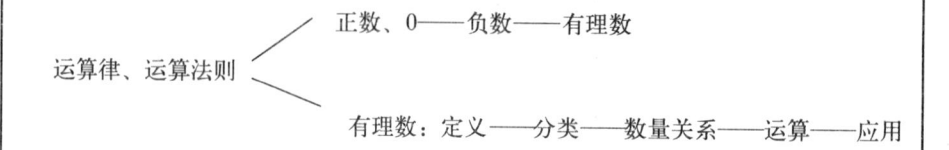

运算律、运算法则 ⟨ 正数、0——负数——有理数

有理数：定义——分类——数量关系——运算——应用

意义：正数和负数可以用于表示具有相反意义的量

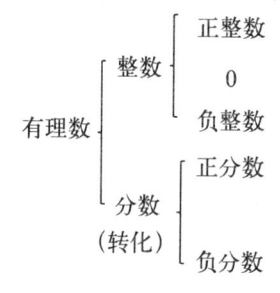

有理数 ⟨ 整数 ⟨ 正整数 / 0 / 负整数 ；分数（转化）⟨ 正分数 / 负分数

教学反思与改进

1. 在用正、负数表示意义相反的量时，要让学生充分体会生活中的意义相反的量，同时明白基准的含义，知道基准不一定是0。
2. 对"有理数"的理解，要让学生明白小数、百分数、无限循环小数都可以转化为分数，所以都属于分数。
3. 对于"有理数的分类"，要让学生在不同标准下可以有不同的分类。
4. 在跟踪评价部分，培养学生利用正、负数表示意义相反的量，并能够对数进行合理分类，培养学生一丝不苟的科学精神，教师要及时纠正学生对概念的理解不全面或不规范。

2."用字母表示数"课时教学方案

课题	用字母表示数		设计者	赵青
所在单元	整式及其加减	年级	六年级上册	课时	1课时

目标设计	课标要求	1. 掌握数与式的运算,能够解释运算结果的意义; 2. 会用代数式描述现实问题中的数量关系和变化规律,形成合适的运算思路解决问题,提高抽象能力、模型观念,进一步发展运算能力; 3. 借助现实情境了解代数式,进一步理解用字母表示数的意义; 4. 能分析具体问题中的简单数量关系,并用代数式表示;能根据特定的问题查阅资料,找到所需的公式; 5. 会把具体数代入代数式进行计算。
	单元大概念	用字母表示一组具有共同意义的数,并用运算律将代数式表达的数量关系更简明地表达出来。
	教材分析	(1) 纵向梳理单元知识 数与式 实数 ——特殊到一般/类比—— 代数式 有理数/无理数 ⇔运算律 +,-,×,÷,乘方 运算法则⇔ 整式/分式/二次根式 数与代数 数与式 | 方程与不等式 | 函数 **六上"整式及其加减"** 1.用字母表示数 2.代数式 3.整式 4.合并同类项 5.去括号 6.整式的加减 7.探索与表达规律 **六下"整式的乘除"** 1.同底数幂的乘法 2.幂的乘方与积的乘方 3.同底数幂的除法 4.零指数幂与负整数指数幂 5.整式的乘法 6.平方差公式 7.完全平方公式 8.整式的除法 **八上"因式分解"** 1.因式分解 2.提公因式法 3.公式法 **八上"分式与分式方程"** 1.认识分式 2.分式的乘除法 3.分式的加减法 4.分式方程

续 表

课题	用字母表示数		设计者		赵青
所在单元	整式及其加减	年级	六年级上册	课时	1课时

| 目标设计 | 教材分析 | 本章"整式及其加减"是"数与代数"领域的重要内容。关于式的内容主要研究整式、分式等。这一章是学生第一次接触代数式，而我们要研究的是最基本的一种代数式——整式，关于整式，主要研究整式的加、减、乘、除运算，对于整式的这四种运算，本套教材分三章安排，本章是整式运算的第一章，主要研究整式的加减运算，关于整式的乘除运算和逆运算分别安排在六年级下册的"第六章整式的乘除"和八年级上册的"因式分解"中。
（2）横向梳理教材

整式及其加减
├─ 用字母表示数
│   ├─ 数量关系或变化规律 ── 探索规律 / 表示规律
│   ├─ 运算律
│   └─ 公式、法则
└─ 代数式
    ├─ 列代数式
    │   ├─ 文字语言和数学语言之间的转化
    │   └─ 代数式表示的实际背景或几何意义
    ├─ 代数式求值
    └─ 代数式的化简
        ├─ 整式的加减、合并同类项、去括号
        └─ 验证所探索的规律

章首图

这三部分内容都是以举例的形式引发学生对字母表示数和数量关系的思考

之前的数学学习中，我们主要是研究数，这个数字游戏表面看起来是数的问题，如果仅仅从数字的角度来分析，就不具有一般性，从而引发学生思考如何体现在任意情况下都是0的问题，从而体现了用字母表示数的必要性和优越性。

回顾小学已有的知识储备，引发可以用字母表示数的思考。 |

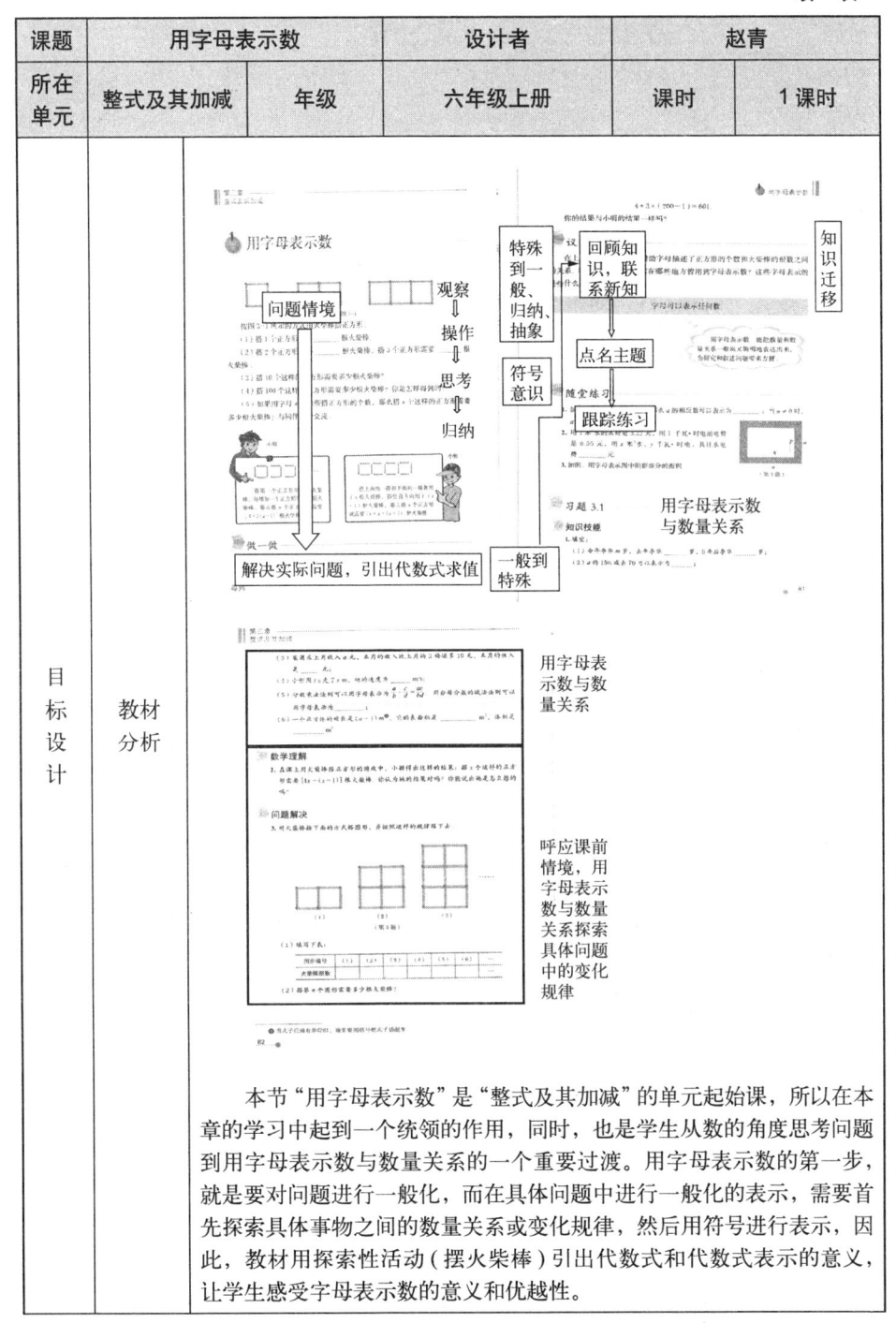

第四章　单元起始课教学设计的案例与反思

续　表

课题	用字母表示数		设计者	赵青
所在单元	整式及其加减	年级	六年级上册	课时	1课时
目标设计	教材分析			

（教材页面示意图，含标注：用字母表示数、问题情境、观察、操作、思考、归纳、特殊到一般、归纳、抽象、符号意识、解决实际问题，引出代数式求值、一般到特殊、回顾知识，联系新知、点名主题、跟踪练习、知识迁移、用字母表示数与数量关系、呼应课前情境，用字母表示数与数量关系探索具体问题中的变化规律）

　　本节"用字母表示数"是"整式及其加减"的单元起始课，所以在本章的学习中起到一个统领的作用，同时，也是学生从数的角度思考问题到用字母表示数与数量关系的一个重要过渡。用字母表示数的第一步，就是要对问题进行一般化，而在具体问题中进行一般化的表示，需要首先探索具体事物之间的数量关系或变化规律，然后用符号进行表示，因此，教材用探索性活动（摆火柴棒）引出代数式和代数式表示的意义，让学生感受字母表示数的意义和优越性。

87

续 表

课题	用字母表示数			设计者		赵青
所在单元	整式及其加减		年级	六年级上册	课时	1课时

目标设计	学情分析	(1) 单元学情分析				
:::	:::	"已有"知识	"已获得"的知识能力	"未知"知识	"要获得"的知识能力	怎么知
:::	:::	学生在小学阶段已初步接触过用字母表示数，如用字母表示未知数、用字母表示数学公式、运算律等；已掌握了有理数的基本运算。	学生已掌握了基本的数的运算能力，可以用数直观地分析问题。	1. 代数式、整式及其相关概念。 2. 合并同类项、去括号的依据。	1. 代数式求值。 2. 代数式的化简。 3. 运用代数式验证所探索的规律。	从具体的情境中，体验用字母表示数的意义，通过代入理解代数式的值的实际意义，通过化简代数式验证所探索的规律。
:::	:::	(2) 课时学情分析 学生在小学阶段已初步接触过用字母表示数，如用字母表示未知数、用字母表示数字公式等，但由于抽象思维水平有限，学生对用字母表示数的意义和认识还比较浅显，对用字母表示问题中的数量关系接触较少。用字母表示数，从数式到式是学生思维上的一次质的飞跃，学生很难理解为什么要用字母来表示，要完成这个质的飞跃，必须让学生从实例中去体会和感悟，从学生已有的知识和经验出发。同时，这个质的飞跃过程又是枯燥的，因此，素材的选择要符合学生的心理特点，让学生感受到用字母表示数的优越性，从而激发学生的学习兴趣和学好代数的勇气。教学中要加强学生良好学习习惯的培养。				
:::	单元目标	1. 经历探索事物之间的数量关系，并用字母与代数式进行表示的过程，进一步理解用字母表示数的意义，理解代数式的含义，能赋予一些简单代数式以实际背景或几何意义，体会数学与现实世界的联系，建立初步的符号意识，发展抽象思维。 2. 会求代数式的值，能解释值的实际意义，能根据代数式的值推断代数式反映的规律。 3. 了解整式的相关概念，理解合并同类项和去括号法则，并会进行简单的整式加减运算，发展运算能力。 4. 能利用字母表示数及整式加减运算，探索具体问题中的一般规律及解释具体问题中的现象或规律。					

续 表

课题	用字母表示数		设计者		赵青	
所在单元	整式及其加减		年级	六年级上册	课时	1课时
目标设计	课时目标	1. 小组合作经历火柴棒搭正方形的活动，体会用代数式表示规律的过程，感受用字母表示数的优越性，体会从具体到抽象的数学思想。 2. 能用字母表示运算律、公式以及一些简单问题中的数量关系和变化规律，并明确用字母表示数的书写要求。 3. 结合具体情境进一步理解用字母表示数的意义，建立数感和初步的符号意识。				

评价设计

评价任务或问题序列

单元主问题	如何表示一组数的一般性。并像数一样参与运算？
主任务	子任务
体会用代数式表示规律的过程，感受用字母表示数的优越性，体会从具体到抽象的数学思想。	1. 数字小游戏。 2. 探索性活动：摆火柴棒。
能用字母表示运算律、公式。	1. 3+5=5+3，可不可以用它表示加法交换律？ 2. 在以前的学习中，你在哪些地方曾用到字母表示数？这些字母表示的是什么数？
用字母表示一些简单问题中的数量关系。	1. 实际问题中，从用数解决问题到用字母表示。 2. 用字母表示具体问题中的数量关系。
理解用字母表示数的意义。	1. 小结知识、思想和方法。 2. 分析接下来要研究的内容。

评价方案

核心目标	表现标准				评价任务（包括情境和核心问题）	评价工具
小组合作经历用火柴棒搭正方形的活动，体会用代数式表示规律的过程，感受用字母表示数的优越性，体会从具体到抽象的数学思想。	表现维度	A	B	C	情境：按照图中所示的方式用火柴棒搭正方形，并回答下列问题： 核心问题：根据以上探索的正方形和火柴棒之间的变化规律，我们还有什么好的方法来探索规律呢？搭 n 个正方形需要多少根火柴棒？	1. 火柴棒 2. 导学案 3. 评价表
^	解决摆火柴的问题。	能够解决三个小问题，并能说出结论是怎样得到的；能够说出火柴棒根数和正方形个数的关系。	能够解决三个小问题，并能说出结论是怎样得到的；不会表达火柴棒根数和正方形个数的关系。	能够解决前两问，但仅仅是通过数的方式得出火柴棒的根数。	^	^

续 表

课题	用字母表示数			设计者		赵青	
所在单元	整式及其加减		年级	六年级上册		课时	1课时
评价设计	评价方案		表现维度	A	B	C	
			小组合作	组内分工明确，每个成员能依次发表自己的观点，组长组织有效，能够带动所有成员参与其中。	组内分工明确，每个成员都能发表自己的观点。	组内虽然在讨论，但是有个别同学未参与。	
			用字母表示火柴棒的根数和正方形个数之间的关系。	能用字母表示火柴棒的根数和正方形个数之间的关系，并能够通过代入的方式解决问题3。	能用字母表示火柴棒的根数和正方形个数之间的关系，但不是用代入的方式解决问题3。	意识不到用字母表示火柴棒的根数。	

学习进程设计		
环节一：创设情境，引发思考	学习任务： 课前预热：数学小游戏，随便想一个自然数，将这个数乘5减7，再把结果乘2加14，算出你的结果。	
	学生活动	教师活动
	学生随便想一个自然数，并计算：将这个数乘5减7，再把结果乘2加14，得出结果。 老师叫一名学生说说自己的结果，其他学生手势表示个位数结果是不是0。 学生思考：为什么一开始的数不一样，但结果的个位数字都是0？说说自己的想法。	教师引导学生进行数学小游戏。 师问：你们的结果是多少？个位数字是不是0？ 预设结果：只要学生计算正确，结果一定是0。 师问：为什么一开始的取值不一样，但结果的个位数都是0呢？ 预设结果：这个问题比较难，目的不是让学生得出结论，而是激发学生的好奇心。 过渡语：相信学了本单元知识之后，我们就能很容易解释这个问题了。

续 表

课题	用字母表示数		设计者	赵青
所在单元	整式及其加减	年级	六年级上册	课时	1课时

环节一：创设情境，引发思考	设计意图：这个活动主要是利用章首图中的一个数字游戏激发学生们的学习兴趣，引发学生的思考，这个问题是要让学生在学习完本章节后才能够解决的，从而引导学生进一步探究本章知识。

学习任务：
情境导入：
按照图中所示的方式用火柴棒搭正方形，并回答下列问题：

(1) 搭 1 个正方形，需要__根火柴棒。
搭 2 个正方形，需要____ 根火柴棒。
搭 3 个正方形，需要____ 根火柴棒。
……
(2) 搭 10 个正方形，需要____ 根火柴棒，你是怎样得到的？
……
搭 100 个正方形，需要_____ 根火柴棒。
(3) 你发现正方形的个数与火柴棒的根数有什么关系？
思考：根据以上探索的正方形和火柴棒之间的变化规律，我们还有什么好的方法来表达这一探索规律呢？
做一做：
根据你的计算方法，快速思考搭 200 个这样的正方形需要_____ 根火柴棒。

学生活动	教师活动
1.学生先独立思考情境中的(1)(2)(3)小问，独立思考后，进行小组合作，最终上台展示结论。 小组合作要求： (1) 先独立思考； (2) 小组讨论：按照4、3、2、1号顺序发言，1号同学负责记录，小组代表上台板演总结小组观点。 (3) 小组讨论时，不仅要交流答案，还要交流你是怎样得到这个结果的。	1.师：请同学们按照图中所示的方式用火柴棒搭正方形，并回答下列问题(情境中的(1)(2)(3)小问)： 教师巡视小组讨论情况，并做好记录，统计每组不同的方法。 预设结果：第(1)小问，学生直观地数一数就很容易得出结论，所以不用特别强调。 第(2)小问，教师可以追问学生是怎样想的。 可能的情况：①学生还是通过画、数的形式，比较麻烦；②第一个正方形需要 4 根火柴棒，其他 9 个正方形每个需要 3 根火柴棒，所以得出算式：4+3×9=31；③可以先不考虑第一根火柴棒，即可以认为每个正方形需要三根火柴棒，所以得出算式：3×10+1=31；④可以把每个正方形看成用 4 根火柴棒，则相邻两个正方形就会重复一根火柴棒，所以得出算式：4×10-9=31；⑤还可以分为上、中、下的数火柴棒，得到算式：10+11+10=31；等等。

91

续 表

课题	用字母表示数		设计者	赵青
所在单元	整式及其加减	年级	六年级上册	课时	1课时

环节一：创设情境，引发思考	2. 独立思考：根据以上探索的正方形和火柴棒之间的变化规律，我们还有什么好的方法来表达探索规律呢？发表自己的观点。	在这个环节上，我们不追求所有的方法都找出来，而是让学生体验火柴棒的根数和正方形的个数之间的数量关系，从而用自己的语言将这些关系表示出来，故而解决第(3)问。 小组展示时，教师将不同的方法板书在副板书上，进行总结点评。 教师提出思考题：根据以上探索的正方形和火柴棒之间的变化规律，我们还有什么好的方法来表达探索规律呢？ 2. 在思考题环节，一般会有学生想到我们可以用字母来表示火柴棒的根数和正方形个数之间的关系。 这里一定要追问并明确：n 表示什么意思？n 表示有几个正方形，即序号。可见，我们可以用具体的数表示固定的量，而用字母来表示具有一般性的量，从而体现情境中的数量关系。这个过程中，能让学生初步体验用字母表示数的优越性。 对照前面小组讨论的结果，我们可以用字母表示结论： ① $4+3(n-1)$ ② $4n-(n-1)$ ③ $3n+1$ ④ $n+(n+1)+n$ …… 在这里，教师继续追问：我们可以用不同形式的式子表示结论，是不是结果就不一样呢？ 为后期学习代数式的化简埋下伏笔。
	3. 解决做一做：根据你的计算方法，快速思考搭200个这样的正方形需要___根火柴棒。并解释你是怎样想的。	3. 在解决"做一做"时，预设的情况：有些学生还是要重新进行分析从而得出算式，教师可以引导学生多多讨论，发现：我们可以直接代入前面含有 n 的式子中，从而快速解决问题，这就体现了从特殊到一般，又从一般到特殊的数学思想。
	设计意图：这个环节将教材中80页的内容进行了分解和改编，教材直接用字母 x 表示所搭正方形个数，问需要几根火柴棒？我认为这样还不够体现出字母表示数的必要性，所以我考虑到在以前的学习经验中，学生往往喜欢用具体的数据来解决问题，而在这个火柴棒搭正方形的情境中，从具体的一个正方形、两个正方形、三个正方形，到多个正方形，学生发现我们单纯地靠数是不好解决问题的，从而思考应该如何更明确地阐述事物中的一般规律，从而引出字母表示数这一方法，从而让学生感受用字母表示数的优越性，体会由特殊到一般的数学思想。		

续 表

课题	用字母表示数	设计者		赵青	
所在单元	整式及其加减	年级	六年级上册	课时	1课时

环节二：回顾旧知，发现新知

学习任务：

思考：3+5=5+3，可不可以用它表示加法交换律？

议一议：在上面的活动中，我们借助字母描述了正方形的个数和火柴棒的根数之间的关系。在以前的学习中，你在哪些地方曾用到字母表示数？这些字母表示的是什么数？

思考：大米的单价为5元/千克，食油的单价是10元/千克，买10千克大米、2千克食油需多少元？如果大米单价是7元/千克，食油单价是15元/千克呢？

如果不告诉我们大米和食油的单价，那么买10千克大米、2千克食油需多少元怎么表示？

4. 填空：(1) 练习簿的单价为 a 元，100本练习簿的总价是____元。

(2) 若每千克苹果 $3\frac{1}{3}$ 元，则买 m 千克苹果需____元。

(3) 某运动员个子高，经测量他通常跨一步的距离为1米，若取向前为正，向后为负，那么他向前跨 a 步为____米，向后跨 a 步为____米。

(4) 小明的家离学校 s 千米，小明骑车上学，若每小时行10千米，则需____时。

(5) 今年李华 m 岁，去年李华____岁，5年后李华____岁。

学生活动	教师活动
1. 学生举手回答第一个思考题：3+5=5+3，可不可以用它表示加法交换律？	1. 没有标准答案，学生回答合理即可。教师进行总结：数字不具有一般性，所以要想表达加法交换律，我们要用字母表示：$a+b=b+a$。 预设情况：由于小学知识的基础，学生比较容易想到这种情况不具有一般性，所以这符合加法交换律，但不可以表示加法交换律。
2. 学生回顾以前的学习中，在哪些地方曾用到字母表示数？这些字母表示的是什么数？发表自己的观点。	2. 第二个问题是学生在回顾知识的基础上，进一步体会用字母表示数的优越性。 预设：答案有运算律或者公式。 教师根据学生回答，在课件上进行呈现。 1. 用字母表示数的运算律 | 运算定律 | 字母表示 | |---|---| | 加法交换律 | | | 加法结合律 | | | 乘法交换律 | | | 乘法结合律 | | | 乘法分配律 | |

续 表

课题	用字母表示数		设计者	赵青
所在单元	整式及其加减	年级	六年级上册	课时	1课时

环节二：回顾旧知，发现新知		2.用字母表示有关图形的周长和面积计算公式： | 名称	图形	用字母表示公式 周长（C）	面积（S） | |---|---|---|---| | 长方形 | (长方形图，边长a,b) | $C=2(a+b)$ | $S=ab$ | | 三角形 | (三角形图，底a,高h,边b,c) | $C=a+b+c$ | $S=\frac{1}{2}ah$ | | 圆 | (圆图，半径r) | $C=2\pi r$ | $S=\pi r^2$ |
	3.学生独立思考计算，举手回答思考题： 　思考：大米的单价为5元/千克，食油的单价是10元/千克，买10千克大米、2千克食油需多少元？如果大米单价是7元/千克，食油单价是15元/千克呢？ 　如果不告诉我们大米和食油的单价，那么买10千克大米、2千克食油需多少元怎么表示？ 　进一步体会用字母表示数。	3.这个问题中，前面的问题还是从数的角度解决问题，不难回答，重点在后面的问题中，如果不告诉单价，该怎么办？由于本节课前面活动的铺垫，学生很容易想到：可以用字母表示大米和食油的单价。
	4.学生解答填空题，先将答案写在导学案上，然后教师在讲解的过程中逐步规范书写要求。	4.这个环节，学生也不难得出结论，教师要进一步明确书写要求：①数和字母相乘，数字写在字母的前面；②带分数与字母相乘时，带分数要写成假分数的形式；③"1"与字母相乘，"1"省略不写；"-1"乘以字母，只保留"-"号；④除法运算写成分数形式；⑤后面带单位的相加或相减的式子，要用括号括起来，若题中没有单位，则不需加括号。

续 表

课题	用字母表示数		设计者	赵青
所在单元	整式及其加减	年级	六年级上册	课时	1课时

环节二：回顾旧知，发现新知	设计意图：这个活动，一方面是让学生体验用字母表示一些简单问题中的数量关系，另一方面，教师进一步规范代数式的书写格式。在环节一中，学生已经初步体会了用代数式表示规律的过程，感受用字母表示数的优越性，在环节二中，我们联系已学习的知识经验进一步体会字母表示数的意义，能用字母表示运算律、公式以及一些简单问题中的数量关系和变化规律，并明确用字母表示数的书写要求。	

环节三：反思提炼，总结提升	小结：通过本节课的学习，你收获了哪些知识、思想和方法？同时，你觉得我们接下来还要研究哪些相关内容？	
	学生活动	教师活动
	学生借助板书、导学案、课本回顾本节课的学习，谈谈本节课的收获（知识、思想和方法）和预设要研究的内容。	教师总结归纳学生的回答：我们通过用字母表示数来表达规律、运算律、公式，字母还可以表示单价等数量，那么字母可以表示什么数呢——任何数。 用字母表示数可以把数和数量关系简明地表示出来，给我们研究问题带来很大方便。 我们在研究数的时候，不断地扩充数域，将数进行分类，后来我们研究了数的运算，再后来我们运用数解决生活中的问题。（这个环节可以引导学生思考回答）
	设计意图：这个环节是在本节课充分体验了用字母表示数的过程后的进一步提升，总结出"字母表示数与数量关系"的结论，得出字母表示数的意义：字母表示数更具有一般性，建立数感和初步的符号意识。与此同时，这一节课也是从"数"的研究到"式"的研究的一个重要过渡，为初中代数研究打开了新的篇章。从而，我们可以类比"数"的研究，思考我们应该如何研究"式"。	

作业设计
作业目标： 有用字母表示数的符号意识，能够用字母表示数和数量关系，并符合书写规范。 从特殊情况中分析一般规律，并用字母表示其数量关系，反之，能够由此求出特殊情况，从而解决问题。 作业内容： 基础型作业（必做题）： 一、单选题 有18 m长的木料，要做成一个如图的窗框。如果窗框横档的长度为 x m，窗框厚度忽略不计，那么窗户的面积是（　　）

续 表

课题	用字母表示数		设计者	赵青
所在单元	整式及其加减	年级	六年级上册	课时	1课时

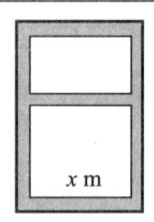

A. $x(9-x)\text{m}^2$ B. $x(9-1.5x)\text{m}^2$ C. $x(9-3x)\text{m}^2$ D. $x(18-2x)\text{m}^2$

二、填空题

1. 如果用 a 表示一个有理数，那么 a 的相反数可以表示为_____；当 $a \neq 0$ 时，a 的倒数可以表示为___。

2. 小斌用 t s 走了 s m，他的速度为_____m/s。

3. 现有 5 元面值人民币 m 张，10 元面值人民币 n 张，共有人民币_____元（用含 m、n 的代数式表示）。

4. 长方体的底面是边长为 a 的正方形，高为 b，则它的体积为_____。

5. 分数乘法法则可以用字母表示为_____，同分母分数的减法法则可以用字母表示为_____。

6. 已知三角形按如下规律堆放，用代数式表示第 n 个图形中三角形的个数为_____。

三、解答题

如图，用字母表示图中阴影部分的面积。

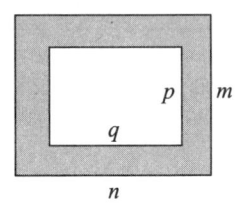

拓展型作业（选做题）：

北山超市销售茶壶、茶杯，茶壶每只定价 20 元，茶杯每只 6 元，超市在"双十一"期间开展促销活动，向顾客提供两种优惠方案：

续 表

课题	用字母表示数	设计者		赵青	
所在单元	整式及其加减	年级	六年级上册	课时	1课时

①买一只茶壶赠一只茶杯；②茶壶和茶杯都按定价的90%付款。现某顾客要到该超市购买茶壶5只，茶杯x只（茶杯数多于5只）。

(1) 若 $x = 10$，按方案①购买需付款_____元，按方案②购买需付款_____元；

(2) 若该顾客按方案①购买，需付款_____元（用含 x 的代数式表示）；

若该顾客按方案②购买，需付款_____元（用含 x 的代数式表示）。

(3) 若 $x = 40$，请通过计算说明此时按哪种方案购买较为合算。

(4) 若 $x = 40$，综合①②两种优惠方案，你能设计一种更省钱的购买方案吗？请写出来。

探究型作业（选做题）：

思考：在探究火柴棒根数与正方形个数的问题中，得出了四种表示火柴棒根数的式子：① $4+3(n-1)$ ② $4n-(n-1)$ ③ $3n+1$ ④ $n+n+(n+1)$。

思考：为什么式子不同，代入数据后结果相同？

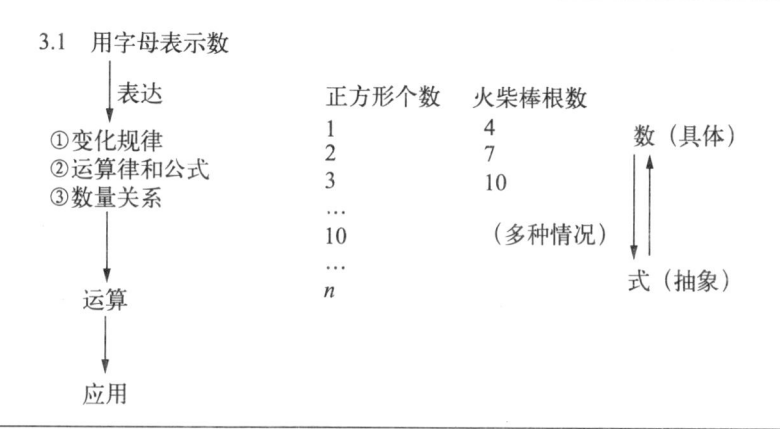

板书设计
3.1 用字母表示数 表达 ↓ ①变化规律 ②运算律和公式 ③数量关系 ↓ 运算 ↓ 应用 正方形个数　火柴棒根数 1　　　　　　4 2　　　　　　7 3　　　　　　10 … 10　　　　（多种情况） … n 数（具体） ↕ 式（抽象）

教学反思与改进

本课时是本单元的章节起始课，同时也是初中代数学习的一个重要转折点，是学生从用数解决问题到尝试用式解决问题的一个重要过渡。通过后期的学习发现，学生还是习惯用数解决问题，学生对用字母表示数的符号意识还不足，所以在本节课的学习中，我们应把更多的目标放在建立符号意识上，当遇到有规律的数据或者具有一般特点的数据或者一个量时，我们要有用字母表示数的意识，同时通过本节课要让学生意识到仅仅具体的数据是无法体现一般性的，所以我们要用字母来表示数，可见字母也可以像数一样参与运算，从而引出后续的学习——代数式的运算和应用问题。

续　表

课题	用字母表示数		设计者		赵青	
所在单元	整式及其加减	年级	六年级上册	课时	1课时

　　本课时是一节单元起始课，应该起到一个统领作用，要让学生研究起来有方向，但是这节课是第一次接触用字母表示数，应该类比什么进行研究是值得我们思考的，在课堂设计方面，我设计的课前预热问题为学习本章做了一个伏笔，引发学生兴趣；在火柴棒问题上，学生有不同方法，但是代入200这个数据之后，我们发现结果都是一样的，也为后续代数式的化简留下了伏笔；最后在课后反思这一环节，教师进一步引导思考：我们在研究数的时候，不断地扩充数域，将数进行分类，后来我们研究了数的运算，再后来我们又运用数解决生活中的问题，那么今天学习的用字母表示数，仅仅是把数用字母来代替，所以，我们可以类比对数的研究继续研究代数式，学习它的运算和运用用字母表示数和数量关系来解决应用问题。

3．"等式与方程"课时教学方案

课题	等式与方程		设计者		纪丽丽
所在单元	一元一次方程	年级	六年级上册	课时	1课时
目标设计	课标要求	1．会用方程描述现实问题中的数量关系和变化规律，形成合适的运算思路解决问题，形成抽象能力、模型观念，进一步发展运算能力； 2．能根据现实情境理解方程的意义，能针对具体问题列出方程；理解方程解的意义，经历估计方程解的过程； 3．掌握等式的基本性质，能解一元一次方程； 4．能根据具体问题的实际意义，检验方程的解是否合理。			
	单元大概念	一元一次方程是含有一个未知量，表达等量关系的式子，通过运算和等式性质可以使未知量成为可知。			
	教材分析	1．单元教材地位 方程 ├─ 六上（一元一次方程） │　1.等式与方程 │　2.解一元一次方程 │　3.一元一次方程的应用 ├─ 六下（二元一次方程组） │　1.二元一次方程 │　2.解二元一次方程组 │　3.二元一次方程组的应用 │　4.二元一次方程组与一次函数 │　5.三元一次方程组 ├─ 八上（分式方程） │　1.认识分式 │　2.分式的乘除法 │　3.分式的加减法 │　4.分式方程 └─ 八下（一元二次方程） 　　1.一元二次方程 　　2.用配方法解一元二次方程 　　3.用公式法解一元二次方程 　　4.用因式分解法解一元二次方程 　　5.一元二次方程的解 　　6.一元二次方程的应用 本章属于方程和不等式的内容。通过纵向梳理单元知识可以看出，第三学段关于"方程"的章节共有四章，初一阶段，也就是本单元，学习"一元一次方程"，是在小学阶段经历了对方程的初步认识，会解简单的一元一次方程，并能利用一元一次方程解决一些简单的实际问题的基础上的再一次深入研究，并初步感受了方程的模型作用，积累了一些利用方程解决实际问题的经验。初二阶段，学习"二元一次方程组"，学生将进一步体会方程的模型思想，感受代数方法的优越性，同时也有助于巩固有理数、整式的运算、一元一次方程等知识，为后续学习"分式方程""一元二次方程"做好铺垫。一元一次方程是"数与代数"领域中一块重要的内容，它是所有代数方程的基础。一元一次方程也是中学数学的主要内容之一，在初中数学中占有重要地位。 本章的第一节"等式与方程"是概念的学习，只有真正理解了概念，才能更好地学习解法和应用，由此可见，本节在教材中的地位至关重要。			

续 表

课题	等式与方程		设计者		纪丽丽	
所在单元	一元一次方程	年级	六年级上册	课时	1课时
目标设计	教材分析	2.单元知识结构 第四章　一元一次方程 1 等式与方程 …………… 120 2 解一元一次方程 …………… 126 3 一元一次方程的应用 …… 134 回顾与思考 …………… 148 复习题 …………… 148 综合与实践 探·神奇的幻方 …………… 150 总复习题 …………… 155 分析章首图可知本单元大致的研究内容，以及本单元的学习目标和本单元学完后可以解决哪些问题，便于明晰教材设计框架和意图。 分析目录可知本单元的研究内容及内容划分，将本单元分为三节，首先通过"猜年龄"问题，引导学生理解题目中的数学含义，在寻找等量关系上下功夫，经历概念的形成过程，解法的探索过程，学生会用算术法、一元一次方程法，通过比较，认识方程法的价值，并分析渗透了模型思想。同时，教师又把这个问题和解法延伸为一类数学模型，让学生在"概念形成"的过程中生成数学活动经验，进而学习一元一次方程组的解法和一元一次方程组的应用相关知识。 实际问题 → 等式 → 方程 → 一元一次方程 → 概念 / 解一元一次方程 / 应用　　模型思想					

109

续 表

课题	等式与方程		设计者	纪丽丽
所在单元	一元一次方程	年级	六年级上册	课时	1课时

目标设计	教材分析	综合以上两方面，在内容上本节主要起着承前启后的重要作用。 　　一元一次方程和前面学习的有理数和整式加减息息相关，通过对一元一次方程的学习，我们可以加深对有理数和整式加减的认识和理解。一元一次方程是我们接触方程以来学到的第一个具体方程，通过对一元一次方程的学习，我们可以类比学习其他的方程，从而达到不仅学到知识，更重要的是学到方程的学习方法，提升学习的迁移能力。从方程的角度来看，一元一次方程是学习其他方程的基础，解二元一次方程组和解一元二次方程，甚至后边的分式方程的解法都是以一元一次方程为基础的，所以本章的重点不仅仅局限在一元一次方程，更重的是方程的思想和解法。
	学情分析	知识上，在小学已经学过方程和等式两个概念，在前面章节里学过有理数及其运算、整式的加减运算等内容，会解简单的一元一次方程，已经有了必要的知识储备，即对方程的认识已经经历了入门阶段，具有一定的感性认识基础，这为进一步学习方程提供了认知基础，所以本节内容对学生而言，掌握起来相对比较容易；但是，学生阅读能力有所欠缺，在实际问题中，根据实际情况列出式子，找到相等关系，仍是学生需要加强的地方，是本节课的学习难点。为此，在学习过程中要注意把学生的已有经验作为认知基础，将根据问题中的等量关系建立方程模型作为重点。所以本节课的教学设计是从学生已有的知识和经验出发，旨在引导学生经历将现实问题数学化的过程，通过本节课的学习，学生能更深层次地理解学习方程的意义，培养学生的抽象概括能力，建立方程模型的思想。
	单元目标	1.经历从实际问题到建立方程的过程，感受方程作为刻画现实世界的有效模型的意义，体会模型思想。 　　2.了解一元一次方程及其相关概念，通过观察、归纳得出等式的性质，能利用它们探究一元一次方程的解法，熟悉解一元一次方程的一般步骤，掌握一元一次方程的解法，体会解法中蕴涵的化归思想。 　　3.通过探究实际问题与一元一次方程的关系，进一步体会利用一元一次方程解决问题的基本过程，体会建立数学模型的思想，感受数学的应用价值，提高分析问题、解决问题的能力，体会数学知识的应用价值。

续　表

课题	等式与方程		设计者		纪丽丽	
所在单元	一元一次方程	年级	六年级上册	课时	1课时	

目标设计	课时目标	1. 通过对实际问题的分析，能用一元一次方程表示实际问题中的数量关系，感受方程是刻画现实世界的有效模型。 2. 通过观察、归纳一元一次方程的概念，理解方程解的概念，并会判断一个方程是否为一元一次方程。				
评价设计	评价任务或问题序列	单元主问题	如何建立一元一次方程模型解决生活中的实际问题？			
		主任务	子任务			
		一、归纳一元一次方程的概念	1. 在5个实际问题情境中列出方程。 2. ①观察所列的方程，哪些是你熟悉的？ ②它们有什么共同的特点？ 3. 辨析一元一次方程。			
		二、一元一次方程的解的概念	1. 一元一次方程的解。 2. 辨析一元一次方程的解。			
	评价方案	核心目标	表现标准		评价任务（包括情境和核心问题）	评价工具
			表现维度	A	B	C		
		通过观察、比较、分类、讨论，归纳出一元一次方程的概念；在此基础上理解方程的解的意义。	列出方程	可以在五个问题情境中列出方程。	无法从五个问题情境中全部列出五个方程。	无法从问题情境中列出方程。	情境： ①观察所列的方程，哪些是你熟悉的？ ②它们有什么共同的特点？先独立思考，再小组讨论。 ③判断下列各式是否为一元一次方程？ 核心问题：什么是一元一次方程？	1. 列出方程。 2. 归纳概念。 3. 辨析概念。
			归纳概念	能够通过观察方程，得到一元一次方程的概念，并进行表述。	能找到部分一元一次方程的特征，并简单表述一元一次方程的概念。	无法发现方程的特征，得到一元一次方程的概念。		
			辨析概念	能够准确完成题目并说明理由。	能够完成大部分题目并说明理由。	无法准确完成题目，或无法说出理由。		

续 表

课题	等式与方程		设计者	纪丽丽
所在单元	一元一次方程	年级	六年级上册	课时	1 课时

<table>
<tr><td colspan="3" align="center">学习进程设计</td></tr>
<tr>
<td rowspan="5">环节一：情境导入、初步感知</td>
<td colspan="2">
学习任务：猜年龄
小刚的年龄的 2 倍减去 5 后，结果是 21，你能猜出小刚的年龄吗？
问题 1：你能解答小明的疑惑吗？
小明：我能猜出你的年龄。
小明：你的年龄乘 2 减 5 得多少？
小刚：21。
小明：你今年 13 岁。
小明怎么知道的？
</td>
</tr>
<tr>
<td align="center">学生活动</td>
<td align="center">教师活动</td>
</tr>
<tr>
<td>
学生认真观看课件，简单计算，找到解决方法。
学生交流解决方法，互相补充完善。
</td>
<td>
追问：小明到底用什么方法猜出了小刚的年龄呢？
预设 1：算术方法。
预设 2：方程方法。设小刚的年龄为 x 岁，那么"乘 2 再减 5"就是 $2x-5$，所以得到等式 $2x-5=21$。
追问：我想采访一下这位同学，你是怎么想到列方程解决这个问题的？
追问：同学们还记得什么是方程吗？
追问：那你觉得等式和方程之间有怎样的关系？
思考：算术方法、方程方法有什么不同？
过渡语：我们把含有未知数的等式叫作方程，本节课继续学习等式与方程。这一章我们将对方程进一步研究，那么这一节课我们先来学习一种特殊的方程。
</td>
</tr>
<tr>
<td colspan="2">
设计意图：
结合六年级学生的心理特点，从一个趣味游戏——猜年龄入手，有效地激发学生的学习兴趣，通过趣味游戏让学生意识到方程是刻画现实世界的有效模型，并使学生有意识地从方程角度研究和思考问题。
将代数运算和一元一次方程相联系，充分借助已有知识，多方联系，完成探究问题。由方程到一元一次方程，在唤醒方程部分知识的基础上，促进学习路径的迁移应用。
</td>
</tr>
</table>

续 表

课题	等式与方程		设计者		纪丽丽
所在单元	一元一次方程	年级	六年级上册	课时	1课时

环节二：抽象归纳、建构概念

学习任务：

根据情境，列出方程。

1. 为响应国家"绿水青山就是金山银山"的号召，小颖计划栽种一棵树苗，开始时树苗高为60 cm，栽种后每年长高约10 cm，大约几年后能长高到200 cm？

2. 王老师今年36岁，比车晶鑫年龄的3倍还大4岁，那么，车晶鑫今年多少岁？

3. 我们学校长方形操场的周长为400米，长为 x 米，宽为 y 米，你能否列出一个方程？

4. 已知小明比小华大2岁，并且他们的年龄之积刚好为143。那么，小华的年龄为多少岁？

解：设小华的年龄为 x 岁，则小明的年龄可以表示为 _____ 岁，此时列方程为 _____。

小明的年龄还可以表示为 _____ 岁，此时列方程为 _____。

问题2：列方程的关键是什么？

学生活动	教师活动
1. 学生在导学案上先完成任务1，2，分析题意列出方程，说明怎样列的方程。 2. 梳理方程的获得过程，接着在导学案上完成任务3，4； （1）学生独立思考，能列方程的自己列出方程。 （2）小组讨论，说出自己遇到的困难在哪儿，提出疑问，怎么解决。 （3）全班交流，解决本题中思路卡壳的问题，重点讲解。 （4）生订正，整理。	追问1：你是怎么得到这样一个方程的？ 追问2：列方程的关键是什么？ 预设：找等量关系 追问3：比车晶鑫年龄的3倍还大4岁如何表示？ 追问4：其中的等量关系是什么？ 陈述：在列方程的过程中，将题目中的各个数量关系相互联系，得到等式，最后列出方程。 总结：我们要能在题目中抽象出等量关系，利用等量关系列出方程。那么下面这几个问题你能类比解决吗？希望大家能够先找出等量关系，再列方程。 小组讨论时，集思广益，能有一半学生能梳理清楚其中的数量关系。集体交流时，学生可能表达不清，知道怎么做但是不会表达，教师可以采用生生评价或者教师点拨来补充完善。

续 表

课题	等式与方程		设计者	纪丽丽
所在单元	一元一次方程	年级	六年级上册	课时	1课时

环节二：抽象归纳、建构概念	措施： （1）学生独立思考，能列方程的自己列出方程。 （2）小组讨论，说出自己遇到的困难在哪儿，提出疑问，怎么解决。 （3）全班交流，解决本题中思路卡壳的问题，重点讲解。 （4）师点拨：如何找到等量关系，列出方程。 （5）生订正，整理。

设计意图：

通过这一问题，找出列方程的关键是"找等量关系"。

进行学法指导：①审题时画出能表示出等量关系的关键语句；②用文字等式表示等量关系；③用代数式替换文字等式中的量。

通过独立探究、小组合作、全班讲解的过程，分析题目中的等量关系，并由此列出方程。这是本节课的一个难点，适当的难度增加可以激发学生的好胜心，让学生经历遇到问题、解决问题的过程，体验成功的喜悦。并且让学生明白：通过实际问题的分析，寻找等量关系，建立方程，体会利用方程来刻画生活中的数量关系的优越性和必要性。

环节三：跟踪评价、深化概念

学习任务：辨析方程，归纳定义。

问题3：请对所列方程进行观察、分类，并说明理由。

$2x-5=21$, $60+10x=200$, $2x+2y=400$

$\dfrac{143}{x}-x=2$, $x^2+2x=143$, $36-3x=4$

问题4：方程 $2x-5=21$, $60+10x=200$, $36-3x=4$ 有什么共同点？

跟踪练习1：

判断下列哪些是一元一次方程？哪些不是？为什么？

(1)$2x-7=0$; (2)$2x-y=3$; (3)$8x^2-7x+1=0$; (4)$3a-4$;

(5)$3x+4<1$; (6)$3x-1+x=36$; (7)$3+2=5$; (8)$-\dfrac{9}{x}=3$.

续　表

课题	等式与方程		设计者		纪丽丽
所在单元	一元一次方程	年级	六年级上册	课时	1课时

	学生活动	教师活动
环节三：跟踪评价、深化概念	学生独立思考并进行分类，同桌交流。学生发言，说明分类依据。 　　学生观察方程，找到共同点：只含有一个未知数，未知数的最高次数是1。尝试归纳，总结得到一元一次方程的概念。 　　跟踪练习： 　　找出一元一次方程并解释原因。	预设1： 　　学生可能不会从"元"和"次"这两方面进行总结，这时，把方程的分类问题做适当点拨（引导学生从未知数的个数与未知数的次数两个方面来观察）。 解决方案： 　　将学生总结不全的位置以问题的形式引发学生思考。 预设2： 　　①(3)不是一元一次方程。 　　点拨：次数指的是次数最高项的次数。 　　②(4)(5)不是一元一次方程。 　　点拨：一元一次方程必须是等式。 　　③(8)不是一元一次方程。 　　点拨：未知数不能出现在分母 　　④(2)不是一元一次方程。 　　点拨：含有两个未知数。 　　⑤(7)不是一元一次方程。 　　点拨：不含未知数。
	设计意图： 　　通过观察、点拨、总结，归纳一元一次方程的概念。在这个过程中通过独立思考、合作交流，培养学生的合作意识，发挥优秀学生的帮带作用，让每一个学生都能得到不同程度的发展。 　　及时巩固概念，加深对一元一次方程概念的理解。	
环节四：概念理解、归纳提升	学习任务：回到最初的情境，怎样计算小刚的年龄？ 问题5：方程 $2x-5=21$ 中的 x 会是多少？ 跟踪练习2： $x=2$ 是下列方程的解吗？ (1) $3x+(10-x)=20$　　(2) $2x^2+6=7x$	
	学生活动	教师活动
	学生回顾最开始如何解决小刚年龄的问题，有用算术法得到小刚13岁，有用列方程的方法。学生思考问题5，并回答 x 是多少，代表什么。	追问：x 代表什么意义？ 预设： 　　①代入后无法判断是否为一元一次方程的解。 　　②计算错误。

续 表

课题	等式与方程		设计者		纪丽丽
所在单元	一元一次方程	年级	六年级上册	课时	1课时

环节四：概念理解、归纳提升	一起探究方程的解的概念，并判断某数是不是方程的解。 1. 使方程的左、右两边相等的未知数的值叫作方程的解。 2. 求方程的解的过程叫作解方程。
	设计意图： 既增进学生对方程的解的认识，知道什么是方程的解，会验证方程的解，也为下一步的解方程做铺垫。

环节五：盘点收获	学习任务：总结所学知识。 ①本节课你学会了哪些知识？在知识应用中需要注意什么？ ②你学到了哪些思想方法？	
	学生活动	教师活动
	学生回顾本节课的知识、思想。	追问1：谈谈你对一元一次方程的认识； 追问2：能否类比给出二元一次方程的定义？并举例。
	设计意图： 师生互动，锻炼学生严谨的口头表达能力，培养学生有条理地树立知识点，有目的地整合知识点的能力。 通过梳理知识内容，提炼思想方法，总结情感经验，从知识的学习，方法的领悟等方面引导学生归纳，使学生将所学知识纳入方程的知识系统。同时，通过本节课对一元一次方程的学习，掌握一元一次方程的研究路径，从而在学习其他特殊方程的过程中实现学习路径的迁移。	

作业设计
一、基础型作业（必做题）： 1. ★（目标2）下列各式是一元一次方程的是 _____ 。（填写序号） (1) $3+6y=9$；(2) $4+x>0$；(3) $2x-1$；(4) $x+2=10x$；(5) $x^2-1=3$；(6) $3y+4x=17$。 2. ★★（目标2）如果 $5x^{m-2}=8$ 是关于 x 的一元一次方程，那么 $m=$ _____ 。 3. ★（目标2）若 $x=1$ 是关于 x 的方程 $ax=x-5$ 的解，则 a 的值是 _____ 。 4. ★★（目标1）根据题意列方程： （1）某农场计划植树600棵，前三天平均每天植树110棵，若要五天内完成任务，则后两天平均每天要植多少棵？ （2）某商店对超过15000元的物品提供分期付款服务，顾客可以先付3000元，以后每月付1500元。王叔叔想用分期付款的形式购买价值19500元的电脑，他需要用多长时间才能付清全部货款？ 二、拓展型作业（选做题）： ★★（目标2）已知 $(|k|-1)x^2+(k-1)x+3=0$ 是关于 x 的一元一次方程，求 k 的值，并判断 $x=1$ 是不是这个方程的解。

续 表

课题	等式与方程	设计者	纪丽丽
所在单元	一元一次方程	年级	六年级上册	课时	1课时

三、拓展型作业★★★（目标1，2）：

必做题	选做题	评价量规			
1.请用自己的年龄编一个问题，并列出方程。	2.编制学习方案，根据一元一次方程的学习路径，探究一元二次方程的概念，并举例。	表现维度	A	B	C
^	^	知识方法	能正确写出一元一次方程的概念。	不能准确写出一元二次方程的概念。	不能写出三次根式的概念。
^	^	方案路径	方案完成路径合理。	有方案但路径不明确。	没有具体方案。

板书设计
4.1 等式与方程 析→找→列→解→验 1.一元一次方程 ①一个未知数 ②未知数的次数都为1 2.方程的解 等式与方程——明确→等式/方程；体验→数学模型；感受→优越性；认识→方程不同类型

教学反思与改进
1. 对于一元一次方程的概念，要让学生明白"元"和"次"代表的意义，以此将知识迁移到对其他方程概念的理解； 2. 对于一元一次方程的理解，要让学生感受到一元一次方程相对于小学列算式解题方法和思维上的优越性。 3. 对于一元一次方程的解，要让学生意识到一元一次方程的解的唯一性，并且能通过等式是否成立判断一个数是不是一元一次方程的解。 4. 在用一元一次方程解决实际问题的过程中，要重视设未知数环节，明晰未知数所代表的含义，体会将实际问题抽象为数学问题的过程，培养学生将实际问题转化为方程的建模思想。 回顾课堂，本课的目标很好地达成了，从课堂观察中发现学生掌握情况比我预设的要好。目标达成度还是比较高的。在引导分析时，我没有急于求成，而是尊重学生学习的规律和差异，努力给学生留出足够的时间和空间，让学生去思考，去探索，去合作，去发现，充分培养学生的自主学习能力和合作探究能力。在学生交流展示的过程中，我力求做到适时评价，重点关注学生能否形成运用数学思想方法的意识，关注学生的思考过程和思维水平。此外，学生的评价也起到了及时总结与反思的重要作用。

4. "用表格表示变量之间的关系"课时教学方案

课题	用表格表示变量之间的关系		设计者		李艾芮
所在单元	变量之间的关系	年级	六年级下册	课时	1课时
目标设计	课标要求	1.会用代数式、函数等描述现实问题中的数量关系和变化规律，形成合适的运算思路解决问题；形成抽象能力、模型观念，进一步发展运算能力； 2.探索简单实例中的数量关系和变化规律，了解常量、变量的意义；了解函数的概念和表示法，能举出函数的实例； 3.能结合图象对简单实际问题中的函数关系进行分析； 4.能确定简单实际问题中函数自变量的取值范围，并会求出函数值； 5.能用适当的函数表示法刻画简单实际问题中变量之间的关系，理解函数值的意义； 6.结合对函数关系的分析，能对变量的变化情况进行初步讨论。			
	单元大概念	可以使用不同的变量、表达式和方程抽象地转化、表征数学情境与结构。			
	教材分析	分析教材（数与代数） 六下"变量之间的关系"：1.用表格表示变量之间的关系 2.用表达式表示变量之间的关系 3.用图像表示变量之间的关系 ⇒ 七上"一次函数"：1.函数 2.一次函数 3.一次函数的图像 4.确定一次函数的表达式 ⇒ 九上"反比例函数"：1.反比例函数 2.反比例函数的图像与性质 3.反比例函数的应用 ⇒ 九上"二次函数"：1.对函数的再认识 2.二次函数 3.二次函数$y=ax^2$ 4.二次函数$y=ax^2+bx+c$的图像与性质 5.确定二次函数的表达式 6.二次函数的应用 单元起始课的重点是理解自变量和因变量，体会变量之间的关系，难点是会用表格表示变量之间的关系，并根据表格中的数据对变化趋势进行预测。本章的起始课，作为研究变量和函数的起始章节，对今后学习函数知识是非常重要的。 一类函数的思想方法 "用表格表示变量之间的关系"是鲁教版数学六年级下册第九章第一节的内容。本节课的知识包括常量和变量、自变量、因变量、变量之间的关系、用表格表示变量之间的关系。本节课的重点是理解自变量和因变量，体会变量之间的关系，难点是会用表格表示变量之间的关系，并根据表格中的数据对变化趋势进行预测。本节课是本章的起始课，作为研究变量和函数的起始章节，有着承接上一章数据分析的学习并进行应用的作用，同时对今后学习函数知识也是非常重要的。			

续 表

课题	用表格表示变量之间的关系		设计者		李艾芮
所在单元	变量之间的关系	年级	六年级下册	课时	1课时

目标设计	教材分析	分析目录可知本单元的研究内容及内容划分,将本单元分为5节,首先通过"身高测量"问题,引导学生感受随着年龄的增长,身高不断增长的"变化"过程,经历概念的形成过程,学生会用有表格法、表达式法、图象法表示变量之间的关系。让学生在"概念形成"的过程中生成数学活动经验,为接下来的学习函数做好铺垫。 分析章首图可知本单元大致的研究内容,以及本单元的学习目标和本单元学完后可以解决哪些问题,便于明晰教材设计框架和意图。

110

第四章　单元起始课教学设计的案例与反思

续　表

课题	用表格表示变量之间的关系		设计者	李艾芮		
所在单元	变量之间的关系	年级	六年级下册	课时	1课时

目标设计	教材分析	

为了更清晰地把握教材，从学习内容、学习路径、学习结果这三方面横向梳理教材发现，本单元的主要内容有用表格表示变量之间的关系、用表达式表示变量之间的关系、用图象表示变量之间的关系。本章关注知识的形成与应用过程。遵循"问题情境—建立模型—解释、应用与拓展"的模式，首先通过具体问题情境，感受、理解变化的过程，理解变量与常量等有关概念，然后进一步探索自变量与因变量之间的关系，并能在现实情境中对两种变量的关系给出解释，切实提高学生的应用意识和能力。先在丰富的实例中找出变量与常量，进而让学生分析，感受两种变量之间的关系，并从中体会方程思想。这样，一方面，在分析理解的过程中，培养了学生解决问题的意识和能力，另一方面，在实际问题中展现变化的过程与接下来的变化趋势，让学生在实际问题的解决过程中提高分析推理能力；通过对变量之间的关系与方程及函数关系的讨论，建立变量与方程、函数之间的联系，引导学生用不同方法来表示变量之间的关系，为接下来学习方程与函数部分的知识做好铺垫。

思想方法

类比：通过类比用表格表示变量之间的关系的学习思路，学习用表达式表示变量之间的关系、用图象表示变量之间的关系。

变量之间的关系的学习过程具有承上启下的桥梁作用，是各类函数的重要纽带。变量之间的关系及其相关概念应该成为教学的重中之重，也应该是第一课时教学的重难点。

续 表

课题	用表格表示变量之间的关系	设计者	李艾芮
所在单元	变量之间的关系	年级	六年级下册	课时	1课时

目标设计	学情分析	**解剖学情** | "已有"知识	"已获得"的知识能力	"未知"知识	"要获得"的知识能力	怎么知
在代数式求值、探索规律等内容的学习中已具有了初步"变化"的思想。	在以前的学习中，学生已经经历了独立学习、小组合作、交流展示等学习方式，可以解决本节课的实际问题。	通过表格形式来理解变量、自变量、因变量这些概念，非变量与变量的关系。	合情推理和演绎推理的能力，数据分析能力。	活动式的整体系统施教，通过研讨等活动，开展小组合作。 | **现在在那里** **最终去那里** **怎么去** 　　本节课是初中生第一次接触有关变量等概念。在概念的建立过程中，需要渗透"变化"和"对应"的观念。本节课是学生在六年级上册教材中学习了探索规律、从统计图中获取信息的基础上，通过表格形式来理解变量、自变量、因变量这些概念。我们生活在变化的世界中，自变量与因变量的关系在生活中无处不在，通过对实际问题的理解，在表格信息中发现两个变化的量，通过了解哪一个是主动变化的，哪一个是随着变化的，来识别自变量和因变量，这对今后学习函数知识是非常重要的。
---	---	---
	单元目标	1. 经历探索具体情境中两个变量间的关系的过程，能发现实际情境中的变量及其相互关系，能确定自变量与因变量。 2. 能从表格、图象中分析出某些变量之间的关系。 3. 能根据具体问题，选取表格和关系式表示某些变量之间的关系。 4. 通过对具体问题中变量之间关系的分析，能对变化趋势进行初步的预测。
	课时目标	1. 通过实验游戏，在具体情境中理解常量、变量、自变量和因变量，并体会变量之间的关系。 2. 能用表格表示变量之间的关系，并根据表格中的数据对变化趋势进行预测。

续表

课题	用表格表示变量之间的关系		设计者			李艾芮	
所在单元	变量之间的关系	年级	六年级下册		课时	1课时	

评价设计	评价任务或问题序列	单元主问题				如何理解"变化"的过程与变量之间"对应"的关系		
		主任务				子任务		
		一、在具体情境中理解常量、变量、自变量和因变量,并体会变量之间的关系。				1. 了解变量。 2. 在实验数据中,哪些量发生了变化?哪些量没有变?小球个数与水面高度之间有什么样的关系? 3. 判断自变量与因变量,理解二者的对应关系。		
		二、能用表格表示变量之间的关系,并根据表格中的数据对变化趋势进行预测。				1. 帮助李伯伯提出合适的施用氮肥的建议; 2. 变化趋势预测在实际问题中的应用。		
	评价方案	核心目标	表现标准			评价任务(包括情境和核心问题)	评价工具	
		在具体情境中感受"变化"的过程与变量之间"对应"的关系;理解常量、变量、自变量和因变量。	表现维度	A	B	C	子任务1:在实验数据中,哪些量发生了变化?哪些量没有变化? 核心问题:什么是常量与变量? 子任务2:小球个数与水面高度之间有什么样的关系?	1. 问题情境测验; 2. 纸笔测验。
			判断具体问题中的两种变量。	能判断什么是变量,什么是常量,并能准确判断出自变量和因变量。	能判断什么是变量,什么是常量,但不能准确判断出自变量和因变量。	不能判断什么是变量,什么是常量。		

续 表

课题	用表格表示变量之间的关系				设计者		李艾芮
所在单元	变量之间的关系		年级		六年级下册	课时	1课时

评价设计	评价方案	表现维度	A	B	C	核心问题：自变量与因变量之间有什么样的关系？子任务3：帮助李伯伯提出合适的施用氮肥的建议。核心问题：如何根据表格数据对变化趋势进行预测？
		预测变化趋势	观察表格，能从表格给出的数据中预测接下来的变化趋势，并说明理由。	观察表格，能从表格给出的数据中预测接下来的变化趋势，但不能说明理由。	观察表格，不能从表格给出的数据中预测接下来的变化趋势。	

学习进程设计

环节一：视频导入、整体感知

学习任务：什么是变量？自变量与因变量之间有什么关系？
问题1：你在图片中感受到了什么？

学生活动	教师活动
学生认真观看课件。学生在班级内交流自己的感受，直观感受是图片中的同学身高一直在变高。	利用多媒体演示一名同学从幼儿园到初中的照片以及章首图中测量身高的情境。给出问题：你在图片中感受到了什么？（板书课题）预设：课件中同学身高一直在变高。

设计意图：激发学生的学习兴趣，开场即利用多媒体演示照片和歌曲"时间都去哪儿了"，引发学生的思考，让学生在具体的情境中理解变量即变化的量，同时也让学生对变量这一概念有更具象的理解。

环节二：抽象归纳、建构概念

学习任务
问题2：每个小组用量筒和小球进行下列实验，将小球放入含有水的量筒中，观察量筒中水面高度的变化，将实验结果填入表中，观察数据，感受小球数量与水面高度之间的关系。

小球的个数/个	0	1	2	3	4	5	6
水面高度/cm							

续　表

课题	用表格表示变量之间的关系		设计者		李艾芮
所在单元	变量之间的关系	年级	六年级下册	课时	1课时

	学生活动	教师活动
环节二：抽象归纳、建构概念	分小组进行实验，并记录数据，以小组为单位交流展示实验结果，并通过观察数据发现小球数量与水面高度在变化，而水的体积不变，同时，小球数量越多，水面高度越高。	先进行演示实验，并对学生提出实验要求。 追问1：放入1个小球时，水面高度是多少？放入3个呢？追问2：如果用x表示小球的数量，用y表示水面高度，x与y之间有什么样的关系？ 追问3：随着x的变化，哪些量发生了变化？哪些量没有发生变化？ 理解：一个过程中，变化的量称为变量，不变的量称为常量。水面高度随小球个数的变化而变化，小球个数称为自变量，水面高度称为因变量。
	设计意图：利用游戏调动学生学习的积极性，直观感受变化过程，让学生感受水面高度随小球数量的变化而变化这一过程。	

环节三：跟踪评价、深化概念

学习任务：
问题3：农民李伯伯发现了一个现象，当钾肥和磷肥的施用量一定时，土豆的产量与氮肥的施用量有如下关系：
(1) 上表反映了哪两个变量之间的关系？哪个是自变量？哪个是因变量？

氮肥施用量/ (千克/公顷)	0	34	67	101	135	202	259	336	404
土豆产量/ (吨/公顷)	15.18	21.36	25.72	32.29	34.03	39.45	43.15	43.46	40.83

(2) 当氮肥的施用量是101千克/公顷时，土豆的产量是多少？如果不施氮肥呢？

学生活动	教师活动
学生独立完成，班级展示时生生之间、师生之间共同纠错，深化对自变量、因变量及其关系的理解。 学生总结提升，因为另一个量的变化而产生变化的变量是因变量，反之是自变量。	预设第1问可能产生的问题： 自变量与因变量的关系理解不到位，分不清两个变量。 追问1：这两个量谁因为另一个的变化而产生变化？ 提升1：你认为判断一个变量是因变量还是自变量的关键是什么？

设计意图：通过学生相互讨论，使学生主动参与到学习活动中来，培养学生合作交流的学习习惯，问题设置的目的是使学生深化理解什么是自变量，什么是因变量，进一步提炼判断两者的方法。

续　表

课题	用表格表示变量之间的关系		设计者		李艾芮
所在单元	变量之间的关系	年级	六年级下册	课时	1课时

环节四：归纳提升、探究性质

学习任务：如何根据表格中的数据对变化趋势进行预测？

问题4：农民李伯伯发现了一个现象，当钾肥和磷肥的施用量一定时，土豆的产量与氮肥的施用量有如下关系：

根据表格中的数据，请你给李伯伯提出关于施用氮肥的建议。

氮肥施用量/（千克/公顷）	0	34	67	101	135	202	259	336	404
土豆产量/（吨/公顷）	15.18	21.36	25.72	32.29	34.03	39.45	43.15	43.46	40.83

学生活动	教师活动
先独立思考，提出建议并说明理由，小组交流后派代表在班级进行讲解。 学生能够说出土豆产量先随氮肥施用量的增大而增大，后随氮肥施用量的增大而减小，表格中看出施用量为336千克/公顷时土豆产量最高，故氮肥施用量在336千克/公顷~404千克/公顷时最佳。	引导学生思考，在说出答案的同时说出是如何得到这个答案的。 预设可能产生的问题： 学生可能会认为施肥越多越好。 追问：施肥量最多时，土豆产量最大吗？

设计意图：在练习中使学生更好地理解如何用表格表示变量之间的关系，并根据表格中的数据对变化趋势进行预测。

环节五：巩固应用、评价诊断

学习任务：

在高海拔(1500~3500)米为高海拔，3500~5500米为超高海拔，5500米以上为极高海拔)地区的人有缺氧的感觉，下面是一组有关海拔与空气含氧量之间的数据：

海拔/m	0	1000	2000	3000	4000	5000	6000	7000	8000
空气含氧量/（g/m³）	299.3	265.5	234.8	209.63	182.08	159.71	141.69	123.16	105.97

(1) 上表反映了哪两个变量之间的关系？哪个是自变量？哪个是因变量？

(2) 在海拔0 m的地方空气含氧量是多少？在海拔4000 m的地方空气含氧量是多少？

(3) 空气含氧量与海拔之间有什么关系？

续 表

课题	用表格表示变量之间的关系		设计者	李艾芮
所在单元	变量之间的关系	年级	六年级下册	课时	1课时

环节五：巩固应用、评价诊断	学生活动	教师活动
	先独立思考，并找出其规律，然后小组之间进行合作交流探究，互相补充。生生之间、师生之间共同纠错，完善解题思路。要能明确地说出空气含氧量与海拔两者之间是空气含氧量随海拔的升高而降低的。	让学生在说出答案的同时说出是如何得到这个答案的。无法说出关系时可以引导两者是如何变化的，谁先变化从而导致另一个的变化。
	设计意图：在练习中使学生更好地理解如何用表格表示变量之间的关系，并根据表格中的数据对变化趋势进行预测。	

环节六：盘点收获	学习任务： 回顾本节课内容，你有哪些收获想分享给大家？	
	学生活动	教师活动
	回顾本节课的知识、思想。	追问1：我们是如何确定自变量和因变量的？ 追问2：你认为除了表格还能用哪些方式表示变化的过程？
	设计意图：师生互动，锻炼学生严谨的口头表达能力，培养学生有条理地梳理知识点，有目的地整合知识点的能力。追问1意在引导学生从思维的角度进行小结；追问2指向开拓学生的思维，留给学生继续思考的空间。	

作业设计
一、基础型作业（必做题）： 配套练习册 P132 练习9.1 第1题至第3题。 二、拓展型作业（必做题）： 配套练习册 P132 练习9.1 拓展延伸第4题。 三、探究型作业（选做题）：弹簧挂上物体后会伸长，有兴趣的同学每人分发一个弹簧，测弹簧的长度 y(cm) 与所挂物体的重量 x(kg) 之间的变化情况，并用表格表示出来。

板书设计
用表格表示变量之间的关系 变量 { 自变量 / 因变量 } 关系：因变量随自变量的变化而变化 常量

续 表

课题	用表格表示变量之间的关系		设计者	李艾芮	
所在单元	变量之间的关系	年级	六年级下册	课时	1课时
教学反思与改进					

  1.注意学生对变量与常量概念的理解，要让学生明白自变量与因变量之间的关系——因变量随自变量的变化而变化。

  2.在学生根据表格中的有关信息预测变化趋势时，要让学生讲明白预测的理由是什么。

  3.本节课要体现出学生是学习的主人，让学生在参与学习活动中得到数学的发展。教师只是学生学习活动的组织者和引导者。教师通过明确的问题，引导学生思考，激发学生的好奇心和求知欲，并通过及时的引导与总结，使学生进一步理解知识，而且通过课堂中活动的开展，最大可能地调动学生参与到课堂学习中，提高课堂效率。

5."无理数"课时教学方案

课题	无理数		设计者		李墨雨
所在单元	实数	年级	七年级上册	课时	2课时

目标设计	课标要求	1. 经历实数的形成过程，初步理解数域扩充； 2. 掌握数的运算，能够解释运算结果的意义，进一步发展运算能力； 3. 了解无理数和实数，知道实数由有理数和无理数组成，了解实数与数轴上的点一一对应； 4. 能用数轴上的点表示实数，能比较实数的大小； 5. 能借助数轴理解相反数和绝对值的意义，会求实数的相反数和绝对值； 6. 了解平方根、算术平方根、立方根的概念，会用根号表示数的平方根、算术平方根、立方根； 7. 了解乘方与开方互为逆运算，会用平方运算求百以内完全平方数的平方根，会用立方运算求千以内完全立方数（及对应的负整数）的立方根，会用计算器计算平方根和立方根； 8. 能用有理数估计一个无理数的大致范围； 9. 了解近似数，在解决实际问题中，能用计算器进行近似计算，会按问题的要求进行简单的近似计算。
	单元大概念	实数集是无限的，数轴上的点与实数一一对应。运算律和运算公式具有普适性。
	教材分析	（图示：实数结构图，包含"实数—有理数/无理数"；"有理数—乘方—互逆运算—开方"；"无理数—无理数/估算/用计算器开方"；"无理数—平方根/立方根"；下方"实数"分为"无理数的产生"、"无理数的定义及表示（平方根（算术平方根）立方根）特殊的表示"、"实数的相关概念（绝对值 相反数 数轴表示 实数的比较（估算）运算）"）

续 表

课题	无理数		设计者		李墨雨
所在单元	实数	年级	七年级上册	课时	2课时

目标设计	教材分析	本章在课时安排上的几个特点：对无理数的引入特别对待；先学习算术平方根，再研究平方根；单独设计一节估算。 对于无理数这节，并没有像其他版本教材（人教版等）一样安排1课时，而是把感受无理数的存在和引入的必要性与它的定义分开，给学生一个完整的探究逻辑。在引入的环节也没有平铺直叙，提出思维空间比较小的问题："±2的平方等于4，±2叫作4的平方根，2的平方根等于多少？如何表示？"，这样不符合历史规律，也与学生的认知不符。教材首先安排了拼图活动，让学生充分、切实地感受这个数的存在性以及存在的必要、研究的意义。
		第2课时从前一节的定性描述转化为定量研究，进一步引起学生的思考，本课时的目的在于借助计算器、采用估算的方法，得到一些无理数的小数表示，在探索的过程中体会无限逼近的思想，最终对比有理数归纳出无理数的概念。教材直接接续上一课时的问题，开门见山地出现学习任务：探索a的值是多少。设计了三个引导性的问题，分步探索无理数的整数部分、小数部分，最终发现无理数是无线不循环小数的本质特征。
	学情分析	学生在六年级上册已经经历了第一次数系的扩充，即在小学非负有理数的基础上引入负数，本章在有理数和六年级下册有关知识的基础上进行数系的第二次扩充，引入无理数，所以学生已经有了数系扩充的学习经验，感受到数系扩充是源于实际生活的需要。 七年级学生相对来说缺乏一定的生活经验及耐性，所以在理性思维上缺少优势，因此，在教学活动中要多采用现实生活中的实例，深入浅出，让学生亲身经历活动，充分感受引入无理数的必要性，初步认识无理数的意义，感受其本质特征。
		在第1课时的基础上，学生已经感受到无理数存在的广泛性和必要性，也会对a的值产生强烈的好奇心，但是对如何探索a的值是非常迷茫的，鉴于此，教师要通过引导性的问题为学生提供探索的支架。

续 表

课题	无理数		设计者	李墨雨	
所在单元	实数	年级	七年级上册	课时	2课时
目标设计	单元目标		1. 结合具体问题，感受无理数引入的必要性；经历数系扩充的过程，了解无理数的概念，发展抽象概括能力，初步体会无限逼近的思想。 2. 结合具体问题，理解算术平方根、平方根、立方根的概念，并会求、用根号表示算术平方根、平方根、立方根。 3. 结合具体情境，理解估算的意义，能进行简单的估算，进一步发展数感和估算能力。 4. 经历探究实数及其运算律的过程，了解实数及其相关的概念，能用实数的运算解决简单的实际问题，提高应用意识，并在活动中进一步发展独立思考、合作交流的意识和能力。
	课时目标		1. 通过动手操作拼图，用勾股定理计算验证的活动，感受无理数产生的实际背景和引入的必要性，体会有理数以外的数广泛存在。 2. 借助计算器估算，体会无限逼近的思想，了解无理数的定义，进一步体会数系的扩充。 3. 类比第一次数系扩充（引入负数），合理猜想，初步构建章知识体系。

评价设计	评价任务或问题序列	单元主问题	之前所学运算法则与运算律还适用于实数吗？
		主任务	子任务
		一、感受无理数	1. 动手操作：①得到一个面积为2的大正方形纸片。②画一个直角边为1和2的直角三角形，以直角三角形的三边为边向外分别作三个正方形、等边三角形。 可用的工具：直尺，圆规，剪刀，几个面积为1的正方形纸片。 2. 思考：这是一个什么样的数？它广泛存在吗？ 3. 借助网格再找出几个这样的数。
		二、归纳无理数的定义	1. 尝试借助面积为1和面积为4的正方形和计算器，探索$\sqrt{2}$的值。 2. 借助计算器将分数化为小数。 3. 通过比较，归纳无理数的特征，尝试描述它的定义。 4. 辨析定义。

续 表

课题	无理数			设计者		李墨雨
所在单元	实数		年级	七年级上册	课时	2课时

<table>
<tr><td rowspan="8">评价设计</td><td rowspan="8">评价方案</td><td colspan="3">核心目标</td><td>表现标准</td><td>评价任务（包括情境和核心问题）</td><td>评价工具</td></tr>
<tr><td rowspan="3">目标1：通过动手操作拼图，用勾股定理计算、验证的活动，感受无理数产生的实际背景和引入的必要性，体会有理数以外的数广泛存在。</td><td>A</td><td colspan="2">发现面积为2的正方形的边长不是整数也不是分数，并能讲清原理，能用多种方式剪拼得到面积为2的正方形纸片。</td><td rowspan="3">情境：得到一个面积为2的大正方形纸片。
可用的工具：直尺，圆规，剪刀，几个面积为1的正方形纸片。
核心问题：面积为2的大正方形的边长是不是有理数？</td><td rowspan="3">1．动手操作的成果。
2．展示交流。</td></tr>
<tr><td>B</td><td colspan="2">发现面积为2的正方形的边长不是整数也不是分数，能剪拼得到面积为2的正方形纸片。</td></tr>
<tr><td>C</td><td colspan="2">发现面积为2的正方形不能通过直尺测量出边长从而直接画出，可以通过两个面积为1的正方形纸片剪拼得到。</td></tr>
<tr><td rowspan="3">目标2：借助计算器探索无理数的无限不循环特征，体会无限逼近的思想，了解无理数的定义，进一步体会数系的扩充。</td><td>A</td><td colspan="2">能说出$\sqrt{2}$的整数部分及小数部分的计算方法，发现$\sqrt{2}$是无线不循环小数。</td><td rowspan="3">情境：面积为2的大正方形的边长是多少？
核心问题：$\sqrt{2}$的整数部分是多少？小数部分是多少？如何计算？</td><td rowspan="3">交流确定整数部分和小数部分的计算方法。</td></tr>
<tr><td>B</td><td colspan="2">能说出$\sqrt{2}$的整数部分，能根据估算的方法正确猜想$\sqrt{2}$的小数部分的特征。</td></tr>
<tr><td>C</td><td colspan="2">发现$\sqrt{2}$既不是整数也不是分数。</td></tr>
</table>

续表

课题	无理数		设计者	李墨雨
所在单元	实数	年级	七年级上册	课时	2课时
学习进程设计				

学习任务一：感受有理数以外的数。

问题1：

我校举办"小小数学家"活动，在活动中有两项任务如下：

（一）获得一个面积为2的大正方形纸片。

（二）画一个直角边为1和2的直角三角形，以直角三角形的三边为边向外分别作三个正方形、等边三角形。

可用的工具：直尺，圆规，量角器，一副三角板，剪刀，几个面积为1的正方形纸片。

你们小组能完成任务吗？

<table>
<tr><th>学生活动</th><th>教师活动</th></tr>
<tr><td>

1. 独立思考5分钟。

2. 小组合作：①组长组织发言并记录，各组员积极参与，发言顺序按想法从少到多的顺序。②排除不合理的方案，整合相同的方案，总结所有方案 ③整理发言稿，选发言代表。

3. 展示要求：简洁、清楚地展示本组一种或多种方案，配合解说，解释这样做的道理。每组展示时间3分钟，已经展示过的方案不重复。

4. 其他组学生评价，有疑问的可以补充发言。

5. 思考：任务（二）中画出的图形如下。

正方形②的面积是多少？边长是多少？你是如何求出的？

三角形①的高是多少？你是如何求出的？

6. 思考：这是一种什么样的数？它们广泛存在吗？

</td><td>

巡视指导，收集信息：观察各组交流、探索情况。

教师追问：

1. 你们组为什么选取了这几种工具？通过这样的方式得到大正方形？为什么不直接画出来呢？

2. 面积为2的正方形的边长大概是多少呢？你是怎么估计的？

3. 它是我们学过的数吗？（我们学过哪些数？）为什么？

4. 正方形②的边长是我们学过的数吗？

5. 三角形①的高是我们学过的数吗？

板书：

有理数：整数和分数

非有理数

</td></tr>
</table>

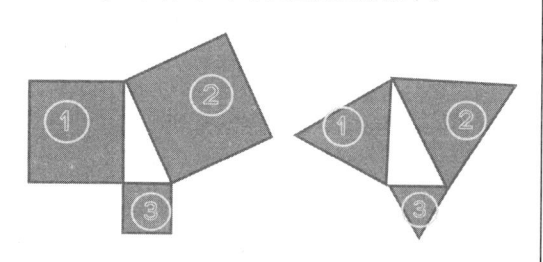

环节一：视频导入、整体感知

123

续 表

课题	无理数		设计者		李墨雨
所在单元	实数	年级	七年级上册	课时	2课时

环节一：视频导入、整体感知	评价练习1：试借助单位长度为1的网格设计如下要求的三角形：(1) 三边中有一边边长不是有理数； (2) 三边中有两边边长不是有理数； (3) 三边中三边边长均不是有理数。 设计意图： 通过贴近实际的问题情境和完整的、较开放的探究活动，激发学生的学习兴趣，利用小组合作增强学生探索的信心；在展示多种方案的过程中，学生能够充分思考，同时也能提升操作能力、作图能力等。通过两个任务、三个问题，让学生感受有理数以外的数广泛存在，为后续学习无理数的定义做铺垫。
环节二：抽象归纳、建构概念	学习任务二：什么是无理数？ 问题2： "小小数学家"活动后，数学兴趣小组对面积为2的正方形的边长非常感兴趣。设面积为2的正方形的边长为 a，a 究竟等于多少？ $S_1=1$　　$S_2=2$　　$S_3=4$ 尝试借助面积为1和面积为4的正方形和计算器，探索 a 的值。

学生活动	教师活动
1. 独立思考5分钟。 2. 小组合作：①组长组织发言并记录，各组员积极参与，发言顺序按想法从少到多的顺序。②排除不合理的方案，整合相同的方案，总结所有方案。③整理发言稿，选发言代表。	巡视指导，收集信息，观察各组交流、探索情况。 教师提示： 1. 如图，三个正方形的面积之间有怎样的大小关系？

续 表

课题	无理数		设计者	李墨雨
所在单元	实数	年级	七年级上册	课时	2课时

环节二：抽象归纳、建构概念	3.展示要求：简洁、清楚地展示本组一种或多种方案，配合解说，解释这样做的道理。每组展示时间3分钟，已经展示过的方案不重复。 4.其他组学生评价，有疑问的可以补充发言。 5.借助计算器算出a的小数部分万分位上的数。 6.思考：还可以继续计算下去吗？你能总结一下a这个数具有怎样的特点吗？ 7.试着计算一下体积为5的立方体的棱长b，精确到百分位。 8.用计算器将下列分数化为小数： $\dfrac{4}{5}$ $\dfrac{5}{9}$ $\dfrac{8}{45}$ 9.将上面的小数与a和b比较，你有什么发现？	2.它们的边长之间有怎样的大小关系？ 3.大概估计一下a的值，并说明理由。（$1<a<2$） 4.a是一个小数，且整数部分是1。 5.那么a的十分位如何计算？a的十分位是1吗？为什么？a的十分位是2吗？a的十分位是多少？为什么？ 6.用同样的方法借助计算器算出a的小数点后的各位数。 教师追问： 1.还可以继续计算下去吗？你能总结一下a这个数具有怎样的特点吗？ 2.根据你刚才的经验，b和a是一样类型的数吗？ 3.分数都可以化成怎样的小数？整数可以表示成怎样的小数？
	设计意图： 通过延续性的探究活动，激发学生的学习兴趣，先给学生充分的时间思考，再利用小组合作增强学生探索的信心，同时也能提高计算能力。在有难度的估算环节通过教师的引导设计阶梯，将学生步步引入正题，并能发现有理数都是有限小数或无限循环小数，a和b都是无限不循环小数的事实。	

续 表

课题	无理数			设计者	李墨雨
所在单元	实数		年级	七年级上册	课时	2课时

环节三：跟踪评价、深化概念	学习任务三：无理数的定义。 问题3：试着归纳 a 和 b 的共同特征，给这类数命名并下定义。	
	学生活动	教师活动
	1. 观察并尝试归纳特征。 2. 试着根据特征给这类数命名及定义。 评价练习2： 下列各数中，哪些是有理数？哪些是无理数？ 0.4583，3.7，$-\pi$，$-\dfrac{1}{7}$，18。 评价练习3： 判断下列说法是否正确，若不正确，请说明理由。 (1) 所有无限小数都是无理数。 (2) 所有无理数都是无限小数。 (3) 有理数都是有限小数。 (4) 不是有限小数的不是有理数。 思考并回答：研究一种新的数会沿着何种路径？	教师提示： 1. 有理数所化成的小数都是有限的吗？无理数呢？ 2. 可以从小数形式特征方面归纳一下。 教师追问： 你还能找到其他无理数吗？ 教师提示： 我们有哪些研究数的经验？研究有理数时都研究了哪些内容？ 教师追问： 1. 研究一种新的数会沿着何种路径？ 2. 你为什么这样认为？实际上你采用了数学上的哪种重要的思想方法？
	设计意图： 通过观察、归纳等活动，提高学生合情推理、归纳总结的能力。通过评价练习，加强对概念的理解。类比有理数的研究路径，猜想新数的研究路径，构建知识框架。	

作业设计

基础型作业（必做题）：

一、单选题

1．下列说法正确的是（　　）

A．不存在最小的实数　　　　B．有理数是有限小数

C．无限小数都是无理数　　　D．带根号的数都是无理数

二、填空题

2．在实数 ① $\dfrac{2}{7}$，② π，③ 2.131131113，④ $2.\dot{3}$，⑤ 0，⑥ $3.4141141114\cdots\cdots$（相邻两个4之间依次增加1个1）中，无理数是 _____ （填序号）。

3．请写出一个小于零的无理数：_____ （写出一个即可）。

续 表

课题	无理数		设计者	李墨雨	
所在单元	实数	年级	七年级上册	课时	2课时

三、解答题

4．在如图的正方形网格中，若每个小方格的边长均为1，请你根据所学的知识解答下列问题：

（1）在下列各数中，任意选取三个无理数，并判断以这三个数为边长的线段能否组成一个直角三角形，请直接写出所有能构成直角三角形的三边对应的无理数；

$\sqrt{2}$　$\sqrt{4}$　$\sqrt{5}$　$\sqrt{8}$　$\sqrt{10}$　$\sqrt{15}$　$\sqrt{20}$　$\sqrt{25}$

（2）在解决（1）的问题时，你所运用的定理名称是 _____。

A．勾股定理　　　　　　　　B．勾股定理逆定理

（3）在下面的方格上画出（1）中你所确定的一个直角三角形，并且顶点都在格点上。

二、拓展型作业（必做题）：运用已有经验及本节所学的探究方法，探究 $\sqrt{5}$=?

三、探究型作业（选做题）：阅读教材89页"读一读"，理解材料，简述无理数的发现过程。

板书设计

4.1 无理数

定义 ── 无理数：无限不循环小数

表示 ── 有理数：整数和分数（有限小数和无限循环小数）

运算

应用

边长a　　　　　　　　　面积S
1<a<2　　　　　　　　　1<S<4
1.4<a<1.5　　　　　　　1.96<S<2.25
1.41<a<1.42　　　　　　1.9881<S<2.0164
1.414<a<1.415　　　　　1.999396<S<2.002225
1.4142<a<1.4143　　　　1.99996164<S<2.00024449

127

续 表

课题	无理数		设计者	李墨雨
所在单元	实数	年级 七年级上册	课时	2课时
教学反思与改进					

  1. 对于"不是有理数的数",要让学生充分感知,认识到有理数已经不能满足我们的学习、生活需要,这样不仅能提高学生的学习兴趣和主动性,也符合史实和逻辑。

  2. 经过充分的感知,学生也会对$\sqrt{2}$的值产生好奇,但对如何探究是非常迷茫的,此时教师要耐心疏导,小步慢走,答疑解惑的同时也要讲清用有理数估算其值的道理,即用已知(有理数)探索未知(无限逼近),并寻找已知与未知之间的联系与区别。

  3. 在归纳定义时,要通过活动(化分数为小数)逐步引导学生发现两种数的本质不同,这样,学生对定义就不存在生搬硬套,在用定义判断时也会游刃有余。

6. "函数"课时教学方案

课题	函数		设计者	丛燕燕	
所在单元	一次函数	年级	七年级上册	课时	1课时
目标设计	课标要求	1. 会用函数描述现实问题中的数量关系和变化规律，形成合适的运算思路解决问题；形成抽象能力、模型观念，进一步发展运算能力； 2. 探索简单实例中的数量关系和变化规律，了解常量、变量的意义；了解函数的概念和表示法，能举出函数的实例； 3. 能结合图象对简单的实际问题中的函数关系进行分析； 4. 能确定简单实际问题中函数自变量的取值范围，会求函数值； 5. 能用适当的函数表示法刻画简单实际问题中变量之间的关系，理解函数值的意义； 6. 结合对函数关系的分析，能对变量的变化情况进行初步讨论。			
	单元大概念	函数是研究现实世界变化规律的一个重要模型。			
	教材分析	（图示：某些现实问题中，变量之间相互联系 —具体到抽象 建立数学模型→ 函数 →概念的抽象 唯一对应；两种表示方法；一般到特殊→ 一次函数 →图象；性质；特殊化→ 正比例函数；应用） 函数是研究现实世界变化规律的一个重要模型，对它的学习一直是初中阶段数学学习的一个重要内容。本节内容是在六年级知识的基础上，继续通过对变量间的关系的考查，让学生初步体会函数的概念，体会数形结合思想，感受事物是相互联系和有规律变化的。			
	学情分析	在六年级上册学习了用字母表示数，体会了字母表示数的意义，学会了探索具体事物之间的关系和变化的规律，并用符号进行表示；在六年级下期又学习了"变量之间的关系"，使学生在具体的情境中，体会了变量之间的相依关系的普遍性，感受了学习变量之间的关系的必要性和重要性，并且积累了一定的研究变量之间关系的一些方法和初步经验，为学习本章的函数知识奠定了一定的基础。			

129

续　表

课题	函数		设计者	丛燕燕	
所在单元	一次函数	年级	七年级上册	课时	1课时

目标设计	单元目标	1.以探索实际问题中的数量关系和变化规律为背景，经历"找出常量和变量，建立并表示函数模型，讨论函数模型，解决实际问题"的过程，体会函数是刻画现实世界中变化规律的重要数学模型。 2.结合实例，了解常量、变量和函数的概念，体会"变化与对应"的思想，了解函数的三种表示方法（列表法、解析式法和图象法），能利用图象数形结合地分析简单的函数关系。 3.理解正比例函数和一次函数的概念，会画它们的图象，能结合图象讨论这些函数的基本性质，能利用这些函数分析和解决简单的实际问题。 4.通过讨论课题学习中选择最佳方案的问题，提高综合运用所学函数知识分析和解决问题的能力。
	课时目标	(1)能结合实例，了解函数的概念和三种表示方法，能举出函数的实例。 (2)通过对实际问题的抽象分析，让学生初步体会函数模型思想，对函数形成初步的正确认识，并能选择适当的方法刻画实际问题中的函数关系。 (3)通过试验、观察、探索等活动，感受函数是研究现实世界的数量关系及变化规律的重要数学模型，体验函数是处理和解决实际问题的有力工具，并进一步体会从具体到抽象、从一般到特殊的研究方法。

评价设计	评价任务或问题序列	单元主问题	在这个运动变化的过程中，一个量随着另一个量如何变化？
		主任务	子任务
		函数的定义	1.根据"三个典型事例"感受常量与变量以及变量之间的联系； 2.探寻三个事例的共同属性； 3.定义并巩固函数的概念。

续　表

<table>
<tr><th>课题</th><th colspan="5">函数</th><th>设计者</th><th colspan="2">从燕燕</th></tr>
<tr><th>所在单元</th><th colspan="4">一次函数</th><th>年级</th><th>七年级上册</th><th>课时</th><th>1 课时</th></tr>
<tr><td rowspan="3">评价设计</td><td rowspan="3">评价方案</td><td>核心目标</td><td colspan="4">表现标准</td><td>评价任务（包括情境和核心问题）</td><td>评价工具</td></tr>
<tr><td rowspan="2">通过对实际问题的抽象分析，让学生初步体会函数模型思想，对函数形成初步的正确认识，并能选择适当的方法刻画实际问题中的函数关系。</td><td>表现维度</td><td>A</td><td>B</td><td>C</td><td rowspan="2">情境：选取数量关系和空间形式关系明显的典例原型创设情境，探寻共性，提炼本质，概括数学属性。
核心问题：对于一个变量的每一个取值，另一个变量的值是怎样确定的？</td><td rowspan="2">1. 三个事例的回答。
2. 表现性评价。
3. 辨析。</td></tr>
<tr><td>感受三个事例。</td><td>在课堂教学互动的提问与回答中，能够说出典例中“变与不变”“两个变量的对应关系”；在探究活动中，能够感知各种静止的或运动的外部对象；并主动参与到数学抽象过程中来，真切地经历认知“成长”的过程，发展数学抽象能力。</td><td>在课堂教学互动的提问与回答中，能够说出典例中“变与不变”“两个变量的对应关系”；在探究活动中，能够感知各种静止的或运动的外部对象，并主动参与到数学抽象过程中来。</td><td>在课堂教学互动的提问与回答中，能够说出典例中“变与不变”“两个变量的对应关系”。</td></tr>
<tr><td colspan="9">学习进程设计</td></tr>
<tr><td>环节一：感受典型事例，聚集思维——登记感知对象</td><td colspan="8">学习任务：
事例 1：
1. 在摩天轮转动过程中，随着时间的变化，哪些量在变化？哪些量不变？
2. 想一想，如果你坐在摩天轮上，随着时间的变化，你离开地面的高度是如何变化的？
3. 请填写下表：<table><tr><td>t/min</td><td>1</td><td>2</td><td>3</td><td>4</td><td>5</td><td>……</td></tr><tr><td>h/m</td><td></td><td></td><td></td><td></td><td></td><td>……</td></tr></table></td></tr>
</table>

续 表

课题	函数		设计者	丛燕燕
所在单元	一次函数	年级	七年级上册	课时	1课时

环节一：感受典型事例，聚集思维——登记感知对象	事例2：瓶子或罐头盒等圆柱形的物体，常常如下图那样堆放，随着层数 n 的增加，物体的总数 y 是如何变化的？ 1.请填写下表： | 层数 n	1	2	3	4	5	……
物体总数 y						…… | 2.对于给定任一层数 n，相应的物体总数 y 确定吗？有几个 y 值和它对应？ 事例3：一定质量的气体在体积不变时，假若温度降低-273 ℃，则气体的压强为零。因此，物理学把-273 ℃作为热力学温度的零度。热力学温度 T(K)与摄氏温度 t(℃)之间有如下数量关系：$T=t+273(T \geq 0)$。 (1)当 t 分别等于-43，-27，0，18时，相应的热力学温度 T 是多少？ (2)给定任一个大于-273 ℃的摄氏温度 t 值，相应的热力学温度 T 确定吗？有几个 T 值和它对应？
---	---
	学生活动 | **教师活动**
	学生独立思考并完成上面的一系列问题。 学生小组合作交流，互相补充完善。 小组选派代表在班级展示交流，既要表达小组观点，还要提出未解决问题。 感知各种静止的或运动的外部对象，并捕捉有利于解决问题的典型信息。 | 点拨指导： 在事例2中：(1)题干中有两个量，分别是层数 n 和物体总数 y，它们相互依赖，n 可以取1，2，_____，而对于 n 的每一个取值，y 有确定的值，比如，当 $n=4$ 时，$y=$_____；当 $n=5$ 时，$y=$_____。(2)对于 n 的每一个取值，y 的值是怎样确定的？关于 n 和 y，你还有什么发现？ 在事例3中：(1)题干中有两个相互依赖的量，它们是_____和_____。t 可以取_____，而对于 t 的每一个取值，T 有确定的_____个值，比如，当 $t=20$ 时，$T=$_____。(2)对于 t 的每一个取值，T 的值是怎样确定的？关于 t 和 T，你还有什么发现？ 追问：任给一个变量的值，你都能够确定另一个变量的值吗？你有什么发现？ 预设：变量之间的关系的三种表示方法。

续 表

课题	函数		设计者	丛燕燕	
所在单元	一次函数	年级	七年级上册	课时	1课时

环节一：感受典型事例，聚集思维——登记感知对象	设计意图：选取数量关系和空间形式关系明显的、学生熟悉的现象或事物为背景，每个事例都用到了表格，以凸显事例中的数学要素，悄无声息地将"两个相互依赖的量的对应关系"嵌入其中．通过上面三个事例的展示，使学生们初步感受到：现实生活中存在大量的变量间的关系，并且一个变量是随着另一个变量的变化而变化的；变量之间的关系表示方式是多样的（图象、列表和解析式等）。感知各种静止的或运动的外部对象，并捕捉有利于解决问题的典型信息进入到短时记忆，完成感知觉的选择性登记；由于感知、登记的新信息的刺激，从而将相关信息按照某种线索提取到短时记忆系统，从而形成完整的心理意象，并为进一步的知识学习提供原型支撑。	
环节二：探寻共性，提炼本质——概括数学属念	学习任务： 想一想前面三个事例的共同特征： (1) 每个事例中都有相互依赖的 _____ 个量，其中一个量都在某个 _____ 取值，另一个量都有确定的 _____ 个值与之对应。 (2) 它们各自不同的特征是 _____。	
	学生活动	教师活动
	学生独立解答问题。 学生回顾在前面三个事例中的发现。 学生独立思考共同特征，小组交流。选派学生代表发言，互相补充完善共同特征。	预设可能的问题： 共同特征表述困难。 追问1：事例2中，给定n一个值，对应y的值确定吗？有几个？ 追问2：事例3中，给定t的一个值，对应T的值确定吗？有几个？ 边梳理，边板书。
	设计意图：学生观察、比较、归纳、概括后填写"想一想"中的问题，自然就选择出三个事例共同的属性，再通过想一想第(2)问的反思、检验，学生就会惊喜地找到两个相互依赖的量的一种"规律"，即函数概念的本质属性，就像他们在过去学习有理数运算法则、加法和乘法运算律等一样，在大脑里形成一种稳定的数量关系结构。	

续　表

课题	函数		设计者	丛燕燕
所在单元	一次函数	年级	七年级上册	课时	1 课时

环节三：定义新对象，建立新联系——固着新对象	学习任务： 通过以上事例的观察、概括、想象，抽象出了一种新的数学关系，请你试着给它起个名字。 函数：有 _____ 个相互依赖的量，比如 x 与 y，如果 x 在某个 _____ 每取一个值，y 都有确定的 _____ 个值与之对应，此时，称 _____ 是 _____ 的函数，其中 x 叫自变量，y 叫因变量。x、y 理解为变量后，那么函数还可以说成：在一个变化过程中，有 _____ 个变量 x 与 y，对于 x 的每一个值，y 都有 _____ 的值与之对应，此时称 _____ 是 _____ 的函数。 辨一辨： 1.下列关于变量 x，y 的关系式：① $y=2x+3$；② $y=x^2+3$；③ $y=2\|x\|$；④ $y=\pm\sqrt{x}$。其中表示 y 是 x 的函数的是_____。为什么？ 2.如图，在下列四个图象中，不能表示 y 是 x 的函数的是（　　）。为什么？ A　　B　　C　　D

学生活动	教师活动
独立思考完成上面一系列问题后在小组内交流，选派代表在班级展示交流。 学生独立完成辨一辨的1，2题，通过应用进一步巩固概念的建构。班级展示时生生之间、师生之间共同纠错，深化理解函数的概念。 学生总结提升，一是具有两个相互依赖的量，二是给定一个变量的一个值时，另一变量有唯一确定的值与它对应。	预设可能产生的问题： (1)学生能说出"函数"这个名词，只是听说过，不知道来源。 点拨：函数的相关历史介绍： **函数小史** 莱布尼兹（德国）　　李善兰（清代） function ——翻译→ 函数 凡此变数函彼变数，则此为彼之函数。（这里的"函"有包含的意思。） (3)辨一辨中的反例既可以突出函数概念的本质，又是对学生的自我诘问的积极回应。同时，教师若继续追问："你能作适当修改，使

课题	函数		设计者	丛燕燕	
所在单元	一次函数	年级	七年级上册	课时	1课时

环节三：定义新对象，建立新联系——固着新对象		得 y 是 x 的函数吗？"这又进一步让学生体会到了函数概念的外延与涵相互依赖的关系，从而让学生真正建立起函数概念． 追问1：它为什么不是函数？ 追问2：你能作适当修改，使得 y 是 x 的函数吗？ 提升1：你认为判断是否是函数的关键点是什么？ 提升2：自变量的取值范围是什么？
	设计意图：对新的数学对象命名是一种创造，学生经历这个创造的过程，并了解相关的数学历史故事．这样既获得了成就感，又激发了学习兴趣，最重要的是增强了自信心和创新意识．这一环节是数学抽象教学活动的核心环节之一，标志着学生在头脑中获得了新知识的"基因"。	

作业设计

一、基础型作业（必做题）：

下列各曲线中，不能表示 y 是 x 的函数的是（ ）

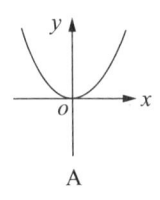

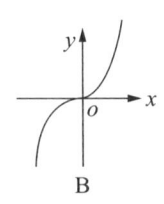

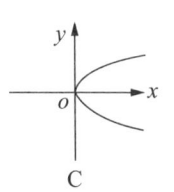

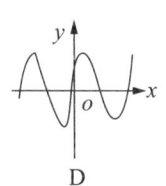

A　　B　　C　　D

二、拓展型作业（必做题）：

1. 已知下列变量 x 与 y 的关系中：$3x-2y=0$，$x^2-y^2=1$，$y=|x|$，$y=-3x-7$，$y=3x^2+2x-5$。其中 y 是 x 的函数的有＿＿＿＿＿。

2. 观察下图，回答问题：

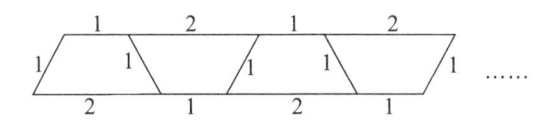

(1) 设图形的周长为 l，梯形的个数为 n，试写出 l 与 n 之间的函数关系式；

(2) 求 $n=11$ 时图形的周长。

续表

课题	函数		设计者	丛燕燕	
所在单元	一次函数	年级	七年级上册	课时	1课时

三、探究型作业（选做题）：

平面内的1条直线可以把平面分成2部分，2条直线最多可以把平面分成4部分。画图看看3条直线最多可以把平面分成几部分，4条直线呢？你能不能想出 n 条直线最多可以把平面分成几部分？所得结果是 n 的函数吗？

友情提示：$1+2+3+\cdots+n=\dfrac{1}{2}n(n+1)$。

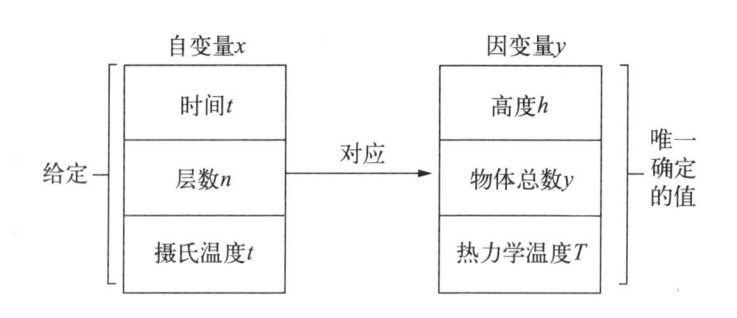

板书设计
给定 ⎰ 自变量 x：时间 t／层数 n／摄氏温度 t ⎱ 对应→ 因变量 y：高度 h／物体总数 y／热力学温度 T ⎰ 唯一确定的值 ⎱

教学反思与改进
学生只有主动参与到数学抽象过程中来，其认知结构才能真切地经历"成长"的过程。由于每个学生的认知基础和成长环境都不同，所以在数学抽象活动中表现出一定的差异性，表现在每个学生对新信息的感受、思维加工所需要的时间、过程、程度和结果上，显现出一定的个性特征。因此，在学生完成对数学知识的抽象后，要进行正反实例训练、个别辅导等，以迅速消减学生之间的认知差异。

7. "二元一次方程组"课时教学方案

课题	二元一次方程组		设计者		许壮
所在单元	二元一次方程组	年级	七年级下册	课时	1课时
目标设计	课标要求	\multicolumn{4}{l	}{1. 经历数与代数的抽象、运算与建模等过程，体验从具体情境中抽象出数学符号的过程，能根据具体问题中的数量关系列出方程，体会方程是刻画现实世界数量关系的有效模型。 2. 探索具体问题中的数量关系和变化规律，掌握用方程进行表述的方法，通过用方程表述数量关系的过程，体会模型的思想，建立符号意识，理解方程。 3. 掌握代入消元法和加减消元法，能解二元一次方程组，掌握数与代数的基础知识和基本能力，初步形成运算能力。 4. 能解简单的三元一次方程组，初步学会从数学的角度发现问题和提出问题，综合运用数学知识解决简单的实际问题，增强应用意识，提高实践能力。 5. 会用待定系数法确定一次函数的表达式。 6. 体会一次函数与二元一次方程（组）的关系，初步学会在具体情境中从数学的角度发现问题和提出问题，并综合运用数学知识解决简单的实际问题，增强应用意识，提高实践能力。 本课时对应的内容标准： 探索具体问题中的数量关系和变化规律，掌握用方程进行表述的方法，通过用方程表述数量关系的过程，体会模型的思想，建立符号意识，理解方程。 具体分解如下：}

行为条件	行为动词	认知水平	具体概念	知识类型
	能列出	应用	二元一次方程（组）	程序性知识
	掌握	掌握	代入消元法和加减消元法	陈述性知识
	能解	应用	二元一次方程组	程序性知识
	能解	应用	简单的三元一次方程组	程序性知识
	会	理解	利用待定系数法确定一次函数的表达式	程序性知识
	体会	体验	方程是刻画现实世界数量关系的有效模型	程序性知识
	体会	体验	一次函数与二元一次方程（组）的关系	程序性知识

	单元大概念	数与代数的规则可以与等式的概念一起用于转化方程，从而求解。

续 表

课题	二元一次方程组		设计者		许壮
所在单元	二元一次方程组	年级	七年级下册	课时	1课时
目标设计	教材分析	1. 单元教材地位 通过纵向梳理单元知识可以看出，第三学段关于"方程"的章节共有四章，初一阶段学习"一元一次方程"，是在小学阶段经历了对方程的初步认识，会解简单的一元一次方程，并能利用一元一次方程解决一些简单的实际问题的基础上的再一次深入研究，并初步感受了方程的模型作用，积累了一些利用方程解决实际问题的经验。初二阶段也就是本单元学习"二元一次方程组"，学生将进一步体会方程的模型思想，感受代数方法的优越性，同时也有助于巩固有理数、整式的运算、一元一次方程等知识，为后续学习"分式方程""一元二次方程"做好铺垫，是承上启下的一章。而本章的第一节"二元一次方程组"是定义的学习，只有真正理解了定义，才能更好地学习解法和应用，由此可见，本节在教材中的地位至关重要。 2. 单元知识结构 第七章　二元一次方程组 1　二元一次方程组 …………… 2 2　解二元一次方程组 ………… 6 3　二元一次方程组的应用 …… 13 4　二元一次方程与一次函数 … 19 *5　三元一次方程组 …………… 24 回顾与思考 …………………… 28 复习题 ………………………… 28			

续 表

课题	二元一次方程组		设计者		许壮
所在单元	二元一次方程组	年级	七年级下册	课时	1课时
目标设计	教材分析	\multicolumn{4}{l	}{分析目录可知本单元的研究内容及内容划分，将本单元分为5节，首先通过"鸡兔同笼"问题，引导学生理解题目中的数学含义，在寻找等量关系上下功夫，经历概念的形成过程，解法的探索过程，学生会用算术法、一元一次方程法、二元一次方程组法解决问题，通过比较认识二元一次方程组的算法价值，并铺垫了二元一次方程组转化为一元一次方程的消元化归思想。同时，教师又把这个问题和解法延伸为一类数学模型，让学生在"概念形成"的过程中生成数学活动经验，进而学习二元一次方程组的解法、二元一次方程组的应用、二元一次方程与一次函数、三元一次方程的解法的相关知识。}

知识结构的分析：

- 二元一次方程组
  - 二元一次方程组
    - 二元一次方程（概念、解）
    - 二元一次方程组（概念、解）
  - 解二元一次方程组
    - 代入消元法
    - 加减消元法
  - 二元一次方程组的应用
  - 二元一次方程组与一次函数
  - 三元一次方程组

分析章首图可知本单元大致的研究内容，以及本单元的学习目标和本单元学完后可以解决哪些问题，便于明晰教材的设计框架和意图。

方程分类：

- 有理方程
  - 整式方程
    - 一元二次方程 —（降次）→ 一元一次方程 —（消元）→ 二元一次方程
  - 分式方程 $\begin{cases} y = 4x - 5 \\ y = x + 5 \end{cases}$
- 无理方程（乘方、去分母）：$\sqrt{x+2} + x = 0$

方程求解步骤示例：

$\dfrac{2x+1}{3} - 1 = \dfrac{5+x}{6}$　　$\dfrac{3}{x} - \dfrac{2}{x-2} = 0$

去分母：$2(2x+1) - 6 = 5 + x$　　$3(x-2) - 2x = 0$

去括号：$4x - 4 = 5 + x$

移项：$4x - x = 5 + 4$

合并同类项：$3x = 9$

系数化为1：$x = 3$

$(4x-4)(x+5) = 0$

$(4x-4)(x+5) = 4$

续 表

课题	二元一次方程组		设计者		许壮
所在单元	二元一次方程组	年级	七年级下册	课时	1课时
目标设计	教材分析	史宁中教授等人曾说过：方程的课程教学设计，从一开始就应该让学生接触现实问题，学习把生活中的自然语言等价地转化为数学语言，得到方程，进而解决方程问题。本课时就以实际问题的完整解决过程带动二元一次方程组的教学，将使学生在一开始就对本单元产生整体性的认识，而诸如二元一次方程组及其解、代入消元法、加减消元法等具体知识点将以"整体中的部分"的形象出现，因其在整体中的作用而变得更有意义。当然，这些具体知识点的学习仍然需要专门的、细致的分析，并通过必要的训练形成技能，以更好地服务于应用二元一次方程组解决实际问题。			

140

续 表

课题	二元一次方程组		设计者		许壮
所在单元	二元一次方程组	年级	七年级下册	课时	1课时
目标设计	教材分析	为了更清晰地把握教材，从学习内容、学习路径、学习结果这三方面横向梳理教材发现，本单元的主要内容有二元一次方程组、二元一次方程组的解法，二元一次方程组的应用，二元一次方程与一次函数，三元一次方程组。本章与一元一次方程类似，强调建模思想，关注知识的形成与应用过程。遵循"问题情境—建立模型—解释、应用与拓展"的模式，首先通过具体问题情境，建立有关方程的模型，并归纳出二元一次方程和二元一次方程组的有关概念，然后探索其各种解法，并在现实情境中加以应用，切实提高学生的应用意识和能力。先通过丰富的实例，建立二元一次方程和二元一次方程组，让学生观察、归纳出二元一次方程和二元一次方程组的有关概念，并从中体会方程的模型思想；进而通过具体方程总结出二元一次方程组的两种基本解法——代入消元法、加减消元法；列二元一次方程组解决实际问题的训练。这样，一方面，在列方程组的建模过程中，强化了方程思想，培养了学生列方程解决现实问题的意识和能力，另一方面，将解方程组的技能训练与实际问题的解决融为一体，在实际问题的解决过程中提高学生的解题技能；通过对二元一次方程、二元一次方程组与一次函数的关系的讨论，建立方程与函数的联系，引导学生从"图形"的角度看待二元一次方程和二元一次方程组，并通过待定系数法，利用二元一次方程组确定一次函数的表达式；最后，作为选学内容，介绍三元一次方程组的基本解法。 思想方法 ①数学建模：用二元一次方程组解决实际问题。 ②化归：利用代入法和加减法消元将二元化归为一元方程。 ③数形结合：二元一次方程、二元一次方程组与一次函数的关系。 ④类比：通过类比一元一次方程归纳得出二元一次方程的有关概念。 二元一次方程（组）的学习过程具有承上启下的桥梁作用，是贯串方程（组）、函数、不等式（组）的重要纽带。二元一次方程（组）及其相关概念应该成为教学的重中之重，也应该是第一课时教学的重难点。在上述知识完整的学习过程中，学生的数学抽象、数学运算和数学建模等素养将得到不同程度的发展，他们对"元"的认识将得到进一步深化，对方程思想、化归思想				

续 表

课题	二元一次方程组		设计者		许壮
所在单元	二元一次方程组	年级	七年级下册	课时	1课时

目标设计	教材分析	的感悟也会逐渐得到强化。所以,支撑本单元知识的数学思想方法可以包括"元"的思想、方程的思想、化归的思想以及类比学习方法等。				
	学情分析	"已有"知识	"已获得"的知识能力	"未知"知识	"要获得"的能力	怎么知
		一元一次方程的概念。	会运用符号表示数与数量关系。	列二元一次方程与二元一次方程组。	通过设两个未知数,根据等量关系列方程组。	通过类比一元一次方程的概念,总结异同点,归纳概念。
		解一元一次方程。	会利用等式的性质解一元一次方程。	二(三)元一次方程组的解法。	利用代入法和加减法消去一个未知数,将二元一次方程化为一元方程。	化未知为已知。
		二元一次方程组的"上位概念"是二元一次方程,与二元一次方程地位相同的"相关概念"是一元一次方程,而一元一次方程的"上位概念"是方程。因此,方程、一元一次方程既是学生原有的认知经验,也是新知学习的起点。学生在学习了二元一次方程组后,还要继续学习新的方程和方程组,甚至是不等式和不等式组等,学生要从中感悟二元一次方程(组)与一次函数、直线等相关知识之间的内在联系,感悟方程(组)与不等式(组)之间的内在联系,这些都是学生关于方程(组)问题学习的思维和能力的发展方向。 综上所述:二元一次方程(组)的学习过程具有承上启下的桥梁作用,是贯串方程(组)、函数、不等式(组)的重要纽带。二元一次方程(组)及其相关概念应该成为教学的重中之重,也应该是第一课时教学的重难点。在上述知识完整的学习过程中,学生的数学抽象、数学运算和数学建模等素养将得到不同程度的发展,他们对"元"的认识将得到进一步深化,对方程思想、化归思想的感悟也会逐渐得到强化。所以,支撑本单元知识的数学思想方法可以包括"元"的思想、方程的思想、化归的思想以及类比学习方法等。				

续 表

课题	二元一次方程组		设计者		许壮	
所在单元	二元一次方程组		年级	七年级下册	课时	1课时
目标设计	单元目标	1. 以含有多个未知数的实际问题为背景，经历"分析数量关系→设未知数→列方程组→解方程组和检验结果"的过程，体会方程组是刻画现实世界中含有多个未知数的问题的数学模型。 2. 了解二元一次方程组及其相关概念，能设两个未知数并列方程组表示实际问题中的两种相关的等量关系。 3. 了解解二元一次方程组的基本目标：使方程组逐步转化为 $x=a$，$y=b$ 的形式，体会消元思想，掌握解二元一次方程组的方法——代入法和加减法，能根据二元一次方程组的具体形式选择适当的解法。 4. 了解三元一次方程组及其解法，进一步体会消元思想，能根据三元一次方程组的具体形式选择适当的解法。 5. 通过探究实际问题，进一步认识利用二（三）元一次方程组解决问题的基本过程，体会数学的应用价值，提高分析问题、解决问题的能力。			
	课时目标	1. 通过对实际问题的分析，能用二元一次方程（组）表示实际问题中的数量关系，进一步体会方程是刻画现实世界数量关系的有效模型。 2. 通过观察类比、归纳二元一次方程（组）的定义，了解二元一次方程（组）及其解等定义，并会判断一个方程是否为二元一次方程（组）。 3. 通过观察，了解二元一次方程（组）的定义，并会通过代入验证的方法判断一组数是不是二元一次方程（组）的解。 重点：二元一次方程及其解的概念，体会二元一次方程是刻画现实世界的有效数学模型。 难点：二元一次方程解的不确定性和相关性。 难点突破： 二元一次方程的学习是一元一次方程的延伸与深化，可用类比的方法，先复习一元一次方程的有关概念，指出"元、次"，得出二元一次方程的特征，通过实例引导学生理解：二元一次方程的解是一对满足方程的数值，一个二元一次方程的解有无数对，属于不定根方程的类型，但并不是任意一对数值都是它的解。			

143

续 表

课题	二元一次方程组			设计者		许壮
所在单元	二元一次方程组	年级		七年级下册	课时	1课时
评价设计	评价任务或问题序列	单元主问题		数与代数的规则，如何与等式的概念一起用于转化二元一次方程组，从而求解实际问题。		
		主任务		子任务		
		一、探究二元一次方程（组）的概念。		1. 解决"买奖品"问题，尝试比较算术法与方程法解决问题的不同，设多个未知数解决问题，引入二元一次方程。 2. 借助列出的方程归纳二元一次方程概念。		
		二、探究二元一次方程（组）解的概念。		1. 判断数组 (x,y) 是否满足二元一次方程（组）。 2. 寻找更多满足二元一次方程（组）的数组。 3. 归纳二元一次方程（组）概念。		

核心目标	表现标准			评价任务（包括情境和核心问题）	评价工具
通过观察、类比、交流等活动，能够尝试归纳二元一次方程（组）和二元一次方程（组）解的概念。	表现维度	A	B	C	情境："买奖品"。 问题：如何求单价？ 核心问题：利用怎样的方法学习二元一次方程的哪些内容？	1. 会判断二元一次方程； 2. 会判断二元一次方程组。
	归纳二元一次方程概念。	能用自己的语言准确类比归纳二元一次方程（组）的概念。	基本能归纳出二元一次方程（组）的概念。	不能归纳出二元一次方程（组）的概念。		
	归纳二元一次方程（组）解的概念。	能用自己的语言准确类比归纳二元一次方程（组）的概念。	基本能归纳出二元一次方程（组）解的概念。	基本不能归纳出二元一次方程（组）解的概念。		

续 表

课题	二元一次方程组			设计者			许壮	
所在单元	二元一次方程组		年级	七年级下册			课时	1课时
评价设计	评价方案		表现维度	A	B	C		
			概念的应用。	能利用概念准确判断，并能做出合理解释。	会判断，基本能说明理由。	不能准确判断，理由叙述不清。		

<table><tr><td colspan="3">学习进程设计</td></tr>
<tr><td rowspan="3">环节一：趣题驱动、数学建模</td><td colspan="2">学习任务：
问题1：老师想奖励回答问题积极的同学，去买奖品。第一次花7元买了1支笔，1本练习本，咱们班主任说太小瞧我们班了！我一听赶快去又买了第二次奖品，第二次花18元买了2支笔和3本练习本。老师在回来的路上突然想起来，忘记问老板一个问题。你们知道忘记问的是什么吗？
预设：忘记问的是单价。
你怎么知道忘记问的是单价？
笔的单价和本子的单价各是多少元？
变式：如果第一次去商店购买3支笔，2本练习本共花费17元；第二次去商店购买1支笔，3本练习本共花费15元，则笔的单价和练习本的单价各是多少元？（找等量关系，列方程）</td></tr>
<tr><td>学生活动</td><td>教师活动</td></tr>
<tr><td>学生独立完成。根据问题自主选择算术法和方程法解决问题，用方程法解决问题是设适当的未知数列方程。
借助已有经验，解决变式问题，辨析算术法和一元方程、二元方程的区别与联系。
学生交流自主选择二元方程的理由。</td><td>预设问题：
追问1：问题中有哪些量？借助表格进行分类。
<table><tr><td></td><td>笔数</td><td>本数</td><td>总钱数</td></tr><tr><td>第一次</td><td></td><td></td><td></td></tr><tr><td>第二次</td><td></td><td></td><td></td></tr></table>
追问2：问题中有哪些等量关系？
追问3：你是如何借助等量关系解决问题的？
借助等量关系解决问题。
预设：用一元和二元方程解决问题。
用二元方程解决问题的学生。
追问1：为何没有设一个未知数列方程呢？
追问2：这样的方程我们怎么称呼呢？
生：二元一次方程。【板书课题】
二元一次方程（组）是我们本章研究的重点，我们学过的一元一次方程与它有没有某种特定的联系？</td></tr></table>

续 表

课题	二元一次方程组		设计者		许壮
所在单元	二元一次方程组	年级	七年级下册	课时	1课时

环节一：趣题驱动、数学建模	设计意图： 1. 通过与学生生活密切相关的买奖品问题驱动，数量关系简洁清晰，便于学生厘清数量关系，找出等量关系列方程。 2. 在解决两次问题中，比较算术法和方程法解决问题的区别与联系，引起认知冲突，在尝试解决问题中顺理成章地解决"为什么要学习二元一次方程"的认知过程。 3. 顺利引入本节课要学习的四个概念，同时为后续学习如何用代入法解方程做初步的铺垫。 4. 借助表格梳理数量关系，为后续学习应用题提供寻找等量关系的思维支架。 学生既复习了初一所学的一元一次方程，又尝试用二元一次方程解决实际问题，初步建立二元一次方程的模型。
环节二：类比迁移、概念建构	学习任务： 问题2： (1) 类比一元一次方程的学习路径，你认为二元一次方程都学习哪些内容？ (2) 利用怎样的方法学习这一部分内容？ 问题3：(1) 请给下面这些方程起个名字，并说明命名的理由。 $x+y=7$；$3x+2y=17$； $2x+3y=18$；$x+3y=15$。 (2) 思考刚才那名同学提到的对其中的"元"和"次"含义的理解。 (3) 类比一元一次方程的定义，给二元一次方程下定义。 练习1：下列方程，哪些是二元一次方程？请写出对应的序号：（ ）。 (1) $x+3y-9=0$； (2) $3x^2-2x+12=0$； (3) $3a-4ab=7$； (4) $3x-\dfrac{1}{y}=1$； (5) $3x(x-2y)=5$； (6) $\dfrac{m}{2}-5n=1$。 问题4：(1) 思考：买奖品的这些方程中的 x 所代表的意义都相同吗？y 呢？ $\begin{cases} x+y=7, \\ 2x+3y=18; \end{cases}$ $\begin{cases} 3x+2y=17, \\ x+3y=15。 \end{cases}$ (2) 尝试给二元一次方程组下定义。 练习2： 下列方程，哪些是二元一次方程组？请写出序号：（ ）。 (1) $\begin{cases} x-2y=1 \\ 3x+5y=12; \end{cases}$ (2) $\begin{cases} x^2+y=1, \\ x-3y=5; \end{cases}$ (3) $\begin{cases} x-y=3, \\ 3y+5z=1; \end{cases}$ (4) $\begin{cases} x-2=y, \\ y+2=0; \end{cases}$ (5) $\begin{cases} x-\dfrac{1}{y}=2, \\ 3x+8y=12。 \end{cases}$

第四章 单元起始课教学设计的案例与反思

续 表

课题	二元一次方程组		设计者		许壮
所在单元	二元一次方程组	年级	七年级下册	课时	1课时
	学生活动	教师活动			
环节二：类比迁移、概念建构	学生回顾一元一次方程的研究内容和研究路径。	预设可能的问题： 二元一次方程我们将会研究哪些内容？利用怎样的方法开展这一内容的学习？ （学生没有方向，就追问下面的问题） 追问1：你学过哪些方程？它沿着怎样的路径？研究了哪些内容？ 追问2：章首图能给我怎样的启发？			
	借助章首图类比探究二元一次方程组的研究内容和研究路径，解决问题2。				

147

续 表

课题	二元一次方程组		设计者		许壮
所在单元	二元一次方程组	年级	七年级下册	课时	1课时

| 环节二：类比迁移、概念建构 | 从实际问题出发，用方程刻画数量之间的关系，然后研究定义、解法、应用，左下角是未曾接触的新拓展出来的知识，最后是章节学习目标。

解答问题3：通过类比一元一次方程的概念尝试给二元一次方程下定义。

学生独立思考给方程命名，同桌交流。学生发言，根据"元"与"次数"的个数定义方程。互相补充完善概念。

学生通过回顾项的次数概念进一步明确概念。

学生独立完成练习1，班级展示时生生之间、师生之间共同纠错，深化理解二元一次方程的概念。 | 一元一次方程是只含有一个未知数，且未知数的指数为1的整式方程。
追问1：指数为1与次数为1是同一个概念吗？
追问2：何为项的次数为1？
补充"元"与"次"的概念。

$x+y=7$，$3x+2y=17$，
$2x+3y=18$，$x+3y=15$。
方程中"元"和"次"的由来：
比利时传教士南怀仁在给康熙皇帝讲解方程时，由于他汉语、满语水平都很有限，有些术语讲不清楚，解释很久还是不得要领，康熙皇帝就建议：
将未知数翻译为"元"，
最高次数翻译为"次"。

二元一次方程的定义：
含有两个未知数，并且所含未知数的项的次数都是1的方程。①两个未知数；②未知数的项的次数是一次。
一元一次方程的定义：
只含有一个未知数，且未知数的指数都是1的方程。①一个未知数；②未知数的指数是1。

预设：
生1：含有两个未知数，且未知数的指数为1的整式方程。
出示教材中的概念。
追问1：项的次数都是1与指数都是1一样吗？
追问2：$2xy=1$是二元一次方程吗？
出示定义：含有两个未知数，且含未知数的项的次数都为1的方程叫作二元一次方程。 |

续 表

课题	二元一次方程组		设计者		许壮	
所在单元	二元一次方程组	年级	七年级下册		课时	1课时

环节二：类比迁移、概念建构	尝试给二元一次方程组下定义。 学生以小组为单位交流讨论。 学生独立完成练习2。	预设练习1可能产生的问题： (1)$3a-4ab=7$ 是不是二元一次方程？ 点拨：含未知数的项的次数为1。 提升1：你认为判断二元一次方程的关键点是什么？ 预设： 生1：两个二元一次方程组在一起就是二元一次方程组。 出示教材中概念，追问。 追问1："共"含有两个未知数的两个一次方程指什么意思？ 追问2：$\begin{cases} x=3 \\ y=4 \end{cases}$，是二元一次方程组吗？ 出示定义：共含有两个未知数的两个一次方程组成的方程组叫作二元一次方程组。
	设计意图：教师利用上述问题水到渠成地引出了对二元一次方程（组）概念的学习和研究，有利于增强学生对数学知识之间内在联系的感性认识。此环节重点在于通过类比归纳出二元一次方程（组）的概念。	

环节三：化归铺路、代入消元

学习任务：

问题5：
(1) $x=1$，$y=6$ 适合方程 $x+y=7$ 吗？
(2) $x=2$，$y=5$ 适合方程 $x+y=7$ 吗？
(3) $x=3$，$y=?$ 你是如何找到适合方程的 y 的值的？
(4) 你还能找到其他适合方程 $x+y=7$ 的 x，y 值吗？
(5) $x=1$，$y=6$ 适合方程 $2x+3y=18$ 吗？
(6) $x=2$，$y=?$ 你是如何找到适合方程 $2x+3y=18$ 的 y 值的？
(7) 你能找到一组 x，y 值，同时适合方程 $x+y=7$ 和 $2x+3y=18$ 吗？（借助表格探究）

x	$y=7-x$

x	$y=7-x$	$2x+3y$（判断是否等于18）

续 表

课题	二元一次方程组		设计者	许壮	
所在单元	二元一次方程组	年级	七年级下册	课时	1课时

	学生活动	教师活动
环节三：化归铺路、代入消元	学生先独立完成问题5的(1)到(6)，后全班展示交流。 借助问题串，用试数法寻找对应的未知数数组，对二元一次方程(组)的解有进一步认识。 学生小组合作完成问题5的(7)，后全班展示交流。	预设可能产生的问题： (1) 用什么方法检验是不是方程的解？ 点拨：用代入法检验。 提升1： (1) 你认为判断是不是二元一次方程的解的关键点是什么？ (2) 二元一次方程的解有多少个？ (3) 二元一次方程的解应该如何表示？ 小结：二元一次方程的解有无数个，可表示为：$\begin{cases} x=a, \\ y=b \end{cases}$ 的形式。 预设可能产生的问题： 找不到同时适合两个方程的解。 提升2：可借助表格，多取一些值代入寻找适合的值。 教师通过不断代入，让学生充分体会二元一次方程组的解是两个方程的公共解。
	设计意图：充分发挥学生自主学习的能力，培养探究精神和良好的思维品质，引导学生初步体会二元一次方程的解是成对出现的，二元一次方程的解有无数个。 本例先检验二元一次方程的解，再通过追问检验二元一次方程组的解，遵循从简单到复杂的认知规律，使学生更深刻地了解二元一次方程组的解的概念。这样，不断追问加强学生对概念的理解。	
环节四：盘点收获	学习任务： 1. 这节课我们研究了哪些内容？ 2. 我们是怎么研究的？	

续 表

课题	二元一次方程组		设计者		许壮
所在单元	二元一次方程组	年级	七年级下册	课时	1课时

	学生活动	教师活动
环节四：盘点收获	借助板书和思维导图回顾本节课的知识点、研究路径和思想方法。	追问1：我们是沿着怎样的路径探求二元一次方程（组）的？ 追问2：你认为接下来我们还将学习二元一次方程组的哪些知识呢？ 追问3：学习完二元一次方程，你认为我们接下来还要研究哪些内容？
	设计意图：师生互动，锻炼学生严谨的口头表达能力，培养学生有条理地梳理知识点，有目的地整合知识点的能力。追问1意在引导学生从获得二元一次方程组概念的过程与方法角度进行小结，并渗透类比的数学思想。追问2指向培养学生研究一个数学对象的套路意识，并且小结余味悠长，留给学生继续思考的空间。	

作业设计

一、基础型作业（必做题）：

1. ★（目标2）下列是二元一次方程的是（　）。
A. $4x+3=x$　　B. $12x=7y$　　C. $2x-2y^2=4$　　D. $3x+2y=xy$

2. ★（目标2）下列方程组中，属于二元一次方程组的是（　）。

A. $\begin{cases} x+y=2, \\ y\Box z\quad 1 \end{cases}$　　B. $\begin{cases} x^2-1=0, \\ y-x=3 \end{cases}$　　C. $\begin{cases} x-y=2, \\ y+x=\dfrac{12}{5} \end{cases}$　　D. $\begin{cases} xy=2, \\ y=3 \end{cases}$

3. ★★（目标2）已知关于 x,y 的方程 $x^{\Box m-n-}+4y^{m+n+}=6$ 是二元一次方程，则 m，n 的值为（　）。

A. $m=1, n=-1$　　B. $m=\Box n$　　C. $m=\dfrac{1}{3}, n=-\dfrac{4}{3}$　　D. $m=-\dfrac{1}{3}, n=\dfrac{4}{3}$

4. ★（目标3）下列各组数值是二元一次方程 $2x-y=5$ 的解的是（　）。

A. $\begin{cases} x=-2, \\ y=1 \end{cases}$　　B. $\begin{cases} x=0, \\ y=5 \end{cases}$　　C. $\begin{cases} x=1, \\ y=3 \end{cases}$　　D. $\begin{cases} x=3, \\ y=1 \end{cases}$

5. ★★（目标3）已知 $\begin{cases} x=2, \\ y=-1 \end{cases}$ 是方程 $5x-ay=15$ 的一个解，则 a 的值为（　）。

A. 5　　　　B. –5　　　　C. 10　　　　D. –10

续 表

课题	二元一次方程组		设计者	许壮		
所在单元	二元一次方程组	年级	七年级下册		课时	1课时

6.★（目标1）小锦和小丽购买了价格分别相同的中性笔和笔芯。小锦买了20支中性笔和2盒笔芯，用了56元；小丽买了2支笔和3盒笔芯，仅用了28元。设每支中性笔 x 元，每盒笔芯 y 元，根据题意所列方程组正确的是（　　）。

A. $\begin{cases} x+y=78, \\ 3x+2y=30 \end{cases}$ B. $\begin{cases} x+y=78, \\ 2x+3y=30 \end{cases}$ C. $\begin{cases} x+y=30, \\ 2x+3y=78 \end{cases}$ D. $\begin{cases} x+y=30, \\ 3x+2y=78 \end{cases}$

7.★（目标3）以 $\begin{cases} x=1, \\ y=-1 \end{cases}$ 为解的二元一次方程组的是（　　）。

A. $\begin{cases} x+y=0 \\ x-y=1 \end{cases}$ B. $\begin{cases} x+y=0 \\ x-y=-1 \end{cases}$ C. $\begin{cases} x+y=0 \\ x-y=2 \end{cases}$ D. $\begin{cases} x+y=0 \\ x-y=-2 \end{cases}$

二、拓展型作业（必做题）：

★★★（目标1，2）8.把一根10 m长的钢管裁成2 m长和1 m长两种规格的钢管（每种规格至少有一根），在不浪费的情况下，它的裁法有（　　）。

A. 3种　　　　B. 4种　　　　C. 5种　　　　D. 6种

三、探究型作业（选做题）：

9.★★★（目标1，2，3）编写一道以 $x=3$，$y=4$ 为解的：
(1) 二元一次方程；(2) 二元一次方程组；
(3) 数学问题（选择题、填空题、解答题都可）。

板书设计

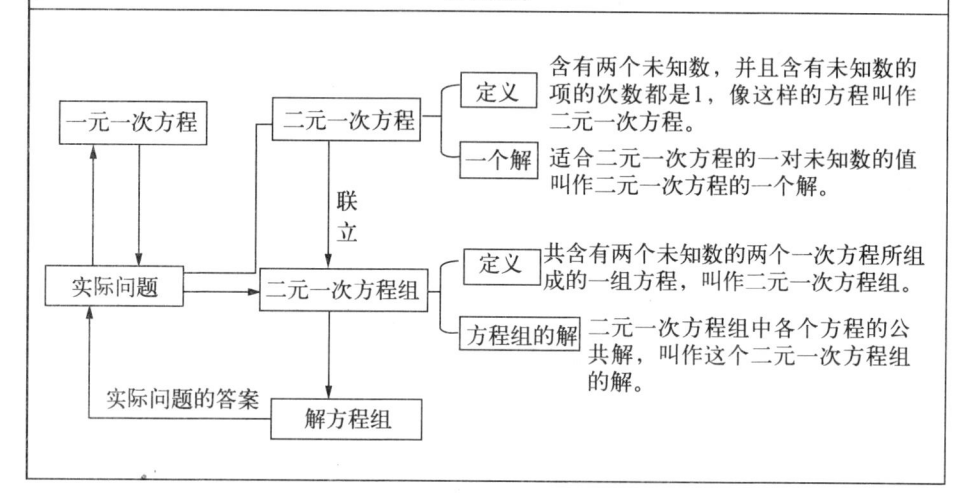

```
                            ┌─ 定义 ── 含有两个未知数，并且含有未知数的
              ┌─二元一次方程─┤         项的次数都是1，像这样的方程叫作
              │             └─ 一个解   二元一次方程。
一元一次方程    │
    ↑         │         ┌─ 定义 ── 适合二元一次方程的一对未知数的值
    │         联        │         叫作二元一次方程的一个解。
    │         立        │
实际问题 ──→ 二元一次方程组─┤─ 定义 ── 共含有两个未知数的两个一次方程所组
    ↑         │         │         成的一组方程，叫作二元一次方程组。
    │         │         │
    │         ↓         └─ 方程组的解 ─ 二元一次方程组中各个方程的公
实际问题的答案  解方程组                 共解，叫作这个二元一次方程组
                                      的解。
```

续 表

课题	二元一次方程组		设计者		许壮
所在单元	二元一次方程组	年级	七年级下册	课时	1课时
教学反思与改进					

  1. 对"二元一次方程概念"的理解，要让学生明白含未知数的项的次数都是1，而不是未知数的指数为1。

  2. 对"二元一次方程组概念"的理解，要让学生明白共含有两个未知数的两个一次方程，不一定是两个二元一次方程构成的。

  3. 在找二元一次方程组的解时，要让学生通过不断的尝试代入来感受二元一次方程组的解是两个方程的公共解的概念。

  4. 在跟踪评价部分，培养学生利用二元一次方程和二元一次方程组的概念准确理解应用的能力及逆向思维能力，培养学生一丝不苟的科学精神，教师要及时纠正学生对概念理解的不全面或不规范。

8."因式分解"课时教学方案

课题	因式分解		设计者	刘泽旭	
所在单元	因式分解	年级	八年级上册	课时	1课时
目标设计	课标要求	能用提公因式法、公式法（直接利用公式不超过两次）进行因式分解（指数是正整数）。			
	单元大概念	通过整式乘法与因式分解互逆的过程进行恒等变形。			
	教材分析	1.纵向梳理单元知识 整式的乘法 → 单×单、单×多、多×多 类比思想 因式分解 → 提公因式法、公式法 因式分解 → 一元二次方程、二次函数 因式分解是中学数学中重要的代数变形之一，它是整式乘法的逆向变形，又是后续学习分式的基础，在一元二次方程、二次函数等知识中也有着广泛的应用。学好因式分解既可以复习整式的乘法，又可以为后续的相关计算打好基础，因此，它有着承上启下的作用。 2.横向梳理单元知识 第一章　因式分解 1　因式分解 ……………… 2 2　提公因式法 …………… 5 3　公式法 ………………… 9 回顾与思考 ……………… 16 复习题 …………………… 16			

续表

课题	因式分解		设计者	刘泽旭
所在单元	因式分解	年级	八年级上册	课时	1课时

目标设计		
	教材分析	通过本章的目录可看出共分为3节内容。先通过类比因数分解得到因式分解的概念，体会因式分解与整式乘法的关系，进而学习因式分解的两种方法"提公因式法"和"公式法"。在学生能够熟练地用"提公因式法"和"公式法"进行因式分解的基础上，让学生理解借助因式分解能够简化运算，帮助学生体会因式分解的作用。 本章的章首图给出的是两列对开的列车"整式乘法号"与"因式分解号"以及有对比性的两个数学问题与两个数学公式，展现出本章学习的主要内容，并渗透本章的重要思想方法——类比，让学生体会因式分解与整式乘法互为逆变形。 本章的知识框架图如下： 因式分解的概念 → 多项式 ⇌（因式分解/整式乘法）⇌ 几个整式的积 因式分解的方法 → 提公因式法 / 公式法 → 平方差公式 / 完全平方公式 简单应用
	学情分析	六年级下学期学生已经学习了整式的乘法，能熟练地运用乘法分配律以及平方差公式、完全平方公式计算，也熟悉它们的逆运算，为因式分解的学习打下基础。由整式乘法寻求因式分解的方法是一种逆向思维过程，而逆向思维过程对学生来说还比较陌生，所以探求因式分解的方法是本章的重点和难点，因式分解和整式乘法的互逆关系是解决本章难点的突破口。
	单元目标	1.通过实例，了解因式分解的概念，体会因式分解的意义，发展运算能力。 2.会逆用乘法分配律、平方差公式、完全平方公式，能熟练地运用提公因式法、公式法（直接利用公式不超过两次）进行因式分解，发展逆向思维能力。 3.通过类比整式乘法，认识因式分解与整式乘法的互逆关系，体会数学知识之间的相互联系。

续 表

课题	因式分解		设计者	刘泽旭	
所在单元	因式分解	年级	八年级上册	课时	1课时

目标设计	课时目标	1. 通过回顾整式乘法和整式除法的相关知识，体会因式分解的必要性。 2. 通过几何图形，列出关系式，总结归纳出因式分解的概念，会对因式分解进行辨认。进一步体会因式分解的意义，发展几何直观。 3. 通过练习，进一步理解因式分解的概念，体会因式分解与整式乘法的互逆关系，总结归纳出因式分解的两种基本方法，发展逆向思维能力。

评价设计

评价任务或问题序列

单元主问题	因式分解与整式乘法有什么关系？
主任务	子任务
一、归纳因式分解的定义。	1. 观察拼图，列出相应的关系式； 2. 观察列出代数式的特征； 3. 辨别因式分解。
二、体会因式分解与整式乘法的关系。	1. 练习，总结做题方法； 2. 举例，交流因式分解的例子； 3. 总结因式分解常用的方法。

评价方案

核心目标	表现标准				评价任务（包括情境和核心问题）	评价工具
通过练习，进一步理解因式分解的概念，体会因式分解与整式乘法的互逆关系，总结归纳出因式分解的两种基本方法，发展逆向思维能力。	维度	A	B	C	情境： 1. 连线。 2. 哪些是因式分解？为什么？ 核心问题：因式分解与整式乘法有什么关系？	1. 评价练习题。 2. 因式分解常用方法的探索。 3. 作业检测。
	习题结果	准确无误。	个别答案出错。	答案错误较多。		
	互逆关系的认识	能准确说出因式分解与整式乘法的互逆关系。	能通过整式乘法验证因式分解，但是总结不出关系。	不能通过整式乘法验证因式分解结果的准确性。		
	方法总结	能准确总结出因式分解的两种方法。	只能给出因式分解的一种方法。	不能总结出因式分解的方法。		

续 表

课题	因式分解		设计者	刘泽旭
所在单元	因式分解	年级	八年级上册	课时	1课时

<table><tr><td colspan="2">学习进程设计</td></tr></table>

	学习任务： 问题1：回顾我们学过的整式乘法和整式除法，都学过哪些类型？ 问题2：尝试解决下列问题，并说一下你是如何算出结果的。 (1) $(x^2+x) \div x$。 (2) $x(x+1) \div x$。 (3) $(x^2+x) \div (x+1)$。	
	学生活动	教师活动
环节一：复习导入、初步感知	学生回顾交流，回答问题，相互补充。问题1：整式乘法学过单×单，单×多，多×多。整式除法学过单÷单，多÷单。 问题2，独立思考计算，注意观察式子的区别和联系。 学生进行回答：因式分解。	根据学生的回答进行板书。 追问：根据同学的回答，我们发现整式除法少了一种"多÷多"，为什么没有学"多÷多"呢？举例试一试。 预设：学生可能回答"得到的结果不是整式""无法进行化简"等等，只要正确就给予肯定。 点拨指导：类比小学我们学过的整数除法，我们知道，整数除以整数的结果可以是整数，也可以是分数。那么多项式除以多项式的结果是否仍有整式的特殊情况呢？下面我们完成下列问题。 出示问题2。 预设：(1)和(2)属于多项式除以单项式，学生很容易得到答案，在解决(3)多项式除以多项式的时候遇到困难。引导学生观察(1)和(2)之间的相同点和不同点，找到其中的联系，得到 $x^2+x=x(x+1)$，从而解决第(3)问。 点拨指导：第(3)问属于多项式除以多项式，而将 x^2+x 转化成 $x(x+1)$ 起到关键作用，将一个多项式化成了整式的乘积形式。小学的时候我们学过将一个整数化成几个整数的乘积，如 $30=2\times 3\times 5$，我们称为因数分解。 追问：将多项式 x^2+x 转化成 $x(x+1)$ 这一变形叫什么？

157

续 表

课题	因式分解		设计者	刘泽旭	
所在单元	因式分解	年级	八年级上册	课时	1课时

环节一：复习导入、初步感知	学生回顾整式乘法的研究路径，类比探究。	预设：因式分解。 本章我们就一起来探究因式分解。（板书课题） 追问：你认为我们应该从哪些方面研究因式分解？ 预设：类比整式乘法。首先要知道什么是因式分解，然后再学习因式分解的方法。
	设计意图：通过对整式运算的复习回顾，质疑：为什么没有学习"多÷多"呢？再类比数的运算，得出多项式"整除"的猜想，启发学生发现问题，提出问题。在解决问题的过程中，让学生感受到因式分解的必要性，可以解决多项式除以多项式的问题，为下一章分式的学习奠定基础。	

环节二：观察归纳、得出概念

学习任务：

问题3：观察下面的拼图过程，写出相应的关系式。

(1)

$$\underline{\qquad} = \underline{\qquad}$$

(2)

$$\underline{\qquad} = \underline{\qquad}$$

问题4：观察上述等式的变化特点，说一说什么是因式分解。

续 表

课题	因式分解		设计者	刘泽旭
所在单元	因式分解	年级	八年级上册	课时	1课时

	学生活动	教师活动
环节二：观察归纳、得出概念	学生独立完成问题3，然后相互交流，说一说自己是如何写出关系式的。 (1) $ma+mb+mc=m(a+b+c)$。 (2) $x^2+2x+1=(x+1)^2$。 问题4可以得出等号左侧是多项式，右侧是乘积的形式。	预设：问题3的两个关系式学生很容易写出。 追问：你是如何写出两个关系式的？ 预设： 生1：根据等面积，左边图形的面积和等于右边图形的面积。 生2：第1个图写出左边的式子，右边的式子可以利用乘法分配律的逆应用。第2个图写出左边的式子，右边的式子可以利用完全平方公式。 出示定义：把一个多项式化成几个整式的积的形式，这种变形叫作因式分解。
	设计意图：通过拼图前后面积不变的方式，丰富学生对因式分解的理解，形象说明因式分解是整式的恒等变形，有助于发展学生的几何直观。通过多个式子进行观察得出因式分解的特点，从而得出因式分解的定义。对于学生的追问，第一个目的是方式方法的总结，第二个目的是为后面因式分解的两种方法"提公因式法"和"公式法"做铺垫。	

环节三：跟踪评价、深化概念

学习任务：
1. 连一连

x^2-y^2　　　　$(x+1)^2$
$9-25x^2$　　　　$y(x-y)$
x^2+2x+1　　　$(3+5x)(3-5x)$
$xy-y^2$　　　　$(x+y)(x-y)$

2. 下列变形哪些是因式分解？为什么？
(1) $(a+3)(a-3)=a^2-9$。
(2) $m^2-4=(m+2)(m-2)$。
(3) $a^2-b^2+1=(a+b)(a-b)+1$。
(4) $2mR+2mr=2m(R+r)$。

学生活动	教师活动
学生独立完成两道练习题，班级展示时生生之间、师生之间共同纠错，深化理解因式分解的概念。 学生交流是如何进行连线的，主要方法有两种，一种是从左往右，一种是从右往左。	追问1：你是如何正确找到结果，进行连线的？ 预设：生1：利用平方差公式、完全平方公式、乘法分配律的逆应用。 生2：还可以把右侧的进行展开得到左边的（整式乘法）。

159

续 表

课题	因式分解		设计者	刘泽旭	
所在单元	因式分解	年级	八年级上册	课时	1课时

环节三：跟踪评价、深化概念	学生总结验证因式分解的结果是否正确的方法。 学生总结提升，因式分解与整式的乘法互为逆运算。	追问2：第2题的(2)(4)，从形式上看是因式分解，那么它们正确吗？怎么判断？ 预设：生：从右往左，利用整式的乘法展开。 追问3：通过以上例子，请你说一说因式分解与整式乘法有什么关系。 预设：生：互为逆运算。
	设计意图：通过以上练习，引导学生进一步理解因式分解的本质属性——将和差化为乘积的式子的变形，进一步理解因式分解与整式乘法的互逆变形，同时也为后续探究因式分解的具体方法做铺垫。	

环节四：加强联系、探究方法	学习任务： 问题5：我们已经知道了什么是因式分解，也知道了为什么要进行因式分解，那么接下来我们要研究什么呢？ 问题6：通过之前的学习，你认为有哪些方法可以因式分解？举例说明。	
	学生活动	教师活动
	(1)举例：写一个多项式并进行因式分解。 (2)讨论：同桌所写的多项式的变形是否符合要求？ (3)展示：把写的式子写在黑板上。 (4)观察：将黑板上的方法进行分类。 (5)归纳：归纳出因式分解常用的方法。	追问1：你是如何想到这个例子的？ 预设：有学生通过乘法分配律的应用，也有学生通过学过的平方差公式和完全平方公式写出不同形式的因式分解例子。 追问2：你是从哪个角度进行分类的？ 预设：乘法分配律的逆应用、平方差公式、完全平方公式，也有学生可能通过多项式乘以多项式的逆应用得到十字相乘的方法，给予肯定。 总结：归纳出因式分解常用的两种方法：提公因式法和公式法。
	设计意图：通过这一过程让学生能够紧紧抓住因式分解与整式乘法的关系，自然生成学习或研究因式分解的方法，经历"为什么学——学什么——怎么学"的一个过程。	

续 表

课题	因式分解		设计者	刘泽旭
所在单元	因式分解	年级	八年级上册	课时	1课时

环节五：总结提升、盘点收获	学习任务： 问题7：本节课你学到了哪些知识？ 问题8：在思想、方法方面你有哪些收获？	
	学生活动	教师活动
	学生回顾本节课学的知识和思想方法，相互补充。	追问1：本节课探究问题的路径是什么？ 根据学生的回答进行补充总结：举例—观察—归纳。 追问2：本节课是本章的起始课，你能说一说本章的探究路径是什么吗？ 根据学生的回答进行补充总结：为什么学—学什么—怎么学。
	设计意图：及时总结，梳理知识，建构知识结构图，让学生对本章有一个整体的认识，按照"为什么学—学什么—怎么学"的研究顺序，逐步揭示它的本质。在探究问题的方法上按照"举例—观察—归纳"方式进行具体探究。	

作业设计

一、基础型作业（必做题）

1. 下列各式从左到右的变形是分解因式的是（　　）。
A. $a(a-b)=a^2-ab$
B. $a^2-2a+1=a(a-2)+1$
C. $x^2-x=x(x-1)$
D. $xy^2-x^2y=x(y^2-xy)$

2. 下列等式不成立的是（　　）。
A. $m^2-16=(m-4)(m+4)$
B. $m^2+4m=m(m+4)$
C. $m^2-8m+16=(m-4)^2$
D. $m^2+3m+9=(m+3)^2$

3. 若多项式 ax^2-b 可分解为 $(3x+5)(3x-5)$，则（　　）。
A. $a=-3$, $b=-5$
B. $a=3$, $b=5$
C. $a=-9$, $b=-25$
D. $a=9$, $b=25$

4. 分解因式：$2a(b+c)-3(b+c)=$ _____。

5. 利用简便方法计算：$5352\times4-4652\times4$。

二、拓展型作业

1. 两名同学将一个二次三项式分解因式，一名同学因看错了一次项系数而分解成 $2(x-1)(x-9)$，另一名同学因看错了常数项而分解成 $2(x-2)(x-4)$，则原多项式为_____。（必做题）

续 表

课题	因式分解		设计者	刘泽旭	
所在单元	因式分解	年级	八年级上册	课时	1课时

2. 在当今"互联网+"的时代，有一种用"因式分解法"生成密码的方法，其原理是：将一个多项式分解因式，如多项式 x^3+2x^2-x-2 因式分解的结果是 $(x-1)(x+1)(x+2)$，当取 $x=19$ 时，各个因式的值是 $x-1=18$，$x+1=20$，$x+2=21$，于是就可以把"182021"作为一个六位数的密码．类似地，对于多项式 $x^3+(m-3n)x^2-nx-21$，当取 $x=66$ 时，得到密码596769，则 $m=$_____，$n=$_____。（选做题）

三、探究型作业：你能尝试将多项式 $2x^2+6x^3$ 进行因式分解吗？说一说你的理由。

板书设计

1.1 因式分解

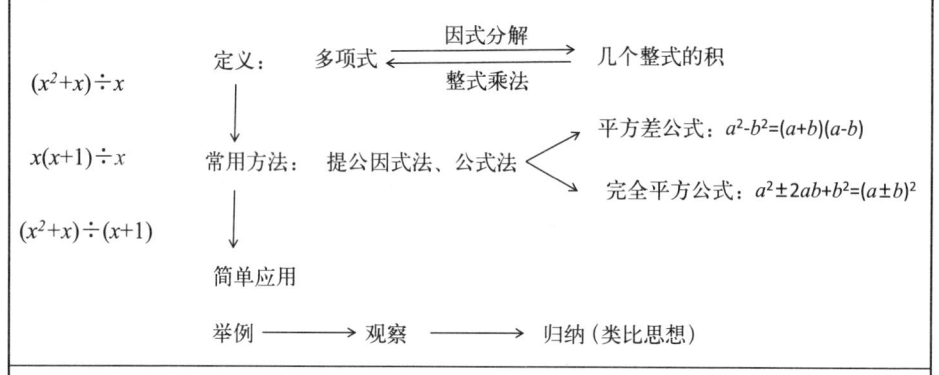

定义： 多项式 $\xrightleftharpoons[\text{整式乘法}]{\text{因式分解}}$ 几个整式的积

$(x^2+x)\div x$

$x(x+1)\div x$

$(x^2+x)\div(x+1)$

常用方法：提公因式法、公式法 → 平方差公式：$a^2-b^2=(a+b)(a-b)$
　　　　　　　　　　　　　　　　　 → 完全平方公式：$a^2\pm 2ab+b^2=(a\pm b)^2$

简单应用

举例 → 观察 → 归纳（类比思想）

教学反思与改进

1. 本节课通过问题串，让学生类比整数的除法认识多项式除以多项式存在商为整式的可能，并进一步认识因式分解是"多÷多"的基础。然后通过整式乘法研究因式分解，使学生深刻理解它与整式乘法是互逆变形。在探究因式分解方法的过程中，教师先引导学生通过举例、观察、归纳得出提公因式法和公式法。

2. 在因式分解的教学中，如果算理算法学生弄明白了，就不需要通过过多的练习使学生掌握因式分解的方法和技巧。教学中渗透整体性，不仅有利于学生更深刻地理解数学知识，有利于学生感受数学学科建构的内在逻辑，更有利于学生基于知识的内在联系发现和提出问题，这是创造活动的起点。

3. 作为单元起始课，从实际问题出发，激发学生解决问题的欲望，使学生感受到学以致用的乐趣和成就感，从而解决"为何学"的困惑。如果能够设计出合理的现实生活情景，效果会更好。

9."认识分式"课时教学方案

课题	认识分式		设计者		王玉雪
所在单元	分式与分式方程	年级	八年级上册	课时	1课时

目标设计	课标要求	1.总目标、学段目标			
			总目标	学段目标	
		知识技能	经历数与代数的抽象、运算与建模等过程,掌握数与代数的基础知识和基本能力。	体验从具体情境中抽象出数学符号的过程,理解实数,掌握必要的运算(包括估算)技能。	
		数学思考	建立数感、符号意识,初步形成运算能力。	感受数量关系,建立符号意识。	
		问题解决	综合运用数学知识解决简单的实际问题,增强应用意识,提高实践能力。	初步学会在具体情境中从数学的角度发现问题和提出问题,并会运用数学知识解决简单的实际问题,增强应用意识,提高实践能力。	
		情感态度	积极参与数学活动,体会数学的特点,了解数学的价值。	积极参与数学活动,在运用数学表述和解决问题的过程中,认识数学具有抽象、严谨和应用广泛的特点。	
		在知识技能层面多次提到"运算、技能",在数学思考层面多次提到"符号意识",在问题解决层面多次提到"解决实际问题",所以本单元重点发展学生的"数学运算""数学建模"和"应用意识"。 2.内容标准 (1)了解分式和最简分式的概念,能利用分式的基本性质进行约分和通分,能进行简单的分式加减乘除运算。 (2)能根据具体问题中的数量关系列出分式方程,体会分式方程是刻画现实世界中的数量关系的有效模型。 (3)能解可化为一元一次方程的分式方程。 (4)能根据具体问题的实际意义,检验方程的解是否合理。				

续 表

课题	认识分式		设计者		王玉雪
所在单元	分式与分式方程	年级	八年级上册	课时	1课时

		具体分解如下：			
		行为条件	行为动词	认知水平	具体概念	知识类型
	课标要求		了解	理解	分式和最简分式的概念	陈述性知识
			能用	掌握	用分式的基本性质进行约分	程序性知识
			能进行	掌握	分式加减乘除运算	程序性知识
			能	应用	列出分式方程	程序性知识
			体会	了解	分式方程	陈述性知识
			能	掌握	解分式方程	程序性知识
			能	掌握	检验方程的解	程序性知识
目标设计	单元大概念	分数、整式及整式方程的有关概念、运算法则同样适用于分式和分式方程。
	教材分析	1. 单元教材地位 （单元知识结构图：数与代数→数与式、方程与不等式；数与式分为六上"整式及其加减"、六下"整式的乘除"、八上"分式与方程"，指向八下"二次根式""一元二次方程"；方程与不等式分为七下"二元一次方程组"、六上"一元一次方程"） 通过纵向梳理单元知识可以看出，本单元既涉及代数式又涉及方程，共有7章，本课时"认识分式"隶属于"式"的范畴，第三学段关于"式"的章节共有四章，初一阶段学习"整式及其加减""整式的乘除"，是在小学的基础上将数的运算扩充到了式的运算，学会了用字母表示数以及整式的加减乘除运算。初三阶段也就是本单元，学习"分式与分式方程"，学生将进一步学习一种新的"式"——分式，学生在小学学过分数的运算，本课时主要类比分数学习分式，同时也有助于巩固有理数、整式的运算，为之后学习"二次根式"做好铺垫，是承上启下的一章。

续 表

课题	认识分式		设计者		王玉雪	
所在单元	分式与分式方程	年级	八年级上册		课时	1课时
目标设计	教材分析	2.单元知识结构 分析目录可知本单元的研究内容及内容划分，将本单元分为4节，首先，通过一些实际问题，引导学生理解题目中的数学含义，寻找数量关系列出分式，经历概念的形成过程。其次，引导学生进行分式加减乘除运算。最后，引入分式方程，使学生根据实际情境列出分式方程并尝试探究解法，让学生在"概念形成"的过程中生成数学活动经验。 分析章首图可知本单元大致的研究内容，以及本单元的学习目标和本单元学完后可以解决哪些问题，便于明晰教材设计的框架和意图。 "分式与分式方程"单元结构图				

初中数学·单元起始课的教学研究与设计

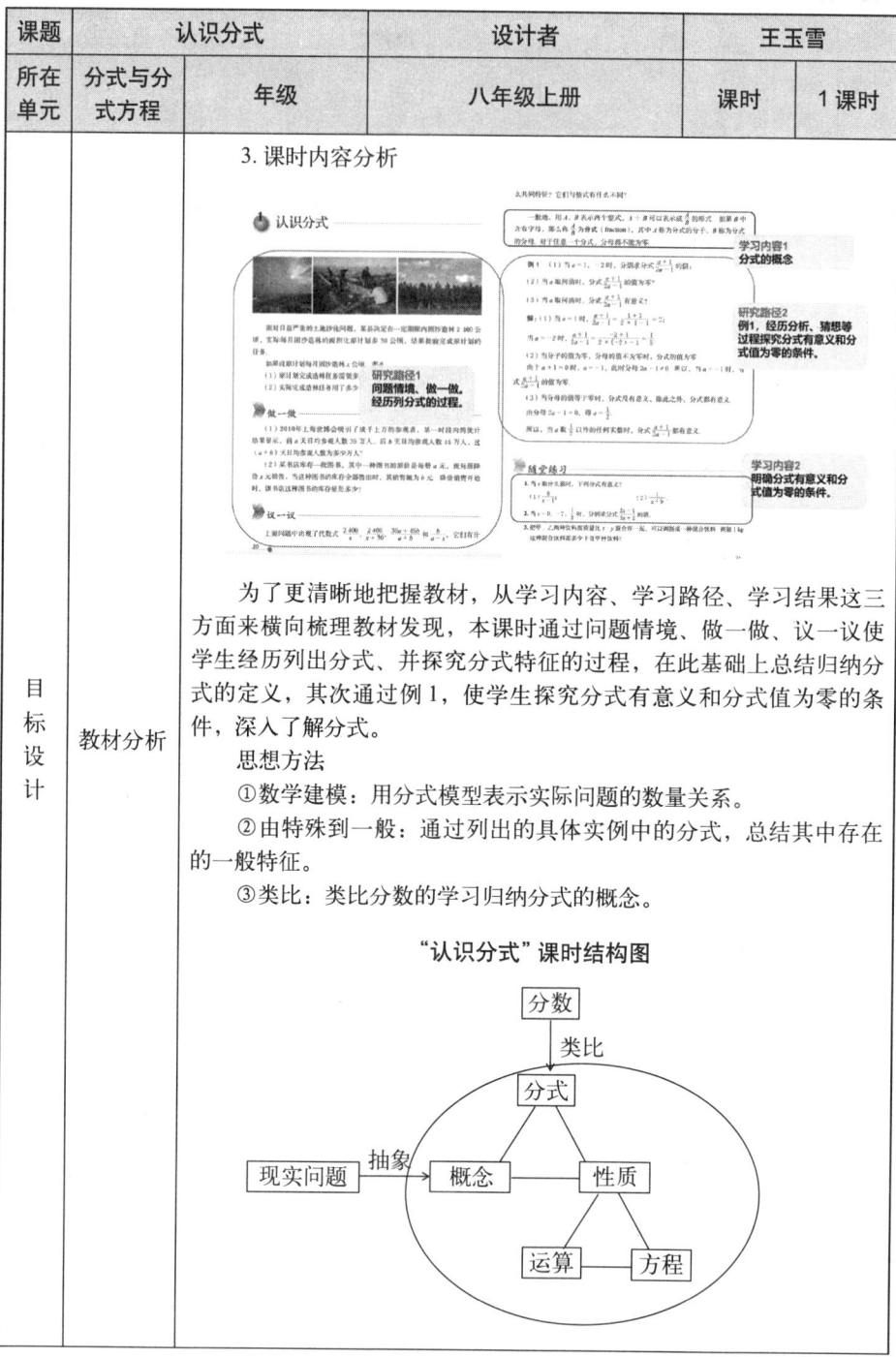

续 表

课题		认识分式	设计者		王玉雪	
所在单元	分式与分式方程	年级	八年级上册		课时	1课时
目标设计	教材分析	3.课时内容分析 为了更清晰地把握教材，从学习内容、学习路径、学习结果这三方面来横向梳理教材发现，本课时通过问题情境、做一做、议一议使学生经历列出分式、并探究分式特征的过程，在此基础上总结归纳分式的定义，其次通过例1，使学生探究分式有意义和分式值为零的条件，深入了解分式。 思想方法 ①数学建模：用分式模型表示实际问题的数量关系。 ②由特殊到一般：通过列出的具体实例中的分式，总结其中存在的一般特征。 ③类比：类比分数的学习归纳分式的概念。 "认识分式"课时结构图				

166

续　表

课题	认识分式		设计者	王玉雪
所在单元	分式与分式方程	年级	八年级上册	课时　1课时
目标设计	教材分析	"认识分式"是学生在学习完整式以后，对代数式的进一步学习。本章主要研究分式的概念、求值、基本性质、运算以及分式方程等内容，这些内容的学习为今后函数和方程等知识的学习打下了坚实的基础。本章的第一节课时内容为分式起始课，在此之前，学生已经学习了整式的运算和分解因式，以后还要学习分式的性质、运算和解分式方程。		
	学情分析	1. 已有知识：分数及其基本性质、分数的运算法则；整式的概念、运算。 2. 已获得的知识能力：用字母来表示数量关系的能力，用整式表示数量关系的能力。 3. 未知知识：分式的概念、性质、运算法则。 4. 进阶点：八年级的学生已经初步具备了观察、归纳、类比、猜想的能力，学生可以通过与整式知识的类比来学习本节课知识。 5. 障碍点：理解分式有意义和分式值为0的条件，以及分式的学习路径。 　　学生在六年级学习过整式，能在复杂的问题情境中分析出数量关系，并用字母表示，具备准确进行整式的加、减、乘、除运算的能力，同时在六年级的学习活动中，也逐渐具有了一定的类比推理归纳能力和一定的合作交流能力。 　　八年级学生思维相对成熟，对事物有更深层次的思考，所以对一种新的代数式——分式的引入有极大的兴趣，同时，本单元的一些问题情境、活动贴近现实生活，也能让学生感到有趣。（兴趣点） 　　但是这个学段的学生缺乏耐性，个性较强，计算相对不够认真，往往急于求成。因此，在教学中需要及时引导，培养学生的耐心和细心，在大量的计算中锻炼学生的数学运算能力。（困难点） 　　本单元主要是分式、分式的加减乘除运算、分式方程等内容。大部分学生对新知识的学习有较强的欲望，但也有个别学生信心不足，产生畏难和厌学情绪，因此，在教学中需注意采取形式多样的活动，吸引学生的兴趣，使学生真正感受到数学学科的本质。		
	单元目标	1. 经历用分式、分式方程表示现实情境中的数量关系的过程，了解分式、最简分式、分式方程的概念，体会分式、分式方程的模型思想，进一步发展符号意识。 2. 经历通过观察、归纳、类比、猜想，获得分式的基本性质、分式乘除法则、分式加减法则的过程，发展合情推理能力与代数式恒等变形能力，积累类比的活动经验。		

167

续 表

课题	认识分式		设计者		王玉雪
所在单元	分式与分式方程	年级	八年级上册	课时	1课时

目标设计	单元目标	3. 熟练掌握分式的基本性质，会进行分式的约分、通分和加减乘除四则运算，会求分式的值，会解可化为一元一次方程的分式方程，会检验分式方程的根，发展运算能力。 4. 能解决一些与分式、分式方程有关的实际问题，发展分析问题、解决问题的能力和应用意识。
	课时目标	目标1：经历用分式表示现实情境中的数量关系的过程，体会分式的模型思想，进一步发展符号意识； 目标2：通过寻找分式的共同特征，类比分数、整式的概念抽象出分式的概念，明确分式与整式的区别，体会分式的内涵； 目标3：通过分数求值，明确分式有意义以及分式值为0的条件，并通过对分式进行四则运算，类比分数初步感受分式的基本性质及运算法则； 目标4：通过分析简单实际问题中的等量关系，初步构建分式及分式方程模型解决问题，发展应用意识，构建分式学习体系。

评价设计	评价任务或问题序列	目标1：体会分式的模型思想，进一步发展符号意识。 → 目标2：抽象出分式的概念，明确分式与整式的区别，体会分式的内涵。 → 目标3：明确分式有意义以及分式值为0的条件，初步感受分式的基本性质及运算法则。 → 目标4：初步构建分式及分式方程模型解决问题，发展应用意识，构建分式学习体系。 问题情境：金秋十月，为筹备运动会，八(1)班班委组织全班40名同学集资活动经费共300元，已知可乐的单价是 m 元，矿泉水的单价比可乐少3元，班委会买可乐用了120元，买雪碧的数量是可乐的3倍，此时经费恰好用完，你能获得哪些信息？ 问题2：尝试解决以下问题： (1) 你能把上述式子分一下类吗？说出你的分类依据。 (2) 这些式子中，哪些是你所熟悉的式子？你能回忆起哪些相关知识？ (3) 对于你不熟悉的式子，它们有哪些共同特征？你能否再写几个类似的式子？ (4) 你能给它们取个名字并尝试给它下个定义吗？ 问题3：填下面的表格，求分式的值，并思考： (1) 分式有意义的条件； (2) 分式值为0的条件。 问题4：请你从情境里的三个分式中任意挑选两个尝试进行加、减、乘、除运算。 问题5：评价任务 金秋十月，为筹备运动会，八(1)班班委组织全班40名同学集资活动经费共300元，已知可乐的单价是 m 元，矿泉水的单价比可乐少3元，班委会买可乐用了120元，买雪碧的数量是可乐的3倍，此时经费恰好用完，可乐的单价是多少？

续 表

课题		认识分式			设计者		王玉雪	
所在单元	分式与分式方程	年级			八年级上册		课时	1课时
评价设计	评价方案	核心目标	表现标准			评价任务（包括情境和核心问题）		评价工具
		通过分析简单的实际问题中的等量关系，初步构建分式及分式方程模型解决问题，发展应用意识，构建分式学习体系。	表现维度	A	B	C	金秋十月，为筹备运动会，八(1)班班委会组织全班40名同学集资活动经费共300元，已知可乐的单价是m元，矿泉水的单价比可乐少3元，班委会买可乐用了120元，买雪碧的数量是可乐的3倍，此时经费恰好用完，可乐的单价是多少？	生生互评，教师终评。
			能用字母表示实际问题中的数量关系。	能分析出等量关系，并列出分式。	能分析出等量关系，但表示错误。	不能很好地理解题意。		
			归纳分式概念。	能用自己的语言准确归纳出分式的概念。	基本能归纳出分式的概念。	不能归纳出分式的概念。		
			概念的应用。	能利用概念准确判断，并能做出合理解释。	会判断，基本能说明理由。	不能准确判断，理由叙述不清。		

学习进程设计

环节一：问题驱动、数学建模	学习任务： 问题1：金秋十月，为筹备运动会，八(1)班班委会组织全班40名同学集资活动经费共300元，已知可乐的单价是m元，矿泉水的单价比可乐少3元，班委会买可乐用了120元，买雪碧的数量是可乐的3倍，此时经费恰好用完，你能获得哪些信息？		
	学生活动	教师活动	
	学生认真审题，分析问题，在学案上填写所有可能获得的信息。	预设： ① $m-3$；② $\dfrac{120}{m}$；③ 300；④ m；⑤ 180；⑥ $\dfrac{180}{m-3}$；⑦ $\dfrac{360}{m}$；⑧ $\dfrac{m-3}{m}$……	

续 表

课题	认识分式		设计者		王玉雪	
所在单元	分式与分式方程	年级	八年级上册		课时	1课时

环节一：问题驱动、数学建模	学生在班级交流获取的信息，互相补充完善。	追问：你是如何得到的？ 过渡语：这些式子里有很多我们熟悉的，也有陌生的，这节课我们将学习一类新的代数式。
	设计意图：让学生从熟悉的生活情境中抽象出代数式，发展符号意识，为后续对"分式"的研究做铺垫，感受分式产生的必要性，起到了"章节统领课"引导学生明确"为什么要学"的作用，并且所列出的分式贯串始终，对本章教学起到统领作用，同时也体现了教学的整体性。	

环节二：类比迁移、概念建构	学习任务： 问题2：刚刚我们通过情境问题，得到了以下式子： ① $m-3$；② $\dfrac{120}{m}$；③ 300；④ m；⑤ 180；⑥ $\dfrac{180}{m-3}$；⑦ $\dfrac{360}{m}$；⑧ $\dfrac{m-3}{m}$…… 尝试解决以下问题： (1) 你能把上述式子分一下类吗？说出你的分类依据。 (2) 这些式子中，哪些是你所熟悉的？你能回忆起哪些相关知识？ (3) 对于你不熟悉的式子，它们有哪些共同特征？ (4) 你能否再写出几个类似的式子？ (5) 你能给它们取个名字并尝试给它下个定义吗？		
	学生活动		教师活动
	学生独立思考问题2，完成在学案上； 小组内交流自己的想法； 组内推举一人作为代表进行全班交流展示，并补充完善； 学生回顾整式的相关知识：整式包括单项式、多项式，分母中不含字母。		在学生独立作答时，巡视，记录； 在学生小组内交流时，适时参与学生的交流，指导点拨； 在小组代表发言时注意倾听，若学生回答有困难，可以铺设一些台阶； 引导学生归纳这些式子的共同特征并板书； 预设可能的问题： 生1：分母含有字母（共同特征归纳不全面）。 追问1：整式与这一类新的式子有什么区别？ 追问2：分子呢？ 追问3：分子、分母都是我们熟悉的什么式？ 追问4：你认为判断分式的关键点是什么？ 出示定义：一般地，用 A，B 表示两个整式，$A \div B$ 可以表示成 $\dfrac{A}{B}$ 的形式。如果 B 中含有字母，那么称 $\dfrac{A}{B}$ 为分式，其中 A 称为分式的分子，B 称为分式的分母。

续 表

课题	认识分式		设计者		王玉雪
所在单元	分式与分式方程	年级	八年级上册	课时	1课时

环节二：类比迁移、概念建构

设计意图：设置让学生自己举例的环节，强化学生对这类式子的理解。引导学生归纳这些式子的共同特征：都有分数线(都具有分数的形式)，分子、分母都是整式，分母中都含有字母。特别是这类式子与分数有着类似的形式，为后续分式的研究做铺垫。让学生参与自主命名的过程，并追问为何要这样命名，意图建构概念，体会"分式"两字的内涵。学生经历"给例子——举例子——找属性——下定义"的一般步骤，逐步加深对概念的理解，自然生成分式的概念。

环节三：概念理解、认识本质

学习任务：
问题3：填写下面的表格，给 m 取值，并求出相应的分式值：

m					
$\dfrac{m-3}{m}$					

思考：(1)分式有意义的条件是什么？
(2)分式值为0的条件是什么？

学生活动	教师活动
独立思考，填写表格； 思考分式有意义和分式值为0的条件； 班级展示时，生生之间、师生之间共同纠错，深化理解分式的概念。 学生总结提升：分式有意义的条件为分母≠0，分式值为0的条件为分子=0且分母≠0。	预设： 生1：分式有意义的条件为分母≠0。 追问1：你是如何得到的？分母为0就怎么了？ 预设(2)可能产生的问题： 生2：分式值为0的条件为分子=0。 点拨：只保证分子为0就可以了吗？

设计意图：通过让学生自己举例求分式值的方法，让学生自己体会分式如何才能有意义以及分式值何时为0，目的是让学生独立探究得出结论而不是教师追问得出。

171

续 表

课题	认识分式		设计者		王玉雪	
所在单元	分式与分式方程	年级	八年级上册		课时	1课时

环节三：概念理解、认识本质	问题4：请你从情境里的三个分式中任意挑选两个尝试进行加、减、乘、除运算：$\dfrac{120}{m}$；$\dfrac{180}{m-3}$；$\dfrac{m-3}{m}$。	
	学生活动	教师活动
	在学案上完成问题4； 交流展示自己如何进行分式运算的。 班级展示时生生之间、师生之间共同纠错。	(1) 巡视学生作答，适当点拨如何进行运算。 点拨指导：我们之前学习了分式的基本性质和整式的运算法则，这些基本性质与运算法则同样适用于分式的运算吗？ (2) 在学生交流展示时，追问以下问题，初步了解分式相关的基本性质和运算法则。 追问1：你是如何想到这样运算的？ 追问2：类比分数的基本性质和运算法则，你觉得分式有哪些基本性质和运算法则？
	设计意图：鼓励学生自主探索分式的研究内容和研究方法，教师通过追问学生是怎么想到的，让学生回忆分数的学习经验，进行类比，研究分式。 让学生自主尝试分式的运算，并在运算的过程中类比分数，追问出分式的运算法则和基本性质。	

环节四：情境回看、思维生长	学习任务： 问题5：金秋十月，为筹备运动会，八(1)班班委会组织全班40名同学集资活动经费共300元，已知可乐的单价为m元，矿泉水的单价比可乐少3元，班委会买可乐用了120元，买雪碧的数量是可乐的3倍，此时经费恰好用完，则可乐的单价是多少？	
	学生活动	教师活动
	找出等量关系，尝试列出方程； 类比整式方程的解法，尝试解方程； 独立思考，在学案上作答，并交流展示。	追问1：题目中存在哪些等量关系？ 追问2：猜测一下，这是什么方程？ 追问3：解一元一次方程的步骤有哪些？ 追问4：分式方程和整式方程的区别在哪儿？ 追问5：思考如何解分式方程。 引导学生思考这类方程的解法，只做初步了解。
	设计意图：由生活情境出发，到数学内部研究，最后再回归到用分式方程解决实际问题，首尾呼应，再次让学生体会到数学来源于生活，并服务于生活的理念，体会分式方程是刻画现实世界数量关系的一种重要数学模型，初步探索分式方程的解法，并引导学生思考分式方程与整式方程的联系与区别，留下悬念，为后面的继续深入学习做铺垫。	

续 表

课题	认识分式		设计者		王玉雪	
所在单元	分式与分式方程	年级	八年级上册		课时	1课时

	学习任务： 问题6：回顾本节课的内容，思考以下问题： 本节课研究了哪些内容？ 如何研究的？ 你得到了哪些数学思想方法上的提升？ (4) 我们学习了分数、整式，如今开始学习一类新的代数式——分式，根据你的学习经验，猜想一下分式学习的思路框架。		
环节五：课堂总结、体系建构	学生活动		教师活动
	学生独立解答，生生之间、师生之间共同梳理，完善分式学习整体架构。		追问1：我们是怎样得到分式的？ 追问2：你认为接下来我们将研究分式的哪些知识呢？
	设计意图：本节课类比分数学习分式的概念、基本性质（通分、约分）、运算（加减、乘除）、应用（分式方程）等方面，完成本章内容框架的建构，形成本章的"导游图"，起到了"章节统领课"引导学生明确"学什么"的作用。 单元整体教学重知识，更重结构，即"怎么学"，对分数、整式知识的回顾，就是引导学生借鉴前者的学习经验，把它们类比迁移到分式学习中，初步把握分式的整体思路。		
作业设计			

一、基础型（全员必做）

1. ① $\dfrac{2}{x}$；② $\dfrac{x+y}{5}$；③ $\dfrac{1}{2-a}$；④ $\dfrac{x}{\pi-1}$ 中，是分式的有（　　）

A. ①②　　B. ③④　　C. ①③　　D. ①②③④

2. 分式 $\dfrac{x}{x^2-4}$，当 x_____时，分式有意义；当 x_____时，分式的值为0。

3. 当 x_____时，分式 $\dfrac{1}{-x+5}$ 的值为正；当 x_____时，分式 $\dfrac{-4}{x^2+1}$ 的值为负。

4. 列式表示：

(1) 走一段10千米的路，步行用 $2x$ 小时，骑单车比步行时间的一半少0.4小时，骑单车的平均速度为 _____。

(2) 甲完成一项工作需 t 小时，乙完成同样的工作比甲少用1小时，乙的工作效率为 _____。

课题	认识分式		设计者		王玉雪	
所在单元	分式与分式方程	年级	八年级上册		课时	1课时

二、拓展型（5 必做，6 选做）

5. 当 x 取何值时，分式 $\dfrac{4-a^2}{a-2}$ 的值为 0？

6. 已知 $\dfrac{1}{x}-\dfrac{1}{y}=3$，求 $\dfrac{5x+3xy-5y}{x-2xy-y}$ 的值。

三、探究型作业（选做）：

运用已有经验及本节所学的探究方法，探究 $\dfrac{2a}{a^2-4}-\dfrac{1}{2-a}=?$

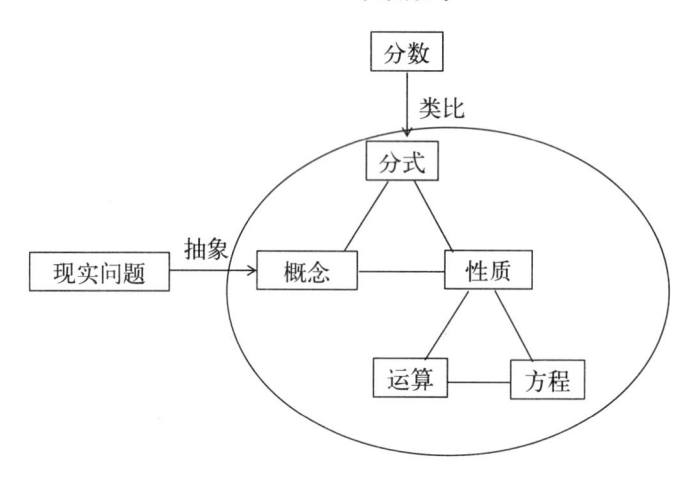

板书设计
认识分式 现实问题 —抽象→ 概念 — 性质 — 运算 — 方程；分数 —类比→ 分式

教学反思与改进
本节课是一个类比研究的过程，是由数到式的抽象和推广过程，目的是让学生感受到数与式是相通的，体会"数式通性"的特点，为后续具体学习分式提供了探索的方法，起到了"章节统领课"引导学生知道"学什么""怎样学"的作用。但本节课本着章节起始课的结构化教学是立足于学生的认知结构、基本活动经验，以及数学学科的知识结构的，从整体和宏观的角度认识和调控教学目的，课堂容量较大，基础较弱的学生接受程度不大，还需改进。

10."二次根式"课时教学方案

课题	二次根式		设计者		周艳艳
所在单元	二次根式	年级	八年级下册	课时	1课时
目标设计	课标要求	\multicolumn{4}{l	}{**课标内容**： 1. 体验从具体情境中抽象出数学符号的过程，理解二次根式，掌握必要的运算技能。 2. 初步学会在具体的情境中从数学的角度发现问题和提出问题，并能综合运用数学知识和方法等解决简单的实际问题，增强应用意识，提高实践能力。 3. 了解二次根式、最简二次根式的概念。 4. 了解二次根式（根号下仅限于数）的加、减、乘、除运算法则，会用它们进行有关的简单四则运算。 **课标解读**：用加、减、乘、除、乘方和开方等运算符号连接数和字母而成的式子称为代数式。代数式是按照对字母进行的运算进行分类的：整式中，对字母只实施加法、减法、乘法和乘方运算；分式中，除对字母实施加、减、乘和乘方运算外，以对字母实施除法运算（形式上表现为分母中含有字母）为主要特征；根式中，除了对字母实施加、减、乘、除和乘方的运算外，以对字母实施开方运算（形式上表现为根号下含有字母）为主要特征。 代数式的体系结构：代数式 $\begin{cases} \text{有理式：整式、分式} \\ \text{无理式(二次根式)} \end{cases}$ 第三学段，学习代数式的程序通常是整式（单项式和多项式）→分式→二次根式。在这个过程中，应牢牢把握住对字母实施什么运算这一实质，把概念与运算紧密联系，注意揭示知识之间的内在联系，体现知识网络的结构特征，丰富学习的内容，克服单纯关注运算的局限。既使学生对基础知识的理解更加深刻，基本技能的训练更加扎实，又使学生对基本数学思想的认识更加充实，并有效积累基本的活动经验。 **学习代数式的基本路径**：借助现实情境了解代数式以及代数式的值等有关概念，能分析简单问题中的数量关系，并用代数式表示，会求代数式的值，是学习代数式的初步要求；对代数式的概念以及相关运算的深入学习和研究，要在学习整式、分式和二次根式的过程中逐步进行。}
	单元大概念	\multicolumn{4}{l	}{实数、整式、分式的运算律与运算法则都适用于二次根式。}

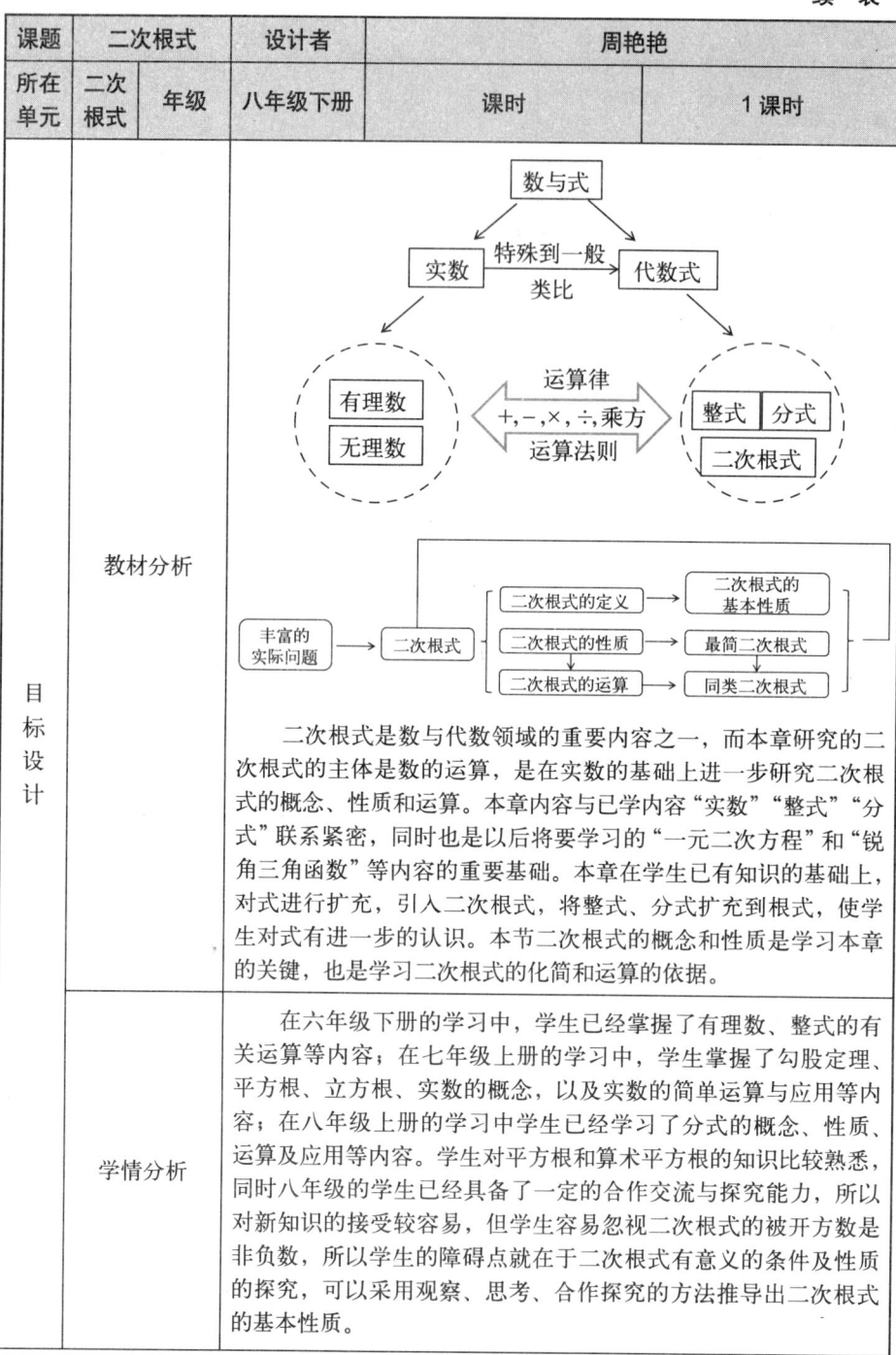

续 表

课题	二次根式		设计者		周艳艳	
所在单元	二次根式	年级	八年级下册	课时		1课时
目标设计	教材分析	\multicolumn{5}{l	}{ 二次根式是数与代数领域的重要内容之一，而本章研究的二次根式的主体是数的运算，是在实数的基础上进一步研究二次根式的概念、性质和运算。本章内容与已学内容"实数""整式""分式"联系紧密，同时也是以后将要学习的"一元二次方程"和"锐角三角函数"等内容的重要基础。本章在学生已有知识的基础上，对式进行扩充，引入二次根式，将整式、分式扩充到根式，使学生对式有进一步的认识。本节二次根式的概念和性质是学习本章的关键，也是学习二次根式的化简和运算的依据。 }
	学情分析	\multicolumn{5}{l	}{ 在六年级下册的学习中，学生已经掌握了有理数、整式的有关运算等内容；在七年级上册的学习中，学生掌握了勾股定理、平方根、立方根、实数的概念，以及实数的简单运算与应用等内容；在八年级上册的学习中学生已经学习了分式的概念、性质、运算及应用等内容。学生对平方根和算术平方根的知识比较熟悉，同时八年级的学生已经具备了一定的合作交流与探究能力，所以对新知识的接受较容易，但学生容易忽视二次根式的被开方数是非负数，所以学生的障碍点就在于二次根式有意义的条件及性质的探究，可以采用观察、思考、合作探究的方法推导出二次根式的基本性质。 }

续 表

课题	二次根式	设计者		周艳艳	
所在单元	二次根式	年级	八年级下册	课时	1课时

目标设计	单元目标	1. 借助实际问题，了解二次根式、最简二次根式的概念，理解二次根式的性质，能利用二次根式的性质进行化简。 2. 通过逆用二次根式乘、除的性质，归纳出二次根式（根号下仅限于数）乘、除运算法则，并会用它们进行简单运算。 3. 类比同类项的概念，理解同类二次根式的概念；类比整式的加减，归纳出二次根式（根号下仅限于数）加、减运算法则，会运用二次根式的加、减、乘、除运算法则进行有关的简单四则运算。
	课时目标	1. 通过独立思考、合作交流，理解二次根式的概念，会识别二次根式，并能归纳出二次根式有意义的条件。 2. 通过填写表格、交流等活动，能够归纳出二次根式的基本性质，并能利用性质进行化简。

评价设计	评价任务或问题序列	单元主问题	之前所学的运算法则与运算律还适用于二次根式吗？
		主任务	子任务
		1. 归纳二次根式的定义	1. 根据"希望的田野"情境列出相应的代数式； 2. 观察代数式，找出共同特征； 3. 辨别二次根式； 4. 总结二次根式有意义的条件。
		2. 探究二次根式的性质	1. 选取合适的 a 值填写表格； 2. 能从表格、算术平方根的定义、几何图形的实际意义等角度归纳性质； 3. 应用性质解决问题。

续　表

课题	二次根式		设计者				周艳艳	
所在单元	二次根式	年级	八年级下册		课时		1课时	

<table>
<tr><td rowspan="8">评价设计</td><td rowspan="8">评价方案</td><td colspan="2">核心目标</td><td colspan="3">表现标准</td><td>评价任务（包括情境和核心问题）</td><td>评价工具</td></tr>
<tr><td rowspan="7">能够通过填写表格、交流等活动，归纳出二次根式的性质，并能利用性质进行化简。</td><td>表现维度</td><td>A</td><td>B</td><td>C</td><td rowspan="7">情境：请你选取合适的 a 值，完成表格。
核心问题：二次根式具有哪些基本性质？</td><td rowspan="7">1. 表格的填写。
2. 性质的归纳。
3. 检测。</td></tr>
<tr><td>填写表格</td><td>会对 a 进行取值，并能准确计算 $\sqrt{a}$ 和 $(\sqrt{a})^2$ 的值。</td><td>会对 a 进行取值，能计算 $\sqrt{a}$ 和 $(\sqrt{a})^2$ 的值。</td><td>a 的取值出现小问题，计算 $\sqrt{a}$ 和 $(\sqrt{a})^2$ 的值存在问题。</td></tr>
<tr><td rowspan="3">归纳性质</td><td rowspan="3">观察表格，能从表格中发现二次根式的两条性质并给以合理解释。</td><td rowspan="3">观察表格，能从表格中发现二次根式的一条性质并给以合理解释。</td><td rowspan="3">观察表格，能从表格中发现二次根式的一条性质但不能进行解释。</td></tr>
<tr></tr>
<tr></tr>
<tr><td>应用性质</td><td>能准确解答并能利用性质进行解释。</td><td>能解答并能利用性质解释。</td><td>不能准确解答。</td></tr>
</table>

学习进程设计

环节一：视频导入、整体感知

学习任务：观看视频，整体感知本章的地位、作用与研究角度、内容等。

认真观看，简单记录，你能从视频中获取哪些信息？

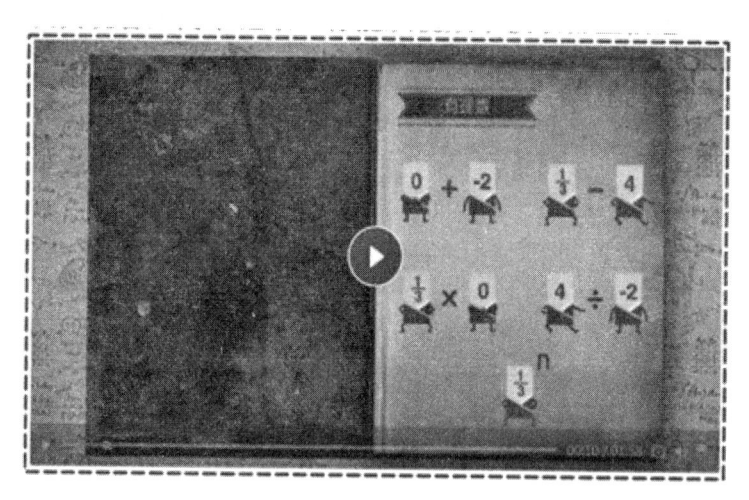

问题1：老师给大家带来一段视频，请同学们认真观看，简单记录，你能从视频中获取哪些信息？我们比一比，看哪位同学获取的信息又多又准。

178

第四章　单元起始课教学设计的案例与反思

续　表

课题	二次根式		设计者		周艳艳
所在单元	二次根式	年级	八年级下册	课时	1课时

	学生活动	教师活动
环节一：视频导入、整体感知	学生认真观看视频，简单记录，获取视频中的信息。 学生在班级交流获取的信息，互相补充完善。 学生回顾之前探究整式、分式的研究路径，寻找相通之处，类比探究。	点拨指导：初一时学习了有理数的运算法则与运算律，这些运算法则与运算律同样适用于整式、分式的运算，那么适用于二次根式吗？ 过渡语：二次根式的运算是我们本章研究的重点，今天我们将一起走入二次根式（板书课题） 追问：你认为我们应该从哪些方面研究二次根式？你是如何想到的？ 预设：类比分式的研究路径。
	设计意图：通过视频系统梳理数与式的运算，让学生整体感知为什么学习二次根式及二次根式重点研究什么内容。	
环节二：抽象归纳、建构概念	学习任务： 这是我校的劳动实践基地——希望的田野，为有效贯彻劳动育人的理念，学校决定将一块长为 m 米、宽为 n 米的矩形绿地进行改造，可是在施工的过程中老师遇到了一些困难，你能帮老师解决这些难题吗？   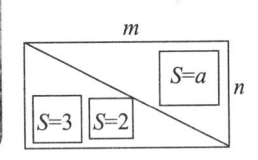 问题2：学校决定将"希望的田野"上的一块长为 m 米、宽为 n 米的矩形绿地进行改造。 (1) 绿地的对角线长____米。 (2) 现打算在绿地中规划出面积分别为2平方米、3平方米和 a 平方米的正方形花圃用以培育幼苗，那么这三个正方形的边长分别为____米、____米、____米。 问题3：观察下列代数式，它们具有什么共同特征？ $\sqrt{2}, \sqrt{3}$ ，$\sqrt{a}$ ，$\sqrt{m^2+n^2}$。	

179

续 表

课题	二次根式		设计者		周艳艳	
所在单元	二次根式	年级	八年级下册	课时	1课时	

	学生活动	教师活动
环节二：抽象归纳、建构概念	学生独立解答问题2。 学生回顾算术平方根的知识。 学生独立思考共同特征，同桌交流。学生发言，根据算术平方根的定义与性质"正数的算术平方根为正数，0的算术平方根为0，负数没有算术平方根"互相补充完善共同特征。	预设可能的问题： 对角线的长为 m^2+n^2 。 追问1：正方形的面积为2时，边长为 $\sqrt{2}$ ，是如何求得的？ 追问2：你能说明2与 $\sqrt{2}$ 的关系吗？ 预设： 生1：含有根号（如学生能发现被开方数是非负数，则追问为什么？如不能发现被开方数是非负数就追问下面的问题） 追问1：这些式子表示什么意义？ 追问2：可以书写成 $\sqrt{-5}$ 、 $\sqrt{-2}$ 吗？ 出示定义：形如 $\sqrt{a}$ （ $a \geq 0$ ）的式子叫作二次根式，其中 a 叫作被开方数。

设计意图：从学生熟悉的情境入手，得到代数式，结合算术平方根的知识，引导学生理解所给的代数式的实际意义。此环节重点在于寻找这些代数式的共同特征，从而给出二次根式的概念。

环节三：跟踪评价、深化概念	学习任务：判断二次根式的关键点是什么？二次根式有意义的条件是什么？ 1.下列代数式，哪些是二次根式？哪些不是二次根式？说明理由。 $\sqrt{-2}$, $m+n$, $\frac{1}{x}$, $\sqrt{4}$, $\sqrt{0}$, $\sqrt[3]{7}$, $2\sqrt{3}$, $\sqrt{-a}$ （ $a \leq 0$ ）, $\sqrt{a-2}$ 。 2. a 是怎样的实数时，下列各式在实数范围内有意义？ (1) $\sqrt{a+1}$ ；(2) $\frac{1}{\sqrt{1-2a}}$ ；(3) $\frac{\sqrt{a-3}}{5-a}$ 。

	学生活动	教师活动
	学生独立完成第1题，班级展示时生生之间、师生之间共同纠错，深化理解二次根式的概念。 学生举例说明 $\sqrt{a-2}$ 不是二次根式。学生在思考" $\sqrt{a-2}$ 是不是二次根式"的过程中，加深对二	预设第1题可能产生的问题： (1) $\sqrt{4}=2$ 不是二次根式。 点拨：判断二次根式时，根据定义要判断它的原始形式，不能看运算结果。 (2) $2\sqrt{3}$ 是不是二次根式？ 点拨： $2\sqrt{3}$ 表示 $2 \times \sqrt{3}$ ， $b\sqrt{a}$ （ $a \geq 0$ ）表示 $b \times \sqrt{a}$ ，都可看作二次根式。 (3) $\sqrt{a-2}$ 是不是二次根式？

续 表

课题	二次根式	设计者		周艳艳	
所在单元	二次根式	年级	八年级下册	课时	1课时

环节三：跟踪评价、深化概念	次根式概念中的"被开方数是非负数"的理解。尝试总结判断二次根式的关键点，进一步完善对二次根式概念的建构。 学生独立完成第2题，通过应用进一步巩固概念的建构。生生之间、师生之间共同纠错，完善解题思路。 学生总结提升，一是被开方数是非负数，二是当分母中有字母时，要确保分母不等于零。	追问1：$\sqrt{a-2}$ 为什么不是二次根式？ 追问2：a 的取值范围由什么条件限定？ 提升1：你认为判断二次根式的关键点是什么？ 预设第2题可能产生的问题： (1) $\dfrac{1}{\sqrt{1-2a}}$ 考虑问题不全面，仅考虑被开方数是非负数，忽略了分母不能为零的情况。 (2) 解一元一次不等式 $1-2a>0$ 时，未知数的系数为负数时，未改变不等号的方向。 (3) $\dfrac{\sqrt{a-3}}{5-a}$ 考虑问题不全面，未考虑分母不等于零。 提升2：字母取值范围的依据是什么？
	设计意图：通过相互讨论，使学生主动参与到学习活动中来，培养学生合作交流的学习习惯，问题设置的目的是使学生深化理解二次根式的意义和二次根式的非负性，进一步提炼判断二次根式的关键点与字母取值范围的依据，提高学生分析问题的能力，培养学生善于思考、精益求精的良好思维习惯，以及缜密、严谨的逻辑推理能力。	

环节四：归纳提升、探究性质	学习任务：二次根式具有哪些性质呢？请大家完成表格，将你发现的结论填写在学案纸上。 问题4：请你选取合适的 a 值，完成表格。

a					
$\sqrt{a}$					
$(\sqrt{a})^2$					

①观察表格，你发现二次根式具有哪些性质？
②你能从算术平方根的定义或几何图形的实际意义等角度给出解释吗？

学生活动	教师活动
学生独立完成表格的填写及性质的探究，以小组为单位交流、汇总二次根式的性质。	预设可能产生的问题： 1. a 的取值为负值。 2. $\sqrt{a}$ 的非负性发现不到 3. 学生遗忘算术平方根的定义，难以从算术平方根的定义解释二次根式的性质的准确性。

设计意图：引导学生从数的角度由特殊到一般，从形的角度由具体到抽象，数形结合得出结论，并发现开平方运算与平方运算的关系，培养学生由特殊到一般的思维方式，提高归纳、总结的能力。

续 表

课题	二次根式		设计者		周艳艳	
所在单元	二次根式	年级	八年级下册	课时	1课时	

环节五：巩固应用、评价诊断	学习任务：你能利用二次根式的性质进行化简求值吗？ 1. 请判断下列各式是否成立。不成立的，请说明理由。 (1) $\left(\sqrt{5}\right)^2 = 5$；(2) $\left(-\sqrt{5}\right)^2 = 5$；(3) $\sqrt{(-5)^2} = -5$。 2. 计算。 (1) $\left(\sqrt{2.1}\right)^2$；(2) $\left(2\sqrt{3}\right)^2$；(3) $\left(-3\sqrt{\dfrac{1}{6}}\right)^2$。 3. 若 a，b 为实数，且 $\left\lvert\sqrt{2}-a\right\rvert+\sqrt{b-2}=0$，求 a^b 的值。		
	学生活动		教师活动
	学生独立解答，通过应用进一步巩固二次根式的性质。生生之间、师生之间共同纠错，完善解题思路。		追问1：$\sqrt{(-5)^2}=-5$ 为什么不对？ 追问2：回顾梳理初中学习的三种非负数：1. 平方型；2. 绝对值型；3. 二次根式型。
	设计意图：任务的设置是为巩固学生对二次根式性质的掌握，能直接运用性质解决问题。		

环节六：盘点收获	学习任务： ①本节课你学会了哪些知识？在知识应用中需要注意什么？ ②你学到了哪些思想方法？	
	学生活动	教师活动
	学生回顾本节课的知识、思想。	追问1：我们是怎样得到二次根式的？ 追问2：你认为接下来我们还学习二次根式的哪些知识呢？
	设计意图：师生互动，锻炼学生严谨的口头表达能力，培养学生有条理地梳理知识点，有目的地整合知识点的能力。追问1意在引导学生从获得二次根式概念的过程与方法角度进行小结，并渗透类比的数学思想；追问2指向培养学生研究一个数学对象的套路意识，并且小结余味悠长，留给学生继续思考的空间。	

续 表

课题	二次根式		设计者		周艳艳	
所在单元	二次根式	年级	八年级下册	课时	1课时	

作业设计

一、基础型作业（必做题）：

1. 当 x 是怎样的实数时，下列各式在实数范围内有意义？

(1) $\sqrt{-x}$；(2) $\sqrt{2x+6}$；(3) $\dfrac{1}{\sqrt{4-3x}}$；(4) $\sqrt{x-3}+\sqrt{4-x}$。

2. 计算：

(1) $\left(-\sqrt{2\dfrac{1}{2}}\right)^2$；(2) $\left(-\dfrac{\sqrt{3}}{3}\right)^2$。

二、拓展型作业（必做题）：

(1) 判断下列各式是否成立：

$\sqrt{2+\dfrac{2}{3}}=2\sqrt{\dfrac{2}{3}}(\ )$ $\sqrt{3+\dfrac{3}{8}}=3\sqrt{\dfrac{3}{8}}(\ )$ $\sqrt{4+\dfrac{4}{15}}=4\sqrt{\dfrac{4}{15}}(\ )$ $\sqrt{5+\dfrac{5}{24}}=5\sqrt{\dfrac{5}{24}}(\ )$

(2) 根据（1）中的结果，你能发现什么规律？请用含有自然数 n 的式子将你发现的规律表示出来，并注明 n 的取值范围。

三、探究型作业（选做题）：运用已有经验及本节所学的探究方法，探究 $\sqrt{a^2}=?$

板书设计

7.1 二次根式

有理数 ⟶ 无理数

运算律、运算法则 —— 整式、分式

二次根式：定义 ⟶ 性质 ⟶ 运算 ⟶ 应用

形如 $\sqrt{a}$ ($a\geqslant 0$) 的式子　　① $\sqrt{a}\geqslant 0$ ($a\geqslant 0$)

$b\sqrt{a}$ ($a\geqslant 0$)　　② $\left(\sqrt{a}\right)^2=a$ ($a\geqslant 0$)

教学反思与改进

1. 对"形如 $\sqrt{a}$ ($a\geqslant 0$) 的式子是二次根式"的理解，要让学生明白 $a\geqslant 0$ 是必不可少的条件，避免学生生搬硬套地应用。

2. 在归纳二次根式的共同特征及根据表格的填写归纳二次根式性质时，要潜移默化地培养学生从特殊到一般的归纳能力，教师不要急于给出提示。

3. 在跟踪评价部分，培养学生利用二次根式的非负性、不等式及二次根式的性质准确计算的能力及逆向思维能力，培养学生一丝不苟的研究精神，教师要及时纠正学生不全面或不规范的解法。

11. "一元二次方程"课时教学方案

课题	一元二次方程		设计者		马世武
所在单元	一元二次方程	年级	八年级下册	课时	2课时

目标设计	课标要求	学段目标： 知识技能：体验从具体情境中抽象出数学符号的过程，理解方程，掌握必要的运算（包括估算）技能；探索具体问题中的数量关系和变化规律，掌握用方程进行表述的方法。 数学思考：通过用方程表述数量关系的过程，体会模型的思想，增强符号意识。 问题解决：初步学会在具体情境中从数学的角度发现问题和提出问题，并综合运用数学知识解决简单的实际问题，增强应用意识，提高实践能力。 情感态度：积极参与数学活动，在运用数学表述和解决问题的过程中，认识数学具有抽象、严谨和应用广泛的特点。 内容标准： (1) 能根据具体问题中的数量关系列出方程，体会方程是刻画现实世界的数量关系的有效模型。 (2) 经历估计方程解的过程。 (3) 理解配方法，能用配方法、公式法、因式分解法解数字系数的一元二次方程。 (4) 会用一元二次方程根的判别式判别方程是否有实根和两个实根是否相等。 (5) 了解一元二次方程的根与系数的关系。 (6) 能根据具体问题的实际意义，检验方程的解是否合理。 本课时对应的内容标准：(1) 能根据具体问题中的数量关系列出方程，体会方程是刻画现实世界的数量关系的有效模型。
	单元大概念	数和代数的规则可以与等式的概念一起用于转化方程，从而求解。
	教材分析	一元二次方程及其有关概念，一元二次方程的解法（配方法、公式法、因式分解法），运用一元二次方程分析和解决实际问题。其中解一元二次方程的基本思路和具体解法是本章的重点内容。方程是科学研究中重要的数学思想方法，也是后续内容学习的基础和工具，本章是对一元一次方程知识的延续和深化，同时为二次函数的学习做好准备。数学建模思想的教学在本章得到进一步渗透和巩固。 "一元二次方程"是一节概念课，本课着眼于概念形成的过程、数学思想方法的渗透、学生核心素养的培养。本节课的"一

续 表

课题	一元二次方程		设计者		马世武	
所在单元	一元二次方程	年级	八年级下册	课时	2课时	
目标设计	教材分析	\multicolumn{5}{l	}{元二次方程"这一数学模型从具体情境中来，学生在经历这一思想的探索与学习过程中，慢慢学会抽象数学问题，形成数学模型；接着借助类比一元一次方程归纳总结一元二次方程的概念，并用符号即一元二次方程的一般形式表示其数量关系，建立数学模型；在拓展阶段尝试对含有字母系数的一元二次方程的理解，会求字母的取值范围，加深对概念的理解。}

（图：数学抽象—实际问题—设未知数，列方程—数学问题 $ax^2+bx+c=0\ (a\neq 0)$—解方程—降次—开平方法、配方法、公式法、分解因式—数学运算—数学问题的解 $x=\dfrac{-b\pm\sqrt{b^2-4ac}}{2a}$—检验—实际问题的答案—数学建模）

整节课学生经历了以下过程：(1) 概念的引入——从三个具体实例中得出方程；(2) 概念的归纳，对多个方程进行观察比较，归纳提炼；(3) 概念的表示——一元二次方程的相关概念，即一般形式；(4) 概念的辨析——根据评价练习中的正、反例分析概念；(5) 概念的巩固拓展；(6) 小结中对一元二次方程的展望，结合前面学过的方程进行回顾，使学生加深对一元二次方程的认识。

对于这节一元二次方程的概念课，意在让学生通过学习，经历一元二次方程概念的发生过程，理解一元二次方程一般式的形成过程，根据学生原有的学习经验和认知基础，以培养学生的数学建模、数学抽象、数学运算、逻辑推理等核心素养为目标，让学生在寻找量与量的关系中，提升数学建模素养；在自我构建一元二次方程的概念中，提升数学抽象素养。在学生体验归纳一元二次方程一般式的过程中，提升数学抽象素养；在将一元二次方程转化成一般式的恒等变形过程中，提升数学运算素养，在学会推理判断一元二次方程的根和学会待定系数法中，提升数学逻辑推理素养，让学生在掌握知识的同时，体会学习的方法，形成学习的能力，提升数学核心素养。

续 表

课题	一元二次方程		设计者		马世武
所在单元	一元二次方程	年级	八年级下册	课时	2课时
目标设计	学情分析	1. 学生已知的：在讲本章之前，学生已经系统地学习了一元一次方程及相关概念，学习了整式、分式和二次根式，从知识结构上看，他们已经具备了继续探究一元二次方程的基础。 2. 能自己解决的：与一元一次方程和二元一次方程组的解法相比，一元二次方程的解法更具有多样性和复杂性，需要针对不同的问题，设计不同的思路，不同的方法，简洁有效地完成方程的求解。 3. 有思维障碍，需要教师指导解决的：一元二次方程的应用问题中，需要理解问题的现实背景，具备一定的文字阅读能力、现实生活经验和代数化能力，体现方程建模思想，它既是学习的出发点，又是学习的落脚点，既是重点，也是难点。				
	单元目标	1. 通过丰富的实例列出方程，类比一元一次方程，并归纳一元二次方程的概念，体会方程的模型思想，建立符号意识。 2. 通过合作探究，估计一元二次方程的解，体会"夹逼"思想，进一步培养估算意识和能力，发展数感。 3. 通过具体方程的计算，掌握配方法、公式法、因式分解法，并能熟练解一元二次方程，体会转化的数学思想，提高运算能力。 4. 通过观察与计算，会用一元二次方程根的判别式判别方程是否有实数根和两个实数根是否相等，体会分类讨论的数学思想，进一步发展演绎推理能力。 5. 通过计算与推理，掌握一元二次方程的根与系数的关系，进一步发展演绎推理能力。 6. 通过具体问题的探究，会运用一元二次方程解决实际问题，能根据具体问题的实际意义，检验方程的解是否合理，进一步培养分析问题、解决问题的意识和能力。 7. 经历"问题情境——建立模型——解释与应用"的过程，总结解一元二次方程应用题的一般步骤，获取更多的分析和解决问题的方法和经验，体会方程建模思想和数学应用价值。				
	课时目标	目标1：通过分析实际问题中的等量关系，列出方程，体会方程是刻画现实世界的一个有效数学模型。 目标2：通过类比一元一次方程，归纳一元二次方程的概念，并能准确判断一元二次方程。 目标3：通过巩固练习，掌握一元二次方程的一般形式，能够正确识别各项及各项的系数。				

续　表

课题	一元二次方程		设计者	马世武
所在单元	一元二次方程	年级	八年级下册	课时	2课时

评价设计	评价任务或问题序列	单元主问题	数与代数的规则如何与等式的概念一起用于转化一元二次方程，从而求解实际问题。
		主任务	子任务
		一、探究一元二次方程概念。	1. 通过"面积"问题、"贺卡"问题、"梯子"问题，尝试列出与以往不同的方程，引入一元二次方程。 2. 借助列出的方程归纳一元二次方程概念。
		二、探究一元二次方程的一般形式。	1. 通过类比一元一次方程的形式，归纳一元二次方程的一般形式。 2. 通过类比一元一次方程的各项名，归纳一元二次方程一般形式的各项名。

	评价方案	核心目标	表现标准	评价任务（包括情境和核心问题）	评价工具
		通过对章首课的探究，学生了解本章内容的目标、方向、路径、策略以及学习方法。	通过分析实际问题中的等量关系，列出方程，体会方程是刻画现实世界一个有效数学模型。	任务一：通过对实际问题的分析，列出方程	问题情境测验、纸笔测验。
			通过类比一元一次方程，归纳一元二次方程的概念，并能准确判断一元二次方程。	任务二：类比一元一次方程和二元一次方程组的学习，归纳一元二次方程的概念 任务三：能辨认一元二次方程	问题情境测验、纸笔测验。
			通过巩固练习，掌握一元二次方程及一般形式，正确识别各项及各项的系数。	任务四：通过类比，归纳一元二次方程的一般形式及其各项	探究表、纸笔测验。

学习进程设计

环节一：问题情境引入	学习任务： 问题1： 1. 幼儿园活动室矩形地面的长为8 m，宽为5 m，现准备在地面正中间铺设一块面积为18 m² 的地毯（如图），四周未铺地毯的条形区域的宽度都相同，那么这个宽度应是多少米？如果设所求的宽为 x m，那么地毯中央长方形图案的长为____m，宽为____m，根据题意，可得方程_____。

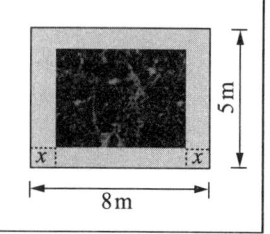

续 表

课题	一元二次方程		设计者		马世武
所在单元	一元二次方程	年级	八年级下册	课时	2课时

2. 新年期间，朋友圈的同学相互给其他每一名同学发送一份贺卡，这样一共发送了72份贺卡，你能求出这个朋友圈一共有多少名同学吗？如果设一共有 x 名同学，你能列出怎样的方程？

3. 如图，一个长为10 m的梯子斜靠在墙上，梯子的顶端距地面的垂直距离为8 m。如果梯子的顶端下滑1 m，那么梯子的底端滑动多少米？如果设梯子底端滑动 x m，那么你能列出怎样的方程？

构建方程模型	0—差	1——一般	2—普通	3—优异
学习兴趣				
能够认真倾听				
独立解决问题个数				
运用方程解决问题				

环节一：问题情境引入

学生活动	教师活动
学生回顾之前探究一元一次方程及二元一次方程组的路径，寻找相通之处，类比探究，并说出自己的解题思路。	点拨指导：请同学们阅读下列问题，思考问题中量与量的关系，列出问题中关于未知数 x 的方程。 你是怎样解决这个问题的？说说你的思路。 回顾前面，什么是一元一次方程？你是怎么学习一元一次方程的？我们学习过哪些内容？ 类比一元一次方程，你能给它们命名吗？能说出它们的主要特点吗？ 在复习一元一次方程相关知识的基础上，呈现教材第1页的章前图、章引言，引导学生在明晰题意的基础上列出方程。

设计意图：以身边的实际问题为背景，培养学生发现问题和提出问题的意识，引导学生积累活动经验；从一次到二次过渡，构建新认知的重要载体，同时类比一元一次方程，引导学生复习一元一次方程的知识框架和研究思路，明确知识学习的延续性，从而体现引入一元二次方程的优越性和必要性。本课时是本章的起始课，对整章的学习应该起统领作用，即为学习本章知识建立一个研究框架和整体思路。

续 表

课题	一元二次方程		设计者		马世武
所在单元	一元二次方程	年级	八年级下册	课时	2课时

<table>
<tr><td rowspan="3">环节二：问题探究</td><td colspan="2">

学习任务：

问题2：

在上面的问题中，我们发现新的方程，它们有什么共同特点？

跟踪评价一：下列方程中，哪些是一元二次方程？为什么？

(1) $7x^2-6x=0$； (2) $2x^2-5xy+6y=0$； (3) $2x-\dfrac{1}{3x}=1$；

(4) $x^2=0$； (5) $x^2+2x-3=1+x^2$； (6) $mx^2-nx+6=0$

对于方程共同特点的表现性评价量表：

语言表达	0—差	1——般	2—普通	3—优异
思路清晰				
表达准确				
语言流畅				
数学符号语言				

</td></tr>
<tr><td>学生活动</td><td>教师活动</td></tr>
<tr><td>

带着它们的共同特征，用自己的语言描述一元二次方程的概念，并把你的描述与教材中概念进行比较，体会数学概念表述的准确性。

归纳总结：

一元二次方程的概念。

一元二次方程的一般形式。

完成跟踪评价一。

</td><td>

1. 归纳出一元二次方程的定义。

师强调：

①含有一个未知数；

②未知数的最高次幂是2；

③整式方程。

你能举出一个不是一元二次方程的例子吗？为什么？

一元二次方程的一般形式。

2. 组织学生进行概念理解与辨析：

(1) 结合一元一次方程的定义、一般形式，谈谈你理解的一元二次方程。

(2) 方程 $ax^2+bx+c=0$ 中，若 $a=0$，则方程还表示一元二次方程吗？

</td></tr>
<tr><td colspan="2">

设计意图：在组织学生回顾一元一次方程相关知识的基础上，强化一元二次方程在概念形成视觉上的直观认识，采用对比方式明确一元二次方程的各项以及各项的系数，注重概念的生成过程，熟练掌握二次项系数不能为零的原因。

</td></tr>
</table>

续 表

课题	一元二次方程	设计者	马世武
所在单元	一元二次方程	年级	八年级下册	课时	2课时

<table>
<tr><td rowspan="4">环节三：问题探究</td><td colspan="2">学习任务：
尝试把下列方程化成一元二次方程的一般形式，并写出它的二次项系数、一次项系数和常数项。
(1) $9x^2=5-4x$；(2) $(2-x)(3x+4)=3$；(3) $4x^2=5$；(4) $3y^2+1=2y$。</td></tr>
<tr><td>学生活动</td><td>教师活动</td></tr>
<tr><td>利用一元二次方程概念解决环节三的相关问题。学生自主探究后在组内进行交流讨论，最终在班内讲解，有问题的地方共同纠正。</td><td>为使所学概念不浮于表面，加强学生利用一元二次方程概念解决相关问题的能力，突破教学难点，为了巩固和运用相关概念，设置了以下问题组织学生探究：
1. 指出下列一元二次方程的二次项系数、一次项系数和常数项。
$2x^2=3x^2$；$y^2=0$；$5m^2+4m-9=0$；$x^2+7x=0$。
2. 已知3是关于 x 的方程 $x^2+ax+a=0$ 的一个根，求 a 的值。
3. 试列举出二次项系数为9，一次项系数为-9的一元二次方程。</td></tr>
<tr><td colspan="2">设计意图：作为本章的起始课，除了让学生掌握本节课的内容，还需要帮助学生厘清本章的知识脉络，通过新旧知识的对比，帮助学生整体建构方程知识体系，使数学知识系统化，明晰方程学习的研究思路和研究方法。</td></tr>
<tr><td colspan="3" align="center">作业设计</td></tr>
<tr><td>作业目标</td><td colspan="2">目标1：通过分析实际问题中的等量关系，列出方程，体会方程是刻画现实世界的一个有效数学模型。
目标2：通过类比一元一次方程，归纳一元二次方程的概念，并能准确判断一元二次方程。
目标3：通过巩固练习，掌握一元二次方程及一般形式，正确识别各项及各项的系数。</td></tr>
</table>

基本信息	学科	年级	学期	单元	章节	主题
	数学	8	下	八	第一节	一元二次方程

续 表

课题	一元二次方程		设计者		马世武
所在单元	一元二次方程	年级	八年级下册	课时	2课时

作业内容	1.★（目标2）下列关于 x 的方程中，一元二次方程的个数为（　　）。 ① $\sqrt{2}x^2-\dfrac{2}{3}x=0$；② $\dfrac{x-1}{x}=2x-1$；③ $kx^2-3x+1=0$； ④ $x^2-x^2(x^2+1)-3=0$；⑤ $(k+3)x^2-3kx+2k-1=0$。 A. 0　　　B. 1　　　C. 2　　　D. 3 2.★（目标3）将方程 $2x^2=1-3x$ 化成一元二次方程的一般形式后，二次项系数、一次项系数、常数项分别为（　　）。 A. 2，1，−3　　B. 2，3，−1　　C. 2，3，1　　D. 2，1，3 3.★★（目标2）若方程 $(m+4)x^{\|m\|-2}+8x+1=0$ 是一元二次方程，则 $m=$ _____。 4.★★（目标2）已知关于 x 的方程 $(k-3)x^{\|k\|-1}+x+3=0$。 （1）当 k 为何值时，方程是关于 x 的一元二次方程？ （2）当 k 为何值时，方程是关于 x 的一元一次方程？ 5.★★★（目标1、3）编写一道实际应用题，使该题能够列出一元二次方程，用于解答你编制的应用题。

题目质量分析	作业目标是否明确	表达科学，语言精炼	要求明确，易于理解	反映学生思维过程，方法应用	答案合理	情境设计合理、有效
	✓	✓	✓	✓	✓	✓

作业题目属性	对应目标	目标维度与学习水平	题目类型	完成方式	难度	预计完成时间
	目标1	C 掌握	解答	独立	中等或较高	20分钟
	目标2	A 了解	选择、解答	独立	较低或中等	
	目标3	C 掌握	选择、解答	独立	中等或较高	

板书设计
一元二次方程 1. 一元二次方程概念。 2. 一元二次方程的一般形式：$ax^2+bx+c=0$（$a\neq 0$），ax^2，bx，c 分别为二次项、一次项和常数项，a，b 分别为二次项系数、一次项系数。 3. 一元二次方程学习内容：(1) 相关概念；(2) 方程的解法；(3) 方程的性质；(4) 方程的应用。

续 表

课题	一元二次方程		设计者		马世武	
所在单元	一元二次方程	年级	八年级下册	课时	2课时
教学反思与改进					

"问题"是学生建构概念的起点,为了启发学生的思维,激发学生学习一元二次方程的兴趣,体会"数学化"与建模思想,通过分析实际情境,抽象数学问题,建立方程模型,进行自主探究和合作交流,通过归纳具体方程的共同特点,得出一元二次方程的概念,进一步巩固提升。整节课学生经历了以下过程:(1) 概念的引入——从三个具体实例中得出方程;(2) 概念的归纳,对多个方程进行观察比较,归纳提炼;(3) 概念的表示——一元二次方程的相关概念,即一般形式;(4) 概念的辨析——评价练习中的正反例,分析概念;(5) 概念的巩固拓展;(6) 小结中对一元二次方程的展望,结合前面学过的方程进行回顾,加深了学生对一元二次方程的认识。

12."反比例函数"课时教学方案

课题	反比例函数		设计者		张敬敬
所在单元	反比例函数		年级	九年级上册	课时	1课时
目标设计	课标要求	1. 结合具体情境，探索具体问题中的数量关系和变化规律，掌握用反比例函数进行表述的方法，体验从具体情境中抽象出数学符号的过程，理解反比例函数的意义，体会模型思想，建立符号意识； 2. 能根据已知条件确定反比例函数的表达式，掌握必要的运算技能； 3. 能画出反比例函数的图象，根据图象和表达式探索并理解图象的变化情况，经历从不同角度寻求分析问题和解决问题的方法和过程，体验解决问题的方法的多样性，体会数学的基本思想和思维方式，掌握分析问题和解决问题的基本方法； 4. 能用反比例函数解决简单的实际问题，初步掌握在具体的情境中从数学的角度发现问题和提出问题，综合运用数学知识和方法等解决简单的实际问题。
	单元大概念	函数能够描述变量之间的关系，通过表格、表达式、图象来获得变量之间的变化规律。
| | 教材分析 | 1. 纵向教材分析<br><br>```
                        数与代数
            ┌──────────────┼──────────────┐
          数与式      方程与不等式         函数
            │              │                │
         有理数  ─生长点→ 方程与方程组      函数
         实数           不等式与不等式组   一次函数
         代数式                            反比例函数
         整式与分式                        二次函数
```<br><br>反比例函数是数与代数领域的重要内容之一，本单元是在变量之间的关系、一次函数的基础上，研究反比例函数的概念、图象、性质和应用，进一步提升对函数的认识，同时，也是进一步学习二次函数的必要基础，起着承前启后的重要作用。因此，学习过程中需要承接之前变量和一次函数的学习经验，逐步形成用函数的思想解决问题的基本思路，并把本章习得的数学思想方法和活动经验作为后续二次函数学习的必备起点。 |
```

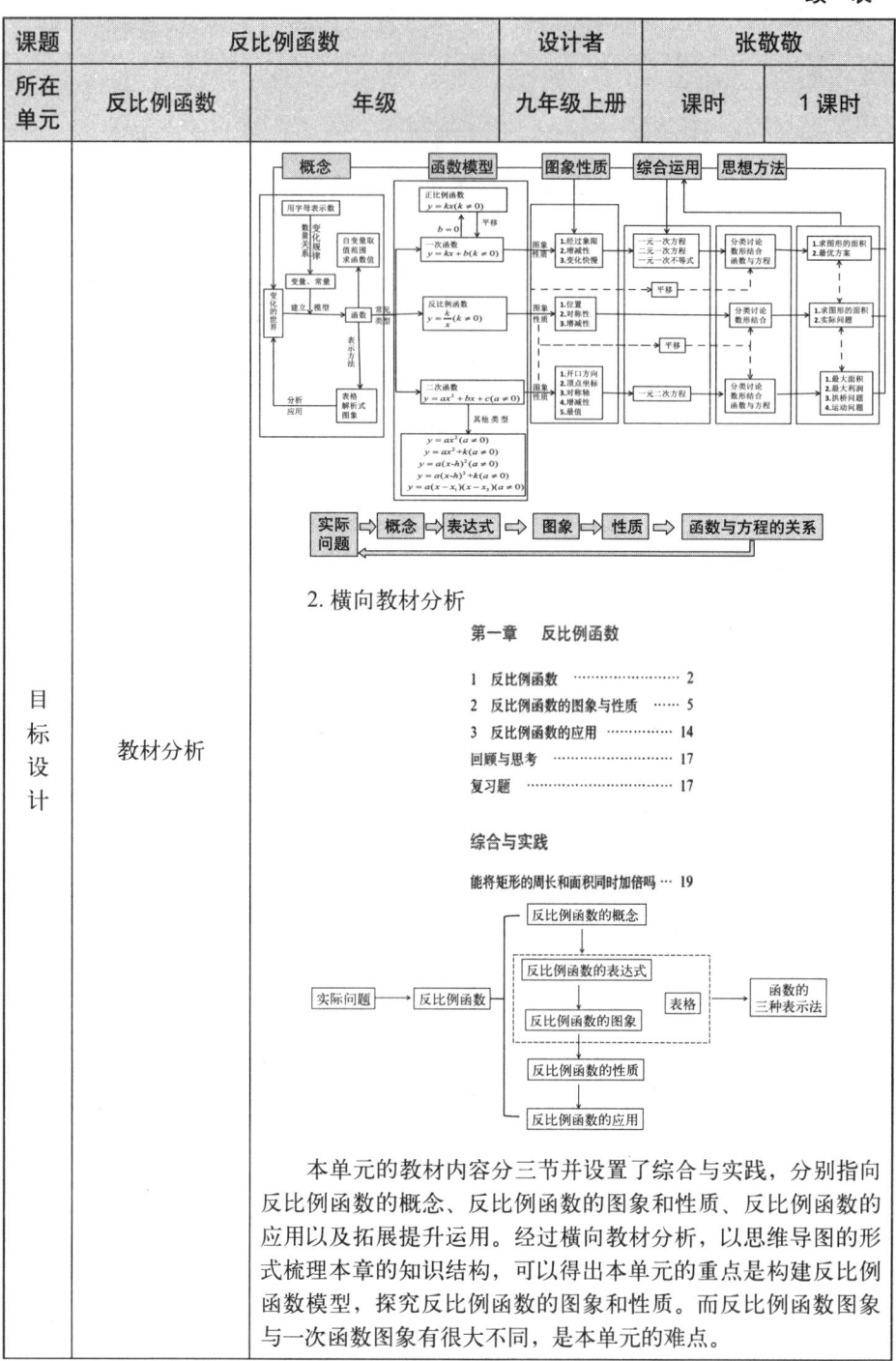

续 表

课题	反比例函数		设计者	张敬敬	
所在单元	反比例函数	年级	九年级上册	课时	1课时
目标设计	教材分析	\\	\\	\\	\\

2. 横向教材分析

第一章　反比例函数

1　反比例函数 …………………… 2
2　反比例函数的图象与性质 …… 5
3　反比例函数的应用 …………… 14
回顾与思考 ………………………… 17
复习题 ……………………………… 17

综合与实践

能将矩形的周长和面积同时加倍吗 … 19

　　本单元的教材内容分三节并设置了综合与实践，分别指向反比例函数的概念、反比例函数的图象和性质、反比例函数的应用以及拓展提升运用。经过横向教材分析，以思维导图的形式梳理本章的知识结构，可以得出本单元的重点是构建反比例函数模型，探究反比例函数的图象和性质。而反比例函数图象与一次函数图象有很大不同，是本单元的难点。

第四章 单元起始课教学设计的案例与反思

续 表

课题	反比例函数		设计者	张敬敬
所在单元	反比例函数	年级	九年级上册	课时 1课时
目标设计	教材分析	3.章首图分析 本单元的章首图采用了"学生野外考察,利用铺垫木板的方式过湿地"这一学生熟悉的情境图。文字说明部分,一是介绍了本单元的研究内容、研究方法及渗透的核心素养,二是明确本单元的学习目标,同时介绍重要的数学思想方法,便于从总体上驾驭教材,进而优化认知结构。 　　在章首图文字部分第一句便提出与情境相关问题——"当人和木板对地面的压力一定时,随着木板面积的变化,人和木板对地面的压强将如何变化?"启发学生思考其中的原因,有助于激发学生学习的兴趣。同时,章首图的文字部分,还给出了其他生活情境,并抛出关键问题——"这其中的数量关系具有怎样的共同特征?"鼓励学生经历观察、抽象的数学学习过程。第二段文字,直接点明本章的研究内容——反比例函数、学习方法——类比一次函数、核心素养——数学建模。文字下方以背景图片的形式出示多个反比例函数表达式及反比例函数图象,暗含反比例函数的多种表示方法。不难发现,本单元核心内容的学习,是一个循序渐进的过程,在之前学习经验的基础上自主探究,所以要经历观察、类比、猜想、动手实践的过程。作为单元起始课,本节以实际问题的完整解决过程带动反比例函数的单元教学,反比例函数的概念和待定系数法确定函数表达式是学习本章的关键,也是反比例函数图象和性质研究的重要基础。			

续 表

课题		反比例函数		设计者		张敬敬
所在单元		反比例函数	年级	九年级上册	课时	1课时
目标设计	学情分析	\multicolumn{5}{l	}{在六年级下册的学习中，学生已经感知了两个变量之间的关系可以用函数图象、表格、表达式表示。在七年级上册的学习中，学生掌握了一次函数的概念、待定系数法求一次函数解析式、通过图象判断一次函数的性质等内容，初步积累了一些函数的学习经验。因此，学生能够在充分调动经验的基础上用待定系数法确定反比例函数的表达式。但是要画出反比例函数的图象，有一定的难度，可以引导学生根据表达式猜想图象的特点，在此基础上动手操作、合作交流，得出反比例函数图象。另外，从实际问题中发现新函数——反比例函数，并运用反比例函数解决问题也是学生的一大难点，可以采用观察、思考、合作探究的方法，在与正比例函数的对比中，发现新函数，有助于学生主动类比一次函数的探究路径和方法研究反比例函数。}
	单元目标	\multicolumn{5}{l	}{1. 经历从具体情境中，通过观察、类比等活动抽象出反比例函数概念的过程，体会反比例函数的意义，理解（举例并总结出）反比例函数的概念，感受函数的抽象过程； 2. 能根据已知条件确定反比例函数的表达式，提高数学运算能力； 3. 通过类比、动手实践活动，画出反比例函数的图象，并在独立思考和合作交流中，根据图象和表达式探索并理解（理解和应用）反比例函数的性质，体会研究函数的一般方法； 4. 通过实际情境，并在独立思考和小组合作中，能够运用反比例函数的图象和性质解决（分析并解决）简单的实际问题，获得函数解决问题的一般思想和方法，逐步加深数学建模思想。}
	课时目标	\multicolumn{5}{l	}{1. 结合现实情境，通过合作探究，能发现、认识并举例说明什么是反比例函数。 2. 在具体情境中，通过类比一次函数，能运用待定系数法确定反比例函数的表达式。 3. 初步了解运用反比例函数解决简单实际问题的一般方法。}
评价设计	评价任务或问题序列	单元主问题	\multicolumn{4}{l	}{如何表示变量之间的关系？}
		主任务	\multicolumn{4}{l	}{子任务}
		一、寻找变化过程中的规律	\multicolumn{4}{l	}{1. 根据"药熏消毒"情境表示变量之间的关系； 2. 举出反比例函数的其他例子； 3. 总结反比例函数的一般形式； 4. 辨析并指出反比例函数中的 k 值。}
		二、用反比例函数解决问题	\multicolumn{4}{l	}{1. 用反比例函数解决"药熏消毒"情境问题； 2. 归纳确定反比例函数表达式的方法； 3. 迁移应用，解决其他情境问题。}

续 表

课题	反比例函数		设计者	张敬敏	
所在单元	反比例函数	年级	九年级上册	课时	1课时

<table>
<tr><td rowspan="7">评价设计</td><td rowspan="7">评价方案</td><td rowspan="2">核心目标</td><td colspan="4">表现标准</td><td>评价任务（包括情境和核心问题）</td><td>评价工具</td></tr>
<tr><td colspan="4"></td><td rowspan="6">情境：为了预防流感，学校采用"药熏消毒法"对教室进行消毒。从消毒开始，至少需要经过多长时间，同学们才能回到教室？
核心问题：两个变量之间有什么关系？</td><td rowspan="6">1. 变量之间关系的表示；2. 举出的实例；3. 一般形式的归纳；4. 评价练习。</td></tr>
<tr><td rowspan="5">结合现实情境，通过合作探究，能发现、认识并举例说明什么是反比例函数。</td><td>表现维度</td><td>A</td><td>B</td><td>C</td></tr>
<tr><td rowspan="3">发现关系（函数）</td><td>1. 能描述两个变量之间的关系，并能从函数的角度做出解释。
2. 能说出新函数（反比例函数）与正比例函数的区别，并能举出实例；
3. 类比正比例函数，归纳出反比例函数的一般形式。</td><td>1. 能发现 8 min 前后两个变量之间关系不同，并能从函数的角度做出解释。
2. 能说出新函数（反比例函数）与正比例函数的部分区别，并能举出实例，归纳一般形式存在困难。</td><td>能判断出 y 是 x 的函数，但没有发现 y 与 x 之间关系的信息。</td></tr>
<tr><td>表示关系（函数）</td><td>能根据规律表示变量之间的关系，也能用待定系数法确定表达式。</td><td>至少能用一种方法表示出两个变量之间的关系。</td><td>能在同伴帮助下表示出来。</td></tr>
</table>

学习进程设计

环节一：创设情境、引发思考

学习任务：为了预防流感，学校采用"药熏消毒法"对教室进行消毒。研究表明，空气中每立方米的含药量降到 1.6 mg 以后，学生才能进教室。从药物燃烧开始计时，药物燃烧 8 min 燃毕，在不同时间对室内每立方米空气中的含药量进行测量，结果如下。那么同学们什么时候才能回到教室？

时间 x/min	2	4	6	8	12	16	20	24
室内每立方米空气中的含药量 y/mg	1.5	3	4.5	6	4	3	2.4	2

问题1：从消毒开始，至少需要经过多长时间，同学们才能回到教室？

课题	反比例函数		设计者	张敬敬
所在单元	反比例函数	年级	九年级上册	课时	1课时

环节一：创设情境、引发思考	学生活动	教师活动
	学生分析情境中蕴含的信息，思考解决问题的方法或解决问题的困难，并在全班交流，确定解决问题的方向。	追问：你认为如何才能解决这个问题？ 预设：提出问题"y 与 x 之间存在什么关系？"（如果学生有困难，可以提供支架：这个问题中有几个变量？哪两个？这两个变量之间有怎样的关系呢？）
	设计意图：由"药熏消毒"导入，引导学生思考"至少需要经过多长时间，同学们才能回到教室"，问题来源于生活，贴近学生实际，能够激发学生的探索欲和求知欲。	

环节二：提出问题、建构概念

学习任务：寻找变化过程中的规律。

时间 x/min	2	4	6	8	12	16	20	24
室内每立方米空气中的含药量 y/mg	1.5	3	4.5	6	4	3	2.4	2

问题2：
(1) 两个变量之间有什么关系？
(2) 它是函数吗？如果是，是什么函数？为什么？

问题3：评价练习：下列哪些式子表示 y 是 x 的反比例函数？每一个反比例函数相应的 k 值是多少？

(1) $y=\dfrac{6}{x}$；　　(2) $y=\dfrac{x}{2}$；　　(3) $y=5-x$；

(4) $y=-\dfrac{3}{x}$；　　(5) $y=-\dfrac{1}{3x}$；　　(6) $xy=-1$。

学生活动	教师活动
学生分析表格中的数据，尝试用数学的语言表达寻找到的规律和新发现，并在小组交流，相互补充；班级内汇报展示，交流核心问题。 (1) 8分钟之前两个变量之间是什么关系？关系式是什么样的？是以前学习的什么函数？（成正比例关系，是正比例函数）	预设： 生：8分钟后是反比例函数。 追问1：你为什么把它叫作反比例函数？ 追问2：你觉得它与正比例函数有什么不同？ 预设可能的问题：

续 表

课题	反比例函数		设计者	张敬敬
所在单元	反比例函数	年级	九年级上册	课时	1课时

| 环节二：提出问题、建构概念 | （2）8分钟之后两个变量之间的关系如何？是不是函数？是什么函数？为什么？（成反比例关系，引出反比例函数）
学生回顾之前探究正比例函数（一次函数）的研究路径，类比研究。
学生根据它的本质特点，举出反比例函数的例子，同桌交流。
学生思考共同特征并总结反比例函数的一般形式。
学生在学案上独立完成问题3；班级展示时生生之间、师生之间共同纠错，深化对反比例函数概念的理解。
学生总结提升，判断反比例函数时，要根据定义判断，确定 k 值时，可以转化成 $xy=k(k \neq 0)$ 的形式。 | 正比例函数 y 随 x 的增大而增大，反比例函数 y 随 x 的增大而减小。
追问1：正比例函数有没有 y 随 x 的增大而减小的情况？
追问2：反比例函数更本质的特点是什么？
追问3：你认为我们应该从哪些方面研究反比例函数？你是如何想到的？
预设：类比正比例函数（一次函数）的学习路径。
追问4：你能根据它的本质特点举出生活中有关反比例函数的例子吗？
追问5：这么多反比例函数，你能用一个一般形式把它们都表示出来吗？
预设：
生1：$y=\dfrac{k}{x}(k \neq 0)$。
追问1：$k=0$ 会怎样？
生2：$x \neq 0$，$y \neq 0$。
追问2：为什么 $x \neq 0$？y 什么时候会等于0？
预设问题3可能产生的问题：
$y=-\dfrac{1}{3x}$，k 值为1或-1。
点拨：
反比例函数可以写成 $y=\dfrac{k}{x}(k \neq 0)$，也可以写成 $xy=k$ $(k \neq 0)$，需要将形式进行转化。
提升：你认为判断反比例函数的关键是什么？ |
| | 设计意图：放手让学生探究两个变量之间的关系，对于有困难的同学，提供了问题支架。在这一问题的解决过程中，鼓励学生从生活和数学两个方面举出实例，引导学生归纳出反比例函数的一般形式，建构反比例函数的概念。对于评价练习，要充分发动学生，抓住反比例函数的本质。 ||

续　表

课题	反比例函数		设计者	张敬敬
所在单元	反比例函数	年级	九年级上册	课时	1课时

环节三：深化概念、解决问题	学习任务：用反比例函数解决问题。 研究表明，空气中每立方米的含药量降到1.6 mg以后，才能进教室，那么，从什么时间开始，同学们能回教室？ 问题4：从消毒开始，至少需要经过多长时间，同学们才能回到教室？	
	学生活动	教师活动
	学生独立运用反比例关系解决情境中的问题，并相互交流做法。 学生回忆确定一次函数的表达式时，用到待定系数法，并尝试进行类比。	教师巡视指导，对于有困难的小组，引导其类比一次函数，寻找解决问题的方法。 预设： 生1：用待定系数法求反比例函数表达式。 追问1：你是怎么想到要这样求函数表达式的？ 追问2：确定反比例函数的表达式要经历哪几步呢？ 追问3：为什么要代入一个点？ 提升：如何将实际问题转化为数学问题，并用数学语言表达出解决方法？
	设计意图：在解决问题后，引导学生深入思考，分别指向目标2，3。这一过程，既有助于目标2，3的达成，也有助于加强对反比例函数概念的理解。	
环节四：整体认知、迁移运用	学习任务： 问题4：评价练习：近视眼镜的度数 y（度）是焦距 x（米）的反比例函数，已知400度近视眼镜镜片的焦距为0.25米。 (1) 求眼镜度数 y 与镜片焦距 x 之间的函数关系式； (2) 求1000度近视眼镜镜片的焦距。	
	学生活动	教师活动
	学生在新的情境中，运用待定系数法确定反比例函数的表达式，巩固确定反比例函数表达式的方法。	追问：你是如何确定反比例函数表达式的？
	设计意图： 在建构概念、深化概念后，希望学生能够迁移运用，形成对反比例函数的整体认知。提供了新的情境，让学生运用刚学过的知识来分析和解决问题，增强应用知识的能力，进一步感悟数学的应用价值，提高学习数学的积极性，新情境的第(1)问对应目标1，2，第(2)问对应目标3。	

续 表

课题	反比例函数		设计者	张敬敬
所在单元	反比例函数	年级	九年级上册 课时	1课时

环节五：回顾反思、当堂建模	学习任务： 问题5：本节课你对反比例函数有了哪些理解？ 问题6：猜想反比例函数接下来还要研究什么内容？	
	学生活动	教师活动
	学生回顾本节课的知识、思想，并主动分享。	倾听学生发言并总结提升。 预设：接下来还要研究反比例函数的图象、性质、应用。 追问1：怎么画图象？猜想一下图象是什么样子。 追问2：研究它的什么性质？怎么研究？
	设计意图：小结与归纳是对这节课的回顾与整理。以问题引领，希望学生不仅构建反比例函数的基本框架，也能将新学习的反比例函数纳入已有的函数知识框架内。	

作业设计

一、基础型作业（必做题）：

1. 已知 y 是 x 的反比例函数，当 $x=-3$ 时，$y=4$。

(1) 写出 y 与 x 之间的函数关系式；

(2) 求当 $x=6$ 时 y 的值。

2. 写出下列问题中两个变量间的函数关系式，并判断它们是不是反比例函数。

(1) 一个游泳池的容积为 2000 m³，游泳池注满水所用时间 t（单位：h）随注水速度 v（单位：m³/h）的变化而变化；

(2) 某长方体的体积为 1000 cm³，长方体的高 h（单位：cm）随底面积 S（单位：cm²）的变化而变化；

(3) 圆的周长 l（单位：cm）随半径 r（单位：cm）的变化而变化。

二、拓展型作业：

1.（必做题）已知 y 与 x^2 成反比例，并且当 $x=3$ 时，$y=4$。

(1) 写出 y 关于 x 的函数解析式；

(2) 当 $x=1.5$ 时，求 y 的值；

(3) 当 $y=6$ 时，求 x 的值。

2.（选做题）当 m 取何值时，函数 $y=x^{3-m^2}$ 是反比例函数？

三、探究型作业（选做题）：

1. 举一个生活中有关反比例函数的例子，试着画出它的图象。

2. 你能赋予反比例函数 $y=\dfrac{12}{x}$ 一个实际背景吗？

续 表

课题	反比例函数		设计者	张敬敬
所在单元	反比例函数	年级	九年级上册	课时	1课时

板书设计

反比例函数 ←——类比——— 一次函数（正比例函数）

1. 概念：一般形式：$y=\dfrac{k}{x}$（k为常数，k≠0）

　　　　 本质形式：$xy=k$（k为常数，k≠0）

　　　自变量取值范围：$x≠0$

2. 确定函数表达式——待定系数法

3. 图象 —?→ 性质 —?→ 应用

研究路径：
概念：$y=kx+b$（k,b为常数，k≠0）
确定表达式：待定系数法
图象：直线
性质：增减性
↓
运用

教学反思与改进

1. 对反比例函数概念的理解，既要让学生掌握反比例函数的一般形式，也要理解反比例函数的本质，并说明 k 为什么不等于 0，让学生知其然，也知其所以然。

2. 在运用待定系数法确定反比例函数时，要激发学生对一次函数、正比例函数的认知，让学生体会它与反比例函数之间的联系，体会类比的数学思想。

第二节 几何与图形领域

1. "生活中的立体图形"课时教学方案

课题	生活中的立体图形		设计者		丁凯
所在单元	丰富的图形世界	年级	六年级上册	课时	1课时
目标设计	课标要求	学段目标： 1. 知识技能：探索一些图形的形状、大小和位置关系，了解一些几何体和平面图形的基本特征。 2. 数学思考：在研究图形性质和运动、确定物体位置等过程中，进一步发展空间观念；经历借助图形思考问题的过程，初步建立几何直观。 3. 问题解决：初步学会在具体的情境中从数学的角度发现问题和提出问题，并综合运用数学知识和方法解决简单的实际问题，增强应用意识，提高实践能力。 内容标准： 1. 经历图形的抽象、分类、性质探讨等过程，掌握图形与几何的基础知识和基本技能。 2. 通过实物和具体模型，了解从物体抽象出来的几何体：平面、直线和点。 3. 了解直棱柱、圆锥的侧面展开图，能根据展开图想象和制作实物模型。 4. 通过实例，了解直棱柱和圆锥侧面展开图在现实生活中的应用。 5. 会画直棱柱、圆柱、圆锥、球的主视图、左视图、俯视图，能判断简单物体的视图，并会根据视图描述简单的几何体。			
	单元大概念	图形抽象于生活，研究图形点、线、面之间的关系，通过对几何图形的结构分析和空间想象，对图形中的数学关系实现整体性的认识。			
	教材分析	一、纵向梳理单元教材 "丰富的图形世界"属于"图形与几何"的部分，几何学习最重要的目标是使学生更好地理解自己所生活的三维世界，发展空间观念。小学已经对平面图形、立体图形有了初步认识，能从三个维度"面、棱、顶点"寻找正方体和长方体的联系与区别。了解长方体的展开图；七年级和八年级主要研究平面图形的相关知识，本质还是点、线、面三者之间的关系；九年级			

续 表

课题	生活中的立体图形		设计者		丁凯	
所在单元	丰富的图形世界	年级	六年级上册	课时	1课时
目标设计	教材分析	再次接触几何图形，学习三视图，实际上是对本章从三个方向看物体的形状的延伸，更加标准化。本单元重点研究几何体的体展开图、从三个方向看物体的形状、从物体抽象出来的几何体、平面、直线和点等之间的关系，有很重要的基础性，为之后的学习做好铺垫。 图形与几何 小学：长方体和正方体的特征以及两者之间的联系与区别：从面、棱、顶点找不同；长方体的展开与制作。 六上："丰富的图形世界" 几何体展开图、从三个方向看、从物体抽象出来的几何体、平面、直线和点。 → 七上："基本的平面图形" 线、角、多边形和圆的初步认识。 → 八上："图形的平移与旋转" 图形的平移、旋转、中心对称以及图形变化的简单应用。 八上："投影与视图" 三视图 ← 八下："图形的相似" 二、横向梳理教材 　　将"丰富的图形世界"安排在几何学习的第一章，让其成为平面几何的入门知识，以日常生活中随处可见的物体为研究对象，具有现实性。教材的编排在这里巧妙地以生活中的物体、空间图形、面、点、线为序，丰富对现实空间及图形的认识，建立初步的空间观念，充分体现了数学来源于生活的道理。而"生活中的立体图形"是本章的第一节，它从观察我们身边的立体图形入手，勾勒出图形的形状，利用类比的方法找出图形间的区别与联系。既是本章知识的基础，又是几何学习的开端，更是对学生小学已有的立体图形知识的提高和完善，同时也成为今后学习的铺垫，具有重要的引领地位。 丰富的现实背景 — 生活中的立体图形 — 长方体／正方体／棱柱／圆柱／圆锥／球 　　展开与折叠 — 底面／侧面 　　截一个几何体 — 截面及其形状 　　从三个方向看物体的形状 — 从正面看／从左面看／从上面看 　　→ 点、线、面及其关系

204

续 表

课题	生活中的立体图形		设计者	丁凯
所在单元	丰富的图形世界	年级	六年级上册	课时	1课时

目标设计	学情分析	已知	小学已经对平面图形、立体图形有了初步认识，能从三个维度"面、棱、顶点"寻找正方体和长方体的联系与区别。了解长方体的展开图。
		未知	1.棱柱的定义及特点。
			2.点、线、面、体之间的关系。
		进阶点	七年级和八年级主要是研究平面图形，本质还是点、线、面三者之间的关系。
		障碍点	学生还处在形象思维阶段，要通过直观感知、实践操作和抽象构建等，发展学生的空间观念。
	单元目标		1.通过丰富的实例和具体模型，能说出从物体抽象出来的几何体的基本特性，能对这些几何体进行正确的识别和简单的分类，进一步理解点、线、面的基本含义，理解点、线、面、体之间的关系； 2.经历展开与折叠、切截的数学活动过程，了解直棱柱、圆柱、圆锥的表面展开图，能根据展开图想象和制作立体模型，实现平面图形和几何体的相互转换，发展空间观念和想象能力。了解直棱柱和圆锥侧面展开图在现实生活中的应用； 3.通过实物观察、小组合作，经历从不同方向看物体的活动过程，能辨认和画出从不同方向观察正方体及其简单组合体得到的形状图，会根据视图描述简单的几何体，进一步形成几何直观。
	课时目标		1.通过丰富的实例和具体模型，能对这些几何体进行正确的识别和简单的分类，能说出从物体抽象出来的几何体的基本特性； 2.通过大量的生活情境，进一步理解点、线、面的基本含义，理解点、线、面、体之间的关系； 3.在对图形进行观察、操作等活动中，积累处理图形的经验，发展空间观念。

课题	生活中的立体图形		设计者		丁凯
所在单元	丰富的图形世界	年级	六年级上册	课时	1课时

评价设计	评价任务或问题序列	单元主问题	如何从点、线、面认识棱柱的结构特征？		
^	^	主任务	子任务		
^	^	一、认识棱柱的结构特征	1. 理解棱柱的结构概念。 2. 从点、线、面几个要素分析棱柱的结构特征。 3. 说出棱柱和圆柱的区别和联系。 4. 做习题检验学习成果。		
^	^	二、探究点、线、面之间的数量关系	1. 独立思考，小组合作。 2. 归纳棱柱底面图形边数、侧面数、侧棱数、面数、顶点数及棱数之间的数量关系。		

评价设计	评价方案	核心目标	表现标准			评价任务（包括情境和核心问题）	评价工具
^	^	通过丰富的实例和具体模型，能对这些几何体进行正确的识别和简单的分类，能说出从物体抽象出来的几何体的基本特性。	表现维度	A	B	C	情境：冬奥会场景中可以抽象出什么几何图形？ 核心问题：如何从点、线、面分析棱柱的几何特征？	1. 观点表达 2. 特征的归纳 3. 跟踪检测
^	^	^	说出棱柱的结构特征	能用自己的语言准确地说出棱柱的结构特征。	能用自己的语言基本说出棱柱的结构特征。	不能说出棱柱的结构特征。	^	^
^	^	^	几何体的分类	能用自己的语言准确地对所示几何体分类，依据充分。	基本能对所示的几何体进行分类，依据较合理。	不能对所示的几何体进行分类。	^	^
^	^	^	几何体相关要素的数量关系	通过小组合作，能够准确地说出几个要素之间的数量关系，并解决相应的问题。	通过小组合作，基本能够准确地说出几个要素之间的数量关系，并解决相应的问题。	通过小组合作，不能够准确地说出几个要素之间的数量关系，并解决相应的问题。	^	^

学习进程设计	
环节一：图片欣赏、初步感知	学习任务：欣赏关于北京冬奥会及生活中的图片，我们生活在丰富的图形世界里，各种图形美化了我们的生活空间。    

第四章 单元起始课教学设计的案例与反思

续 表

课题	生活中的立体图形		设计者		丁凯
所在单元	丰富的图形世界	年级	六年级上册	课时	1课时

环节一：图片欣赏、初步感知

问题1：你能从图片中找出哪些你熟悉的几何图形？

问题2：下列现实生活中的物体，你能从中抽象得到什么样的几何体呢？试着将实物与对应的几何图形连接起来，并说说它们的名称。

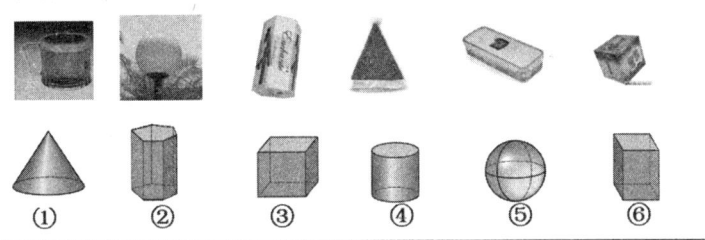

学生活动	教师活动
学生根据问题1，回答：圆柱、圆锥、球、三角形、长方形等图形。 学生分类：①三角形、长方形、圆形等；②圆柱、圆锥、球等。 学生自主将问题2解决，并说出几何体的名称。 借助章首图让学生知道本章的学习内容：从认识立体图形，到展开立体图形得到平面图形，再用平面图形截几何体，从不同方向看物体。	教师追问：你能将找出的几何图形进行分类吗？ 预设：学生可能不会直接从平面和立体角度进行分类，只要有合理的依据，教师应给予肯定。 点拨指导：同学们说到的这些几何图形有的是在一个平面上的，称为平面图形；有些不在一个平面上，称为立体图形或几何体。（板书） 预设：图②，可能有的学生不知道名称，可以让学生起个名字。 过渡语：几何图形是我们本章研究的重点，今天我们将一起走入生活中的立体图形（板书课题），看本章章首图，在初中我们将首先学习什么内容，一起来看看吧！ 

207

续 表

课题	生活中的立体图形		设计者		丁凯	
所在单元	丰富的图形世界	年级	六年级上册	课时	1课时

环节一：图片欣赏、初步感知	设计意图："丰富的图形世界"源于"丰富的现实世界"，从现实世界到图形世界的过程是抽象。因此，研究几何图形首先要让学生体会到数学抽象的基本特征，感悟抽象的基本方法（舍弃材质、颜色、明暗等非数学属性）。虽然学生在小学阶段初步认识了几种几何体（球、圆柱、圆锥、长方体等），但是学生在抽象的时候还是习惯于平面图形，这是由学生对几何图形的认知能力与认知顺序决定的。从平面图形到立体图形的认识转变，其实正是学生空间感发展的过程。

环节二：探究点、线、面的关系	学习任务：小组合作，展示观点。 问题3：请同学们观察棱柱及其他几何图形，你觉得构成这些几何图形的基本元素是什么？如何构成的？

	学生活动	教师活动
环节二：探究点、线、面的关系	学生展示观点： 生1：它们是由线构成的，有的线是直的，有的线是曲的。 生2：它们是由面构成的，有的面是平面，有的面是曲面。 生3：还有点⋯ 生补充：我认为几何图形是由点、线、面共同构成的，从图上能直接观察到。 生答：这个面是由线构成的。 生答：无数条。 生答：风车旋转；汽车玻璃的雨刷器。 生答：无数个点构成了线。 生答：子弹射出去的轨迹，就是由无数的点构成了线。 学生理解面动成体的含义。	追问：你同意他们的观点吗？ 追问：对于球体来说，我只看到由面构成呢？ 追问：多少条线？ 追问：你能举一个生活中的例子说明吗？ 追问：点又是在哪体现出来的？ 追问：你能举一个生活中的例子说明吗？（给予充分的肯定） 教师点拨：出示几何画板，动态展示点动成线、线动成面、面动成体。 出示练习：图中的立体图形是由哪个平面图形旋转后得到的，请用线连起来。

第四章 单元起始课教学设计的案例与反思

续 表

课题	生活中的立体图形		设计者	丁凯
所在单元	丰富的图形世界	年级	六年级上册	课时	1课时

环节二：探究点、线、面的关系		教师点拨：引导学生总结，几何图形构成的基本要素是点、线、面。点动成线，线动成面，面动成体。
	设计意图：从现实物体到几何图形是现实到数学的一次抽象。对获得的几何图形进行"基本元素"的分析，这是对数学对象进行抽象层面的再认识。对于点、线、面之间的关系的认识则需要结合丰富的几何图形，在形象思维和抽象思维共同作用下进行观察、分析、归纳和概括。这个过程有助于学生抽象概括能力的形成和发展。	

环节三：识别图形、归纳异同点	学习任务：认识棱柱的结构特征。 问题4：从点、线、面三个角度认识棱柱，棱、侧棱、顶点是如何形成的？ 问题5：棱柱与圆柱的区别和联系是什么？ 练习：判断下列语句是否正确，并说明理由。 (1) 棱柱的所有棱长都相等。（　） (2) 棱柱的所有面都是平面，而且形状都相同。（　） (3) 棱柱的所有侧棱都相等。（　） (4) 棱柱的侧面不能是三角形。（　） (5) 长方体和正方体不是棱柱。（　）	
	学生活动	教师活动
	学生能从点、线、面分析棱柱：棱柱是由上、下底面和多个侧面围成的，这些面都是平面；面与面的交线叫作棱，其中侧面与侧面的交线叫侧棱；棱与棱的交点叫顶点。 分类：①根据底面图形的边数将棱柱分为三棱柱、四棱柱、五棱柱、六棱柱……它们底面图形的形状分别为三角形、四边形、五边形、六边形…… ②棱柱又分为直棱柱和斜棱柱。 学生从点、线、面三方面分析棱柱与圆柱的区别和联系。 学生自主完成任务单上的练习题。	引导学生自主理解棱柱各部分的具体概念。 追问：长方体和正方体是棱柱吗？ 教师点拨：如果在我们的实际生活中举例，我们的教室其实就可以看作一个长方体。由6个面围成，面与面相交得到线（指墙角线），线与线相交得到点（指墙角顶点）。 追问：棱柱可以如何分类？ 预设：教师用图片让学生认识直棱柱和斜棱柱。 追问：棱柱与圆柱的区别和联系是什么呢？ 预设：学生可能说得比较单一，没有整体性。

209

续 表

课题	生活中的立体图形		设计者		丁凯
所在单元	丰富的图形世界	年级	六年级上册	课时	1课时

环节三：识别图形、归纳异同点

追问：回忆一下，小学是从哪几个方面发现正方体和长方体的联系与区别的？（若无回应，出示图片）

教师对回答出色的学生给予高度的肯定。

出示练习题，完成任务单。

设计意图：对几何图形进行结构分析是发展学生几何直观能力的有效方式。因为只有通过结构的分析，学生才能"看透"图形。所谓"看透"，其实就是对图形中的数学关系结构有了直接的、整体性的把握。这里不对学生的表述与分析的严谨性与准确性做过高要求，只要学生能从基本元素的角度理解概念即可。以这种分析的眼光反观小学阶段初步认识的几何体，可以让学生感悟数学概念在抽象概括层面的本质统一。

环节四：小组合作、探究关系

学习任务：

小组合作，通过填表格的形式，共同探究棱柱底面图形的边数、侧面数、侧棱数、面数、顶点数及棱数之间的数量关系。

棱柱	底面图形边数（条）	侧面数（个）	侧棱数（条）	面数（个）	顶点数（个）	棱数（条）
三棱柱						
四棱柱						
五棱柱						
…	…	…	…	…	…	…
n 棱柱						

问题6：请直接说出十二棱柱有几个侧面、几条侧棱、几个顶点、几个面、几条棱。

续 表

课题	生活中的立体图形		设计者		丁凯
所在单元	丰富的图形世界	年级	六年级上册	课时	1课时
	学生活动		教师活动		
环节四：小组合作、探究关系	能够通过观察、小组合作，总结归纳出棱柱底面图形边数、侧面数、侧棱数、面数、顶点数及棱数之间的数量关系。 生：可以用一个字母表示。		引导学生通过小组讨论，能用自己的语言阐述自己的观点。 追问：表格我们能一直写下去写完吗？ 追问：我们该怎么办呢？ 教师点拨：可以用字母来表示数。 最后总结出：一个正n棱柱，底面边数为n条，有n个侧面，有$3n$条棱，n条侧棱，$2n$个顶点，$(n+2)$个面，n个侧面。 总结规律后，教师可随机说出几棱柱，考查学生对知识的掌握程度，亦可逆向考查（例如，27条棱，这是几棱柱等）。		
	设计意图：通过小组合作与展示，学生可以在教师的引导下，对基本概念（点、线、面、体）的空间特征与相互关系的认识得到深化。同时，促进学生小组合作意识，感受集体智慧的伟大。				
环节五：学以致用、评价诊断	学习任务： 1. 同桌互答：同桌之间相互出题，利用以上关系互相解答。 2. 完成学习单： （1）六棱柱共有____条棱，其中有____条侧棱，共有____个面，其中____个侧面，____个底面，共有____个顶点；九棱柱有____条侧棱，____个面，____个顶点，____条棱。 （2）____棱柱有3个侧面；____棱柱有8个顶点，____棱柱有12条侧棱；____棱柱有10个面；____棱柱有16个顶点；某棱柱有12条棱，则该棱柱底面是____边形。 3. 请将所示的几何体进行分类，并说说你的分类依据。 ① ② ③ ④ ⑤				

续 表

课题	生活中的立体图形	设计者		丁凯	
所在单元	丰富的图形世界	年级	六年级上册	课时	1课时

	学生活动	教师活动
环节五：学以致用、评价诊断	学生独立解答。生生之间、师生之间共同纠错，完善解题思路。 生：平面和曲面；柱体、锥体和球体。	追问：对于(2)的问题，你是如何思考的？ 追问：将正方体进行切割的过程中，面、棱、顶点是怎样变化的，你能总结一下吗？（难度有点大，教师适时引导） 追问：你的分类依据是什么？ 预设：学生会从几何体的形状进行分类，分类依据教师要帮助指导总结。
	设计意图：任务的设置是为了巩固学生对几何图形知识的掌握，能直接运用性质解决问题。通过对几何体的分类，学生可以在教师的引导下从分类的过程中渐渐地认识到分类结果的不同是因为分类依据的不同。学生对点、线、面、体的空间特征与相互关系的认识得到深化。	
环节六：盘点收获	学习任务： 请同学们说一说你对"丰富的图形世界"有哪些新的认识？	
	学生活动	教师活动
	学生回顾本节课的知识以及思想方法。	追问：我们可以从哪几个方面分析一个几何体？ 追问：你期待接下来学习关于几何体的哪些知识？
	设计意图：通过回顾本节课的学习，让学生体会到从现实世界中抽象得到几何图形，从点、线、面的视角来认识、分析和描述几何图形，在以后的图形与几何的学习中，我们将以此为基础，进一步认识丰富的图形世界。	

作业设计

一、基础型作业：
1.如图，回答下列问题：

(1)说出上图中几何体的名称，哪些是棱柱？
(2)采用两种分类方式进行分类。

续 表

课题	生活中的立体图形	设计者		丁凯
所在单元	丰富的图形世界	年级	六年级上册	课时	1课时

2. 如下图，下列图形中有十四条棱的是（　　）。

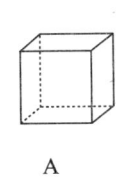

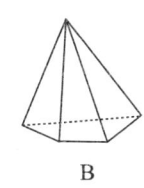

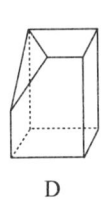

A　　　　　B　　　　　C　　　　　D

3. 棱柱的顶点数是___数（奇、偶）；棱柱的棱数一定是___的倍数。棱柱的侧棱数和侧面数的关系是___；一个七棱柱，共有___个面，___条棱，___个顶点，形状和面积完全相同的只有___个面。

二、拓展型（6 选做）

4. 一个正方体的木块砍掉一个角后，可能有____个面。

5. 不透明袋子中装有一个几何体模型，两位同学该模型并描述它的特征．甲同学：它有4个面是三角形；乙同学：它有8条棱。该模型的形状对应的立体图形可能是（　　）。

A. 三棱柱　B. 四棱柱　C. 三棱锥　D. 四棱锥

6. 从棱长为2的正方体毛坯的一角挖去一个棱长为1的小正方体，得到一个如图所示的零件，则这个零件的表面积为_____。

四、探究型作业（选做）：

选择一种方式制作长方体或棱柱，探究几何体的展开图。

板书设计
生活中的立体图形 起点 → 几何图形 → 点线面 → 棱柱的特征 → 几何体分类的依据 → 学习终点在哪儿 （几何图形 → 平面图形）

教学反思与改进
1. 学生在分类过程中可能会提出一些预想不到的分类方式，只要有依据，就应该给予充分的肯定，分类提升了学生对几何体特征的理解，也渗透了分类讨论思想。 2. 在让学生体会点、线、面、体之间的关系时，教师不能直接将结论抛给学生，要让学生在生活实例中发现点、线、面之间的关系，进而自己归纳总结。

2."认识三角形"课时教学方案

课题	认识三角形		设计者	林广玉
所在单元	三角形	年级	七年级上册	课时	1课时
目标设计	课标要求	"三角形"隶属于"图形与几何"领域。学段目标： 知识技能：探索并掌握三角形的基本性质与判定，掌握基本的证明方法和基本的作图技能。 数学思考：在研究图形性质和运动，确定物体位置等过程中，进一步发展空间观念，借助图形思考问题的过程中，初步建立几何直观，体会通过合情推理探索数学结论，运用演绎推理加以证明的过程。在多种形式的数学活动中发展合情推理与演绎推理的能力。 问题解决：初步学会在具体的情境中从数学的角度发现问题和提出问题，并综合运用数学知识解决简单的实际问题，增强应用意识，提高实践能力。 情感态度：积极参与数学活动，敢于发表自己的想法，养成独立思考、合作交流等学习习惯，形成严谨求学的科学态度。 内容标准： 1. 理解三角形及其内角、中线、高线、角平分线等概念，了解三角形的稳定性。 2. 了解三角形重心的概念。 3. 探索并证明三角形的内角和定理，证明三角形的任意两边之和大于第三边。 4. 理解全等三角形的概念，能识别全等三角形中的对应边、对应角。 5. 掌握基本事实：两边及其夹角分别相等的两个三角形全等；两角及其夹边分别相等的两个三角形全等；三边分别相等的两个三角形全等。 6. 证明定理：两角分别相等且其中一组等角的对边相等的两个三角形全等。 7. 了解等腰三角形的概念。 8. 了解直角三角形的概念，探索并掌握直角三角形的性质定理：直角三角形的两个锐角互余。 9. 会利用基本作图作三角形：已知三边、两边及其夹角、两角及其夹边作三角形。			
	单元大概念	三角形可以根据其边的相对长度和角的大小来描述、分类和命名。			

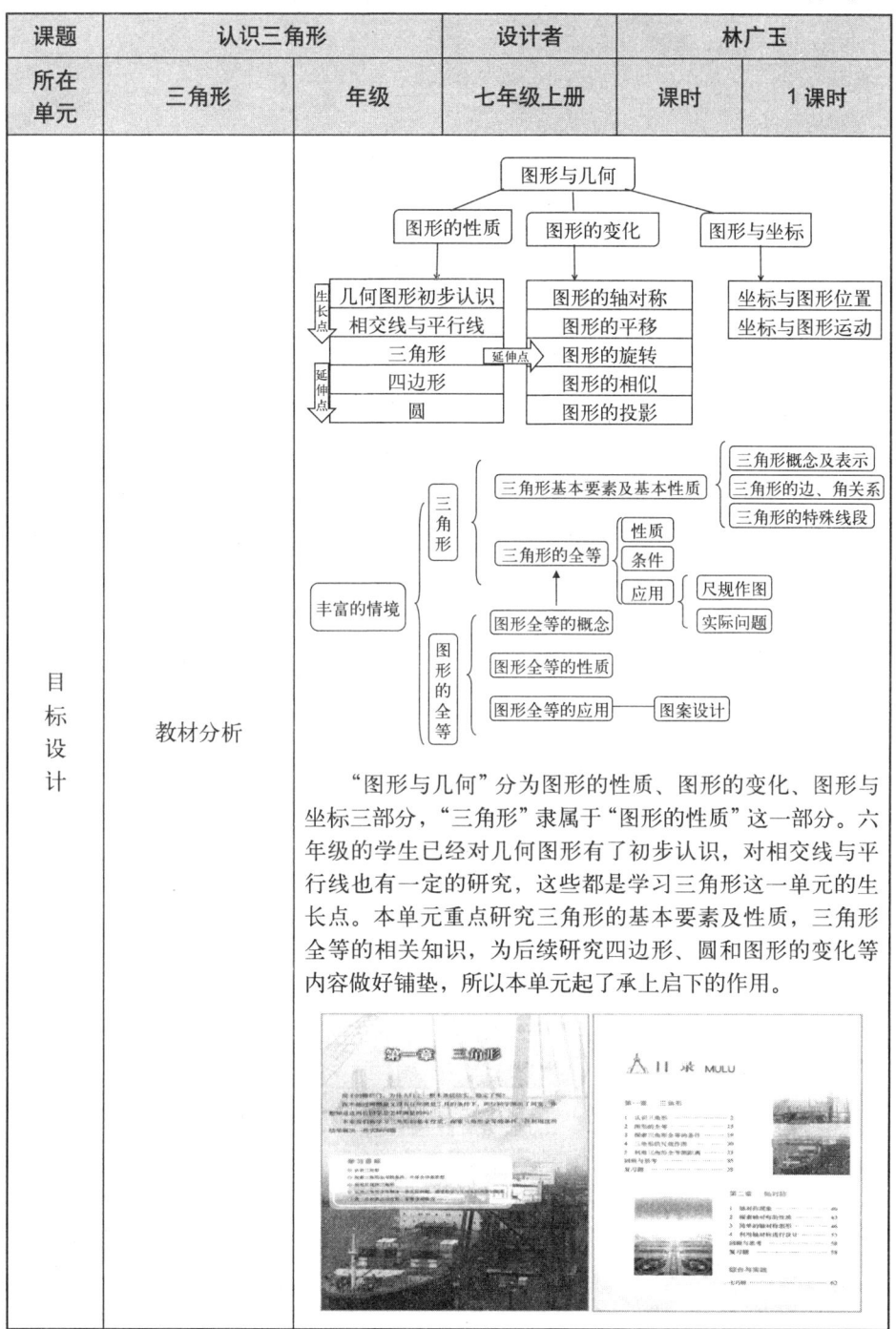

续 表

课题	认识三角形		设计者		林广玉
所在单元	三角形	年级	七年级上册	课时	1课时

目标设计	教材分析	

```
                        图形与几何
          ┌───────────────┼───────────────┐
       图形的性质        图形的变化        图形与坐标
          │                │                │
  生长点 几何图形初步认识   图形的轴对称      坐标与图形位置
       相交线与平行线      图形的平移        坐标与图形运动
          三角形  延伸点→ 图形的旋转
  延伸点  四边形             图形的相似
          圆                 图形的投影
```

```
                    ┌ 三角形基本要素及基本性质 ┬ 三角形概念及表示
                    │                          ├ 三角形的边、角关系
              三    │                          └ 三角形的特殊线段
              角 ──┤            ┌ 性质
              形    ├ 三角形的全等 ┼ 条件
                    │            └ 应用 ┬ 尺规作图
   丰富的情境        │                    └ 实际问题
                    │            ┌ 图形全等的概念
                    │  图形的    │
                    └   全等  ──┼ 图形全等的性质
                                 └ 图形全等的应用 ── 图案设计
```

"图形与几何"分为图形的性质、图形的变化、图形与坐标三部分,"三角形"隶属于"图形的性质"这一部分。六年级的学生已经对几何图形有了初步认识,对相交线与平行线也有一定的研究,这些都是学习三角形这一单元的生长点。本单元重点研究三角形的基本要素及性质,三角形全等的相关知识,为后续研究四边形、圆和图形的变化等内容做好铺垫,所以本单元起了承上启下的作用。

续　表

课题		认识三角形		设计者		林广玉
所在单元		三角形	年级	七年级上册	课时	1课时

目标设计	教材分析	章首图是学习本单元的课程资源和课堂引领，是单元知识点衔接的纽带。 　　章首图中的文字说明，一是介绍本单元的研究内容，二是本单元学完之后可以解决哪些实际问题，三是明确本单元的学习目标，起到了从总体上驾驭教材，进而优化认知结构的作用。

结构	内容 （理解什么）	路径 （如何理解）	结果 （理解到什么）	水平 （理解得如何）
认识三角形	三角形	问题情境	三角形的顶点、角、边、记法	会写、会画
	三角形内角和	撕、拼、添加辅助线	三角形内角和为180°	熟练运用
	三角形按分类	问题情境	锐角三角形、直角三角形、钝角三角形、直角三角形的性质	熟练运用
	三角形边的特点	问题情境、观察、测量、比较等活动	等腰三角形、等腰直角三角形、等边三角形，三边之间的关系	熟练运用
	三角形中线、高线、角平分线	问题情境、画图、折纸等活动	中线、高线、角平分线的特点	会画、会用
图形的全等	全等图形	观察图片	全等图形的性质	会找、会画
	全等三角形	拼、对照	全等图形的性质	熟练运用
探索三角形全等的条件	全等图形的条件	问题情境、分类讨论、画图、比对等活动	判定全等图形的条件	熟练运用
三角形的尺规作图	全等图形	尺规作图、对比重合	判定三角形全等方法的准确性	会画
利用三角形全等测距离	解决实际问题	独立思考、小组合作	利用三角形的全等解决实际问题	熟练运用

　　本单元分为五节，需要在丰富的情境中抽象出数学问题，探索三角形的相关性以及全等图形的性质并加以运用。在认识全等图形的基础上，理解全等三角形的概念及性质，并探索三角形全等的条件。教科书安排了尺规作图和利用三角形全等测距离来体现三角形全等的应用。本章要用到的数学思想方法有：转化、归纳、类比、分类、建模。

续 表

课题	认识三角形		设计者		林广玉
所在单元	三角形	年级	七年级上册	课时	1课时

目标设计	教材分析	为了更清晰地把握教材，从内容、路径、结果、水平这四方面来分析教材内容。以第一节第一课时的内容为例，先找到教材中涉及的学习内容：学习内容1三角形；学习内容2三角形内角和。再分析每一个知识内容前的学习活动，可知，学习内容1的学习路径为：通过问题情境——屋顶框架图，经历、感受、总结等活动。学习内容2的学习路径为：撕、拼、添加辅助线。最后分析教材中的课堂活动，可知，学习内容1要达到的学习结果和水平为：会写会画三角形的顶点、角、边、记法；学习内容2要达到的学习结果和水平为：熟练运用三角形内角和180°。其中体现的数学思想为"转化与归纳"，核心概念为"几何直观"。 用同样的方法对教材整个5节内容进行分析，发现教材中设计了大量的问题情境以及画图的活动，力图发展学生的空间观念和几何直观。这样得到本章要用到的数学思想方法有：转化、归纳、类比、分类、建模。 通过对教材的解读，可以看出教材将三角形的性质与特殊三角形作为一个大节——认识三角形，所以将目标中的1，2条合并为一条，依据教材分析发现，分析的路径主要是通过一些问题情境来完成，所以添加"通过各种问题情境和画图、折纸等数学活动"等行为条件。		
	学情分析	起始点	1. 相交线和平行线的相关知识。 2. 三角形的初步认识。 3. 尺规作图：线段、角。 4. 初步形成空间观念、几何直观和推理能力。	
		兴趣点	1. 生活中随处可见的三角形。 2. 折纸、画图、推理、动手操作等活动。 3. 用三角形的性质可以解决实际问题。	
		困难点	1. 如何研究三角形的基本性质。 2. 如何用三角形的性质解决实际问题。	
		关键点	1. 三角形有哪些基本性质。 2. 利用三角形的全等怎样解决实际问题。	

续 表

课题	认识三角形		设计者		林广玉
所在单元	三角形	年级	七年级上册	课时	1课时
目标设计	学情分析	从学生的起始点、兴趣点、困难点、关键点这四方面对学生的学情进行分析。起始点和兴趣点是学生的前理解和触发点，困难点和关键点是学生的困难处和重点点拨处。学生在小学阶段结合生活中的实例已经对三角形有了初步的认识，知道内角和为180°，知道三角形的高线、中线、角平分线，对特殊三角形也有初步的了解。在初一，对相交线、线段与角的相关性质有了初步认识，积累了一些初步的数学活动经验，空间观念、几何直观与推理能力得到了初步的培养，为三角形的学习提供了有利的条件。但学生有条理思考的能力较弱，采用符合自然语言习惯的文字加符号的方式进行推理过程的表述能力较差，所以如何探索验证三角形的性质，如何利用三角形解决实际问题较难。但是生活中的三角形又无处不在，学生对学习三角形的性质有什么用处很感兴趣，可以结合生活实际，采用观察、操作、思考、合作探究的方式进行探究。			
	单元目标	1. 通过各种问题情境和画图、折纸等数学活动，理解三角形及其中线、高线、角平分线等概念，能准确画出不同三角形的三线。 2. 理解特殊三角形的概念，并掌握其特殊性质；探索并掌握三角形的内角和及三角形三边之间的关系；了解三角形的稳定性及重心的概念。 3. 通过问题情境和画图、推理等数学活动，理解全等图形、全等三角形的定义和性质，掌握两个三角形全等的条件，并能用全等解决实际问题，以及有条理地推理。 4. 通过动手操作、小组合作，能够根据已有条件利用尺规作出符合题意的三角形。 5. 在研究图形性质的过程中，进一步培养学生的几何直观，发展空间观念和数学推理能力，感受数学与生活实际的密切联系。			
	课时目标	1. 通过观察、讨论等活动，理解三角形的基本概念，知道三角形的各要素和表示方法。 2. 通过三角形内角和的探究，能够归纳并验证三角形的内角和定理，并能利用其性质解决问题，培养学生的动手实践能力和语言表达能力。			

续 表

课题	认识三角形		设计者			林广玉	
所在单元	三角形		年级	七年级上册		课时	1课时

<table>
<tr><td rowspan="4">评价设计</td><td rowspan="2">评价任务或问题序列</td><td colspan="2">单元主问题</td><td colspan="4">如何从边、角、特殊线段的角度对三角形进行更深一步的认识？</td></tr>
<tr><td colspan="2">主任务</td><td colspan="4">子任务</td></tr>
<tr><td colspan="2">一、理解三角形的基本概念</td><td colspan="4">1. 如何表示线段、射线和直线？
2. 如何表示一个角？
3. 观察屋顶框架图，回答问题，总结三角形的概念。
4. 归纳三角形的组成及表示方法。</td></tr>
<tr><td colspan="2">二、探究三角形的内角的关系</td><td colspan="4">1. 选取合适的方法探索三角形三内角的关系。
2. 交流探索的方法，说明理由。
3. 验证所得结论。
4. 利用所得结论解决问题。</td></tr>
<tr><td rowspan="4">评价方案</td><td rowspan="4">通过三角形内角和的探究过程，能够归纳并验证三角形的内角和定理，并能利用其性质解决问题，培养动手实践能力和语言表达能力。</td><td colspan="4">表现标准</td><td>评价任务（包括情境和核心问题）</td><td>评价工具</td></tr>
<tr><td>表现维度</td><td>A</td><td>B</td><td>C</td><td rowspan="3">情境：三角形的内角和是多少？
核心问题：用什么方法可以验证三角形内角和？</td><td rowspan="3">1. 小组展示。
2. 性质的验证。
3. 跟踪检测。</td></tr>
<tr><td>动手操作，验证三角形内角和。</td><td>会利用撕纸拼角的方法验证三角形内角和为180°，并能清晰地表达自己的方法。</td><td>会利用撕纸拼角的方法验证三角形内角和为180°。</td><td>只知道三角形内角和，不知道该如何验证。</td></tr>
<tr><td>验证性质。</td><td>可以利用撕纸方法得到辅助线的作法，利用图形证明三角形内角和定理，并清晰地书写证明步骤。</td><td>可以利用撕纸方法得到辅助线的作法，利用图形证明三角形内角和定理，书写证明步骤时有问题，不严谨。</td><td>不会通过添加辅助线的方法证明性质。</td></tr>
<tr><td>应用性质</td><td>能准确解答并能利用性质进行解释。</td><td>能解答并利用性质解释。</td><td>不能准确解答。</td><td></td><td></td></tr>
</table>

续 表

课题	认识三角形	设计者	林广玉
所在单元	三角形	年级	七年级上册	课时	1课时

学习进程设计

<table>
<tr><td rowspan="3">环节一：情境引入、建构概念</td><td colspan="2">

学习任务：结合实际生活情境和之前的知识理解三角形的基本概念。

问题1：(1) 如何表示线段、射线和直线？ (2) 如何表示一个角？

问题2：举例生活中的三角形。

问题3：三角形概念的讲解。

观察屋顶框架图，回答如下问题：

(1) 你能从中找出四个不同的三角形吗？

(2) 与你的同伴交流各自找到的三角形。

(3) 这些三角形有什么共同的特点？

（图：屋顶框架，标有"斜梁"、"斜梁"、"直梁"）

</td></tr>
<tr><td>学生活动</td><td>教师活动</td></tr>
<tr><td>

1. 学生同伴交流，举手回答：线段、射线、直线的概念，它们及角的表示法，线段的测量等知识，同伴补充。

2. 学生依次举例生活中的三角形实例。

3. 学生借助图形完成问题3，通过上题的分析引出三角形的概念、三角形的表示方法及三角形的边角的表示方法。

（图：三角形ABC，边标注为a, b, c）

</td><td>

1. 点拨指导：认识三角形也可以从概念、表示法、要素这些方面来学习。

2. 引导学生回忆：小学学过三角形的哪些知识？

聆听学生解答并及时点评。

3. 追问：你认为什么叫作三角形？表示法是什么？有哪些要素？

预设：

归纳：$\begin{cases} \text{顶点：用大写字母表示。} \\ \qquad \text{如：}A, B, C \\ \text{角：用一个大写字母或三个大写字母表示。} \\ \qquad \angle A, \angle ABC \\ \text{边：用两个大写字母或一个小写字母表示。} \\ \qquad \text{如：}BC, a \end{cases}$

</td></tr>
<tr><td colspan="3">

设计意图：观察多媒体课件演示，让学生体会到数学知识来源于生活，激发学生的学习兴趣。通过观察的三角形的组成，归纳出三角形的概念。了解三角形的表示方法，进而能从复杂的图形中找出其个数，并能表示三角形。培养学生的观察和分析能力及归纳总结能力。

</td></tr>
</table>

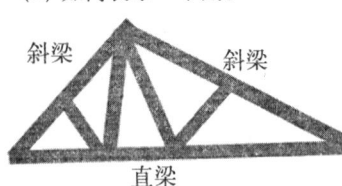

续 表

课题	认识三角形		设计者		林广玉
所在单元	三角形	年级	七年级上册	课时	1课时

<table>
<tr><td colspan="3">学习任务：三角形内角和定理的探索和验证。
问题1：你知道三角形的三个内角存在怎样的关系吗？
问题2：你还记得这个结论的探索过程吗？原来我们通过哪些活动验证过"三角形的内角和等于180°"？
问题3：利用这种方法得到的结论准确吗？</td></tr>
<tr><td rowspan="3">环节二：探究新知、验证性质</td><td>学生活动</td><td>教师活动</td></tr>
<tr><td>1. 学生举手回答问题。

2. 学生活动：分组展示通过"拼纸""折纸"的方式验证"三角形的内角和等于180°"，小组合作交流。

活动要求：两人一组展示，制作两个大小、形状完全一样的三角形，分别按相同的顺序用签字笔标注角，提前在背面贴好双面胶，展示粘贴在教室墙上的白板处，以小组为单位进行交流，结合导学案，先独立思考，有想法了，再和小组成员交流。</td><td>1. 预设：学生会比较快速地回答三角形内角和为180°。
2. 教师活动：(1) 提问归纳，课件出示三种方法"测量""拼纸""折纸"；(2) 几何画板演示"测量"方法，并追问：通过直接测量能严格地说明三角形的内角和等于180°吗？说明证明的必要性与严谨性，引导学生继续思考。
(设想可能出现的情况)

（图示：通过测量验证三角形内角和等于180°）

图1　图2

图3　图4

追问：1. 今天我们将通过严格的推理去证明这个定理，能否从原来的探索活动中得到些启发呢？</td></tr>
</table>

续 表

课题	认识三角形		设计者	林广玉
所在单元	三角形	年级	七年级上册	课时	1课时

环节二：探究新知、验证性质	成果展示 学生活动：以小组为单位进行展示，结合"折纸、拼纸"进行联系和对比，说明辅助线的作法和证明方法。 活动要求：在对应图形旁画图，并写出关键步骤。（提前准备好三角板和白板笔） 已知：如图，△ABC 是任意一个三角形。 求证：∠A+∠B+∠C=180°。 证明：如图，作 BC 的延长线 CD，过点 C 作 CE∥BA， ∴∠A=∠1（两直线平行，内错角相等）， ∠B=∠2（两直线平行，同位角相等）。 ∵∠1+∠2+∠ACB=180°（平角的定义） ∴∠A+∠B+∠ACB=180°（等量代换）。 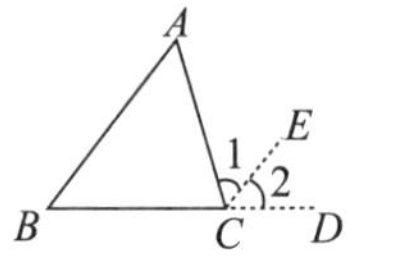 学生活动：在练习本上任选一种证明方法进行书写，也可以根据自身情况，一题多证。	2. 在"拼纸、折纸"的探索过程中，你有没有什么发现和体会？ 3. 不通过拼、折的方式移动角，能否作出某些辅助的线，实现这种移动？你的作法是什么？ 4. 选择其中一种方法，证明：三角形三个内角的和等于180°。 教师活动：点评学生的展示活动，追问：这些活动中有没有什么共同的目的？并继续追问，步步深入，引导学生发现归纳，无论"拼纸"还是"折纸"，都是想将这些角"凑"到一起，组成180°，可以是平角，也可以是同旁内角，进而抓住问题的根本是"把角凑到一起"，让学生明确接下来的小组交流合作的任务，为引出"辅助线"做好铺垫。 （设想可能出现的情况） 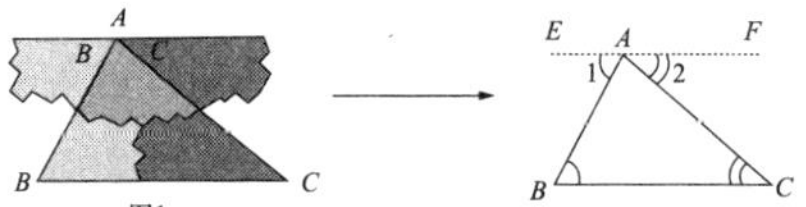 图1 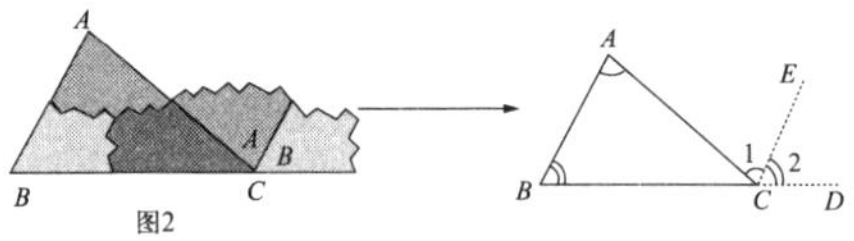 图2 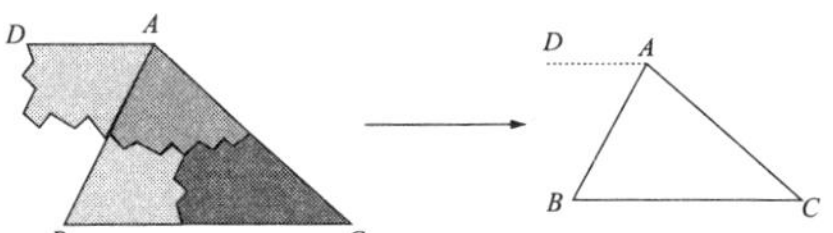 图3 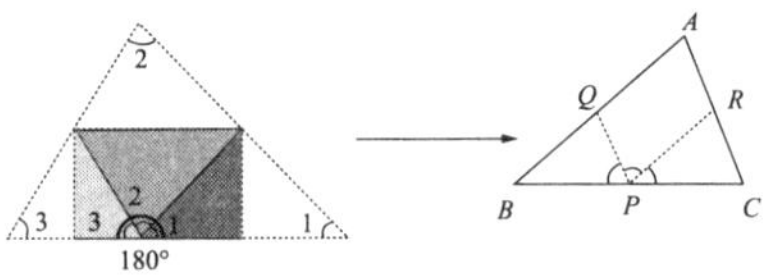 图4

续　表

课题	认识三角形		设计者	林广玉
所在单元	三角形	年级	七年级上册	课时	1课时

环节二：探究新知、验证性质	小组长带领组员抓住根本的意识，抓住"把三个角'搬'到一起，让三个顶点重合，两条边形成一条直线，利用平角的定义"这一基本思想，进一步体会一题多证的思想。	教师活动：结合学生的做法，进行点评归纳，引出辅助线的概念以及画法。通过对比前面的直观验证和现在的推理证明，让学生体会辅助线的神奇作用：将不在同一位置的角"凑"在一起，转化为一个平角或同旁内角，将直观验证转化为推理证明。任选其中一种方法，板书，强调书写要求。后期巡视、批阅、改错，书写达标的学生所在小组加1分。 继续追问：添加辅助线的目的是将角"凑"到一起，我们可以选择"凑"到顶点、边上，其他位置行不行？还可以"凑"到什么位置？引出其他方法，利用几何画板演示：
	设计意图：通过复习回顾，引导学生从原有的知识和经验中寻找问题的答案，建立起新旧知识之间的联系，将新问题转化为旧知识，以问题为引导，抓住问题的根本，将直观验证向推理证明转化。通过小组合作，激发学生勇于探索、合作交流的精神，尝试多角度思考问题，寻求从不同角度解决问题的方法，培养学生一题多思、一题多解的创新精神。本章是证明的初始阶段，因此，应关注对证明意义的理解和对证明过程中格式规范的要求。要求画出相应的图形，写出具体的已知、求证。养成步步有据的习惯，形成严谨的科学态度。	
环节三：跟踪评价、拓展延伸	学习任务：跟踪测评三角形内角和定理。 1. 基础巩固 (1) 如图，某同学把一块三角形的玻璃打碎成三片，现在他要到玻璃店去配一块完全一样的玻璃，那么最省事的办法是（　　）。 A. 带①去　　　B. 带②去 C. 带③去　　　D. 带①和②去	

续 表

课题	认识三角形		设计者	林广玉
所在单元	三角形	年级	七年级上册	课时	1课时

环节三：跟踪评价、拓展延伸	(2) 一个三角形至少有（　　）。 A. 一个锐角　B. 两个锐角　C. 一个钝角　D. 一个直角 (3) 如图：∠α=＿＿＿。 2. 能力提升 (4) 证明：四边形的内角和等于360°。 3. 课后拓展 (5) 证明：五边形的内角和等于540°。 (6) 证明：n边形的内角和等于$(n-2)\times180°$。 第(1)题图 第(3)题图	
	学生活动	教师活动
	学生独立解答，通过应用进一步巩固二次根式的性质。生生之间、师生之间共同纠错，完善解题思路。	追问：(1)题利用的原理是什么？ (5)题借助几何画板帮助学生进一步验证。
	设计意图：简单地应用三角形内角和定理解决问题，类比三角形内角和定理的证明，引导学生抓住问题的根本"将四边形分割成三角形"，进一步体会"辅助线"的神奇作用和转化思想，进一步体会一题多证。将课上新知延伸到课下，引导学生课下继续思考，进一步拓展思路。	
环节四：巩固应用、评价诊断	学习任务：回顾本节课的知识点和方法。 本节课你学会了哪些知识？在知识应用中需要注意什么？ 你学到了哪些思想方法？	
	学生活动	教师活动
	学生回顾本节课上所学的知识、思想。举手交流分享。	追问1：我们是怎样验证三角形内角和的？ 追问2：你认为接下来我们还将学习三角形的哪些知识呢？
	设计意图：让学生巩固已有新知，用已获得的知识经验去解决新的问题，有利于发展学生应用数学的意识，一题多解，培养学生的发散思维。	

续 表

课题	认识三角形		设计者	林广玉
所在单元	三角形	年级	七年级上册	课时 1课时

环节五：盘点收获	学习任务： 1. 在 $\triangle ABC$ 中，$\angle A = 35°$，$\angle B = 43°$，$\angle C =$ _____。 2. $\angle A : \angle B : \angle C = 3 : 2 : 1$，则 $\triangle ABC$ 的每个内角是多少度？ 3. 在 $\triangle ABC$ 中，$\angle A - \angle C = 35°$，$\angle B - \angle C = 10°$，则 $\angle B =$ _____。 4. 如图，$\angle ACB = 90°$，CD 垂直于 AB，垂足为 D，$\angle ACD$ 与 $\angle B$ 的大小有什么关系？为什么？
	学生活动	教师活动
	学生独立做题上交给老师，达标的学生所在小组加1分。	教师及时检查学生的做题情况。追问：用到了什么思想方法？ 预设：方程思想。
	设计意图：任务的设置是为巩固学生对三角形基本定义和内角和定理的掌握，能直接运用性质去解决问题。

作业设计

一、基础型作业（必做题）：
1. 在 $\triangle ABC$ 中，$\angle A = 55°$，$\angle C = 43°$，则 $\angle B =$ _____。
2. $\angle A : \angle B : \angle C = 4 : 3 : 1$，则 $\triangle ABC$ 的每个内角是多少度？
3. 在 $\triangle ABC$ 中，$\angle A - \angle C = 45°$，$\angle B - \angle C = 20°$，则 $\angle B =$ _____。

二、拓展型作业（1，2必做题）：
1. 如图1，求 $\angle A + \angle B + \angle C + \angle D + \angle E + \angle F$。
2. 如图2，在 $\triangle ABC$ 中，$\angle BAC = 40°$，$\angle B = 75°$，AD 是 $\triangle ABC$ 的角平分线。求 $\angle ADB$ 的度数。
3. 如图3，C 岛在 A 岛的北偏东 $50°$ 方向，B 岛在 A 岛的北偏东 $80°$ 方向，C 岛在 B 岛的北偏西 $40°$ 方向，从 C 岛看 A，B 两岛的视角 $\angle ACB$ 是多少度？

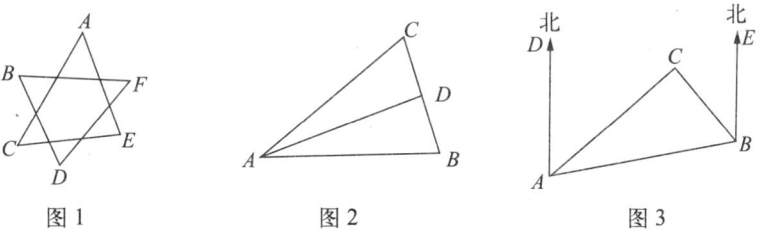

图1　　　　图2　　　　图3

三、探究型作业（选做题）：
搜集三角形的相关知识，绘制三角形的知识结构图。

续 表

课题	认识三角形	设计者	林广玉
所在单元	三角形	年级	七年级上册	课时	1课时

板书设计

认识三角形（1）

三角形内角和定理：三角形内角和为180°

证明方法：

三角形 { 定义： 要素：边、角 记法：△ABC }

教学反思与改进

本节课主要关注学生已有的知识经验，让学生在熟悉的情境中找三角形，列举生活中的三角形，唤起新知，调动学生已有的生活经验，丰富三角形的表象；在动手操作中，让学生通过转化思想对三角形内角和定理进行验证。教学中学生必须参与到发现概念的活动中去，通过活动让学生亲身体验，感受背景材料与概念之间的关系，并对之进行思考、加工、概括。我们要经常说的几句话是"你能用自己的语言说出你的发现吗""你能用符号语言写出你的发现吗"。事实上，学生对概念本质进行本真表达的语言既是概念抽象命名的基础，又是对抽象命名的概念的一种诠释。有些学生数学素养之所以不好，概念不清往往是最直接的原因。因此，概念教学应重视概念的形成过程，要使学生经历"材料感知""辨析比较""归纳概括""抽象命名"的形成过程。在这个过程中，教师可以帮助学生形成对概念内涵的丰富认识；可以帮助学生提升比较和分类，概括和抽象的能力；可以帮助学生提升准确、简练和严密的数学语言表达水平。

3."探索勾股定理"课时教学方案

课题	探索勾股定理		设计者		初玲妍	
所在单元	勾股定理	年级	七年级上册		课时	1课时
目标设计	课标要求	\multicolumn{5}{l	}{总目标： 知识技能：经历数与代数的抽象、运算与建模等过程，掌握数与代数的基础知识和基本技能。经历图形的抽象过程，掌握图形与几何的基础知识和基本技能。 数学思考：建立数感和空间观念，初步形成几何直观和运算能力。 问题解决：初步学会从数学的角度发现问题和提出问题，综合运用数学知识解决简单的实际问题，增强应用意识，提高实践能力。经历从不同角度寻求分析问题、解决问题的方法和过程，体验解决问题方法的多样性，掌握分析问题和解决问题的一些基本方法。 情感态度：积极参与数学活动，体会数学的特点，了解数学的价值。 学段目标： 知识技能：体验从具体情境中抽象出数学符号的过程，掌握必要的运算技能，探索具体问题中的数量关系和变化规律，掌握用代数式进行表述的方法。 数学思考：经历借助图形思考问题的过程，初步建立几何直观。 问题解决：初步学会在具体情境中从数学的角度发现问题和提出问题，并会综合运用数学知识解决简单的实际问题，增强应用意识，提高实践能力。 情感态度：积极参与数学活动，在运用数学表述和解决问题的过程中，认识数学具有抽象、严谨和应用广泛的特点。 内容标准： 1. 在研究图形性质和运动等过程中，进一步发展空间观念。 2. 在多种形式的数学活动中，发展合情推理能力。 3. 经历从不同角度寻求分析问题和解决问题的方法的过程，体验解决问题方法的多样性。 4. 探索勾股定理及其逆定理，并能运用它们解决一些简单的实际问题。 本课时对应的内容标准： 探索勾股定理，经历从不同角度寻求分析问题和解决问题的方法的过程，并能运用它解决一些简单的实际问题。在研究图形的过程中，进一步发展空间观念。}

续 表

课题	探索勾股定理		设计者		初玲妍	
所在单元	勾股定理	年级	七年级上册		课时	1课时
目标设计	课标要求	具体分解如下：				
		行为条件	行为动词	认知水平	具体概念	知识类型
			经历	体验	勾股定理的探究	程序性知识
			掌握	掌握	直角三角形的三边关系	陈述性知识
			掌握	应用	勾股定理	程序性知识
			体会	体验	直角三角形三边关系搭建起几何图形和数量关系之间的桥梁	程序性知识
	单元大概念	直角三角形的三边关系搭建起了几何图形和数量关系之间的桥梁。				
	教材分析	1. 单元教材地位

```
                    勾股定理
                   /        \
     直角三角形、正方形    直角三角形三边关系
          |                       |
         几何  <— 数形结合 —>   代数
          |                       |
      解直角三角形               无理数
        / | \                     |
       /  |  \                   实数
      /   |   \                   |
  三角函数 解斜三角形  平面直角坐标系
                    中两点间距离  <— 数形结合 —>  平面直角坐标系
       _____|_____/
                    解析几何
```

本课位于鲁教版七年级上册第三章第一节的第一课时，属于三角形主题单元。勾股定理是在学生已经学习了直角三角形两锐角的性质之后提出来的另一条性质。它是平面几何有关度量的最基本定理，它从边的角度进一步刻画了直角三角形的特征，揭示了一个直角三角形三边之间的数量关系，勾通了形与数的联系。学习勾股定理及其逆定理是进一步认识和理解直角三角形的需要，是后面学习解直角三角形的重要依据。在探究勾股定理的过程中，涉及开方运算，引出下一章学习无理数的必要性，是无理数的生长点，也是后续有 | | | | |

续 表

课题	探索勾股定理		设计者		初玲妍	
所在单元	勾股定理	年级	七年级上册	课时		1课时
目标设计	教材分析	\multicolumn{5}{l}{关解析几何和代数学习必要的基础。因此，勾股定理具有学科的基础性和广泛的应用，是几何学中非常重要的定理。 2. 单元知识结构 **第三章　勾股定理** 1　探索勾股定理 …………… 66 2　一定是直角三角形吗 ……… 73 3　勾股定理的应用举例 ……… 77 回顾与思考 …………………… 81 复习题 ………………………… 81 本章设计了3节内容： 第一节"探索勾股定理"。本节有2个课时，学生经历了从猜测、验证、说理的数学思考过程。第1课时从等腰直角三角形到直角边长为整数的直角三角形，再到直角边长为小数的直角三角形，最后到第2课时边长为 a, b, c 的直角三角形。设计了大量的探究、验证活动，可谓层层递进，浓墨重彩。整个设计力图再现勾股定理的探究过程，并感受各种探究方法之间的内在联系，发展学生的推理能力，分析问题、解决问题的能力，活动形式丰富，渗透从特殊到一般的化归思想。 第2节"一定是直角三角形吗"。探索勾股定理的逆定理，引导学生逆向思考，力图在形式多样、层层递进的活动中引领学生探究，发展探究能力。 第3节"勾股定理的应用举例"。勾股定理在生产与生活中应用广泛。中国古代学者对勾股定理的研究有很多重要成就，对勾股定理的证明采用了很多方法，对后世影响很大，也是对学生进行爱国主义教育的好素材。}

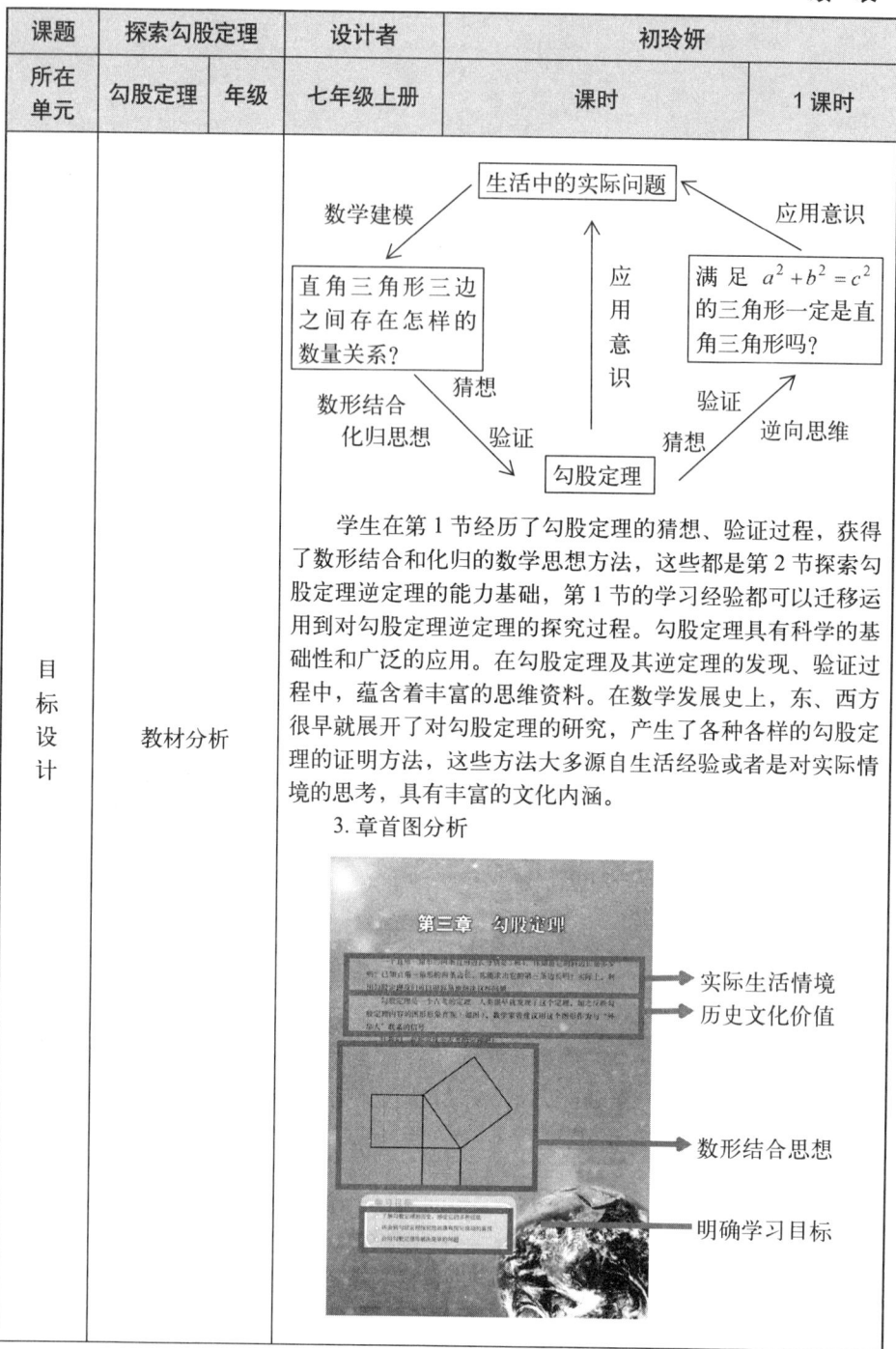

续表

课题	探索勾股定理		设计者	初玲妍	
所在单元	勾股定理	年级	七年级上册	课时	1课时
目标设计	教材分析	_____			

生活中的实际问题 ← 数学建模 ← 直角三角形三边之间存在怎样的数量关系？ ← 数形结合 化归思想 ← 猜想 验证 → 勾股定理 ← 猜想 验证 ← 满足 $a^2+b^2=c^2$ 的三角形一定是直角三角形吗？ ← 逆向思维 ← 应用意识 ← 应用意识

学生在第1节经历了勾股定理的猜想、验证过程，获得了数形结合和化归的数学思想方法，这些都是第2节探索勾股定理逆定理的能力基础，第1节的学习经验都可以迁移运用到对勾股定理逆定理的探究过程。勾股定理具有科学的基础性和广泛的应用。在勾股定理及其逆定理的发现、验证过程中，蕴含着丰富的思维资料。在数学发展史上，东、西方很早就展开了对勾股定理的研究，产生了各种各样的勾股定理的证明方法，这些方法大多源自生活经验或者是对实际情境的思考，具有丰富的文化内涵。

3. 章首图分析

第三章 勾股定理 → 实际生活情境 → 历史文化价值 → 数形结合思想 → 明确学习目标

续 表

课题	探索勾股定理		设计者		初玲妍
所在单元	勾股定理	年级	七年级上册	课时	1课时

目标设计	教材分析	在章首图中，以反映勾股定理的图作为主题图，并说明：数学家曾建议用这个图作为与"外星人"联系的信号。这势必引发学生的很多思考：和外星文明交流的"语言"应该具有哪些特点？这个图得到数学家的青睐，势必也具有一些好的特点了，这个图具有什么特点？这个图反映的勾股定理到底是什么？它有哪些作用？为什么很多文明古国都会说：我们首先认识的数学定理是勾股定理……这样的思考，可以激发学生强烈的学习欲望。 从章首图中可以看出，教材不仅仅满足于学生掌握勾股定理及其逆定理，并应用它们解决具体的实际问题，还力图让学生经历勾股定理及其逆定理的探究过程，在探究过程中进一步丰富学生的数学活动经验，发展学生的推理能力和分析问题、解决问题的能力，同时感受勾股定理的文化价值。
	学情分析	1. 学生已知 "勾股定理"属于"三角形"主题单元，本主题包含"认识三角形""勾股定理""三角形的有关证明""直角三角形的边角关系"四个部分。本节课是在学生学习了"三角形三边关系"和"30°角所对的直角边等于斜边的一半"的基础上，对直角三角形三边关系的进一步研究。 勾股定理的发现、验证，蕴含着丰富的思维材料。学生先前已经经历过较多的操作性活动和探究性活动，小学阶段也有数格子、拼图等操作经验，具备了一定的探究能力和分析归纳能力。 2. 学生未知 学生要借助网格探究直角三角形的三边关系，通过对勾股定理的猜想和验证，能在网格中运用割补法计算图形的面积。在探究过程中，学生进一步丰富自己的数学活动经验，可以把数形结合起来思考问题，并能在不同情境中灵活运用勾股定理解决问题，发展自己的推理能力和分析问题、解决问题的能力，同时感受勾股定理的文化价值。 3. 学生思维的进阶点 学生通过对勾股定理的猜想和验证，能在网格中运用割补法计算图形的面积。在探究过程中，学生可以把三角形的三边关系与正方形的面积相联系，将数的运算关系与图形相关联，把数形结合起来思考问题。在验证过程中，学生能够

续 表

课题	探索勾股定理		设计者		初玲妍
所在单元	勾股定理	年级	七年级上册	课时	1课时
目标设计	学情分析	从最特殊的等腰直角三角形入手，到直角边长为小数的直角三角形，层层递进，验证猜想。因此，数形结合思想和从特殊到一般、化归的数学思想方法的运用是本节课学生思维的进阶点。 4.学生思维的障碍点 对于勾股定理的探索，根据已有的经验，学生很难想到去寻找边长的平方之间的关系，对三边之间的二次方关系的研究还是很陌生的。为突破这一障碍点，教师在教学过程中引入了利用直角三角形的等积法来求第三边，进行突破。 虽然在探究过程中，做了大量的铺垫，借助网格帮助分析图形的面积，但学生对用割补法和面积法计算还有一定的困难，因此，在教学中需加强学生动口、动手、合作交流等能力，加强学生对猜想、转化、归纳等数学思想的理解。			
	单元目标	1.通过多种形式的数学活动，经历勾股定理的探索过程，了解勾股定理的各种探究方法及内在联系，掌握勾股定理，体验解决问题方法的多样性，并进一步发展合情推理能力，体会数形结合思想。 2.通过类比勾股定理的探究过程，经历直角三角形判别条件（勾股定理逆定理）的探索过程，掌握勾股定理的逆定理，掌握类比的数学方法，发展合情推理能力。 3.通过实例了解勾股定理的历史与应用，能够应用勾股定理及其逆定理解决简单的实际问题，体会勾股定理的文化价值。			
	课时目标	1.通过实际情境，体会探索勾股定理的必要性，提高数学建模意识。 2.通过多种形式的数学活动，经历从不同角度验证勾股定理的过程，了解勾股定理的各种探索方法及其内在联系，体验解决问题方法的多样性，并进一步发展合情推理能力，体会数形结合思想。 3.通过具体情境，掌握勾股定理，并能运用勾股定理解决一些实际问题。			

续　表

课题	探索勾股定理		设计者			初玲妍	
所在单元	勾股定理	年级	七年级上册			课时	1课时
评价设计	评价任务或问题序列		单元主问题	直角三角形的三条边之间存在怎样的数量关系？			
			主任务	子任务			
			一、猜想直角三角形的三边关系	1. 从"水立方变冰立方"情境中抽象出需要研究直角三角形的三边关系； 2. 通过对最特殊的等腰直角三角形的三边的探究，发现直角三角形的三边关系与斜边的平方有关； 3. 改变直角三角形的边长，变成一般的直角三角形，借助网格纸，通过割补法求出斜边的平方； 4. 整理 a，b，c 的值，猜想直角三角形的三边关系。			
			二、验证直角三角形的三边关系	1. 选取合适的 a，b，c 的值填写表格，验证猜想； 2. 了解数学家们对勾股定理的证明； 3. 应用勾股定理解决问题。			
	评价方案	核心目标	表现标准			评价任务（包括情境和核心问题）	评价工具
		通过填写表格、计算、交流等活动，能够猜想出直角三角形的三边关系，能借助网格纸进行计算、验证，并利用勾股定理解决问题。	表现维度	A	B	C	情境：选取合适的 a，b，c 的值进行计算。 核心问题：直角三角形的三条边之间有怎样的数量关系？	1. 表格的填写。 2. 定理的验证过程。 3. 检测。
			猜想三边关系	会对 a，b，c 进行合理的取值，能借助网格纸求出斜边的平方，并能猜想出 $□^2+□^2=□^2$。	会对 a，b，c 进行合理的取值，能借助网格纸求出斜边的平方，猜想不出 $□^2$。	a，b，c 的取值出现小问题，无法表示出斜边的平方。		
			验证三边关系	进一步对 a，b，c 进行合理的取值，利用图形之间的关系，进一步验证定理。	会对 a，b，c 进行合理的取值，验证勾股定理。	没有对 a，b，c 的取值。		
			应用定理	能熟练运用定理解决问题，并作出解释。	能运用定理进行简单问题的解答。	不能准确运用定理解决问题。		

233

续 表

课题	探索勾股定理		设计者	初玲妍	
所在单元	勾股定理	年级	七年级上册	课时	1课时

<table><tr><td colspan="3" align="center">学习进程设计</td></tr><tr><td rowspan="3">环节一：情境导入，感受探究的必要性</td><td colspan="2">学习任务：
北京是世界上唯一一个既承办过夏季奥运会，又承办过冬季奥运会的城市，被称为"双奥之城"。作为"双奥场馆"的水立方在变身冰立方的过程中有这样一个小插曲：
冰壶比赛场地底部的钢结构转换支撑部分是 1.2 米 ×1.6 米的矩形，为了增强场地的稳定性，需要在矩形对角线的位置添加一根钢条支撑。你知道工程师是如何得到钢条的长度的吗？
问题1：如果你是工程师，你会怎样得到这根钢条的长度？</td></tr><tr><td align="center">学生活动</td><td align="center">教师活动</td></tr><tr><td>学生思考并回答：用尺子测量。

学生思考，根据教师的追问，找出其中的已知量和未知量，提出需要解决的数学问题。
已知：Rt△ABC中，∠C=90°，AC=1.6米，BC=1.2米，求AB的长。
要解决这一问题，需要找到直角三角形的三边关系。

（图：直角三角形 ABC，A 在上，C 在左下直角，B 在右下；AC=1.6米，CB=1.2米）</td><td>点拨指导：首先对学生想到的测量方法提出表扬。

然后提出疑问：对于这样一项巨大的工程，用测量的方法精准吗？是否存在误差？对于一项浩大的工程来说，差之毫厘，谬以千里。我们怎样能得到更加精准的数据？
预设：学生不能将这一实际问题转化为数学问题。
追问：你如何通过计算得到这根钢条的长度？
你已知的数据有哪些？</td></tr></table>

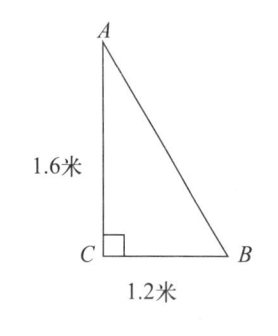

234

续　表

课题	探索勾股定理		设计者		初玲妍	
所在单元	勾股定理	年级	七年级上册	课时	1课时	

环节一：情境导入，感受探究的必要性	设计意图： 　　这一环节从生活中的实际问题入手，引起学生的探究欲望，并将这一现实问题转化为数学问题，体现了数学的建模思想。学生已有的经验能够想到可以通过测量的方法得到数据。对学生的这一方法应给予鼓励和肯定。同时指出，测量有误差。对于这样一项浩大的工程，差之毫厘，谬以千里。通过追问，使学生体会到数学的严谨性，再利用问题2进一步引导学生将这一现实问题转化为求三角形三边之间的数量关系，引出通过构造现有知识不足以解决的问题，形成知识冲突，让学生感受到探索本节知识的必要性，从而激发学生的好奇心和求知欲。		
环节二：猜想直角三角形的三边关系	学习任务：直角三角形的三边满足什么关系？ 活动1：从最特殊、简单的三角形入手。 问题2：已知Rt△ABC中，∠C=90°。 (1) 若$a=b=1$，你能写出含c的等式吗？ (2) 若$a=b=2$，你能写出含c的等式吗？ (3) 若$a=1$，$b=2$呢？		
	学生活动	教师活动	
	学生先独立思考，在学案上完成活动1中的(1)(2)。 　　学生根据教师的提示，能够利用等面积法写出含有c的等式。 　　学生由$c^2=2$，$c^2=8$想到正方形的面积。	过渡语： 　　我们研究同一类图形的特点的一般思路是什么？ 　　我们要研究直角三角形，应从什么样的直角三角形入手？ 　　你认为最特殊、最简单的直角三角形是哪个？ 预设可能的问题： 　　有一部分同学可能会出现计算困难，无从下手。教师可以提醒，从而引导学生用等面积法进行计算。 　　追问1：对于直角三角形的计算，我们学过哪些？ 　　追问2：(1)(2)中的两个等腰直角三角形是已知两条直角边，求斜边长。能够把这三个数据建立联系的是哪个式子？ 思考： 　　(1)(2)的条件有什么共同点？(3)的条件与(1)(2)有什么区别？ 　　(1)(2)的结果有什么共同点？$c^2=2$，$c^2=8$能让我们想起什么？	

235

续 表

课题	探索勾股定理		设计者		初玲妍	
所在单元	勾股定理	年级	七年级上册	课时	1课时	

环节二：猜想直角三角形的三边关系	设计意图： 这一环节通过问题引导的形式，带领学生形成探究图形性质的一般思路：从最简单、特殊的图形入手，后面通过逐步改变已知条件，层层递进转化为一般图形，寻找图形之间的共同性质，渗透从特殊到一般的化归思想。 通过思考两个问题，实现从特殊到一般的转化。同时，学生从对三角形最熟悉的计算面积入手，得出斜边的平方的形式，再通过问题"$c^2=2$，$c^2=8$能让我们想起什么？"引出正方形的面积，将边长之间的关系转化为面积之间的关系，体现了转化思想，也为后面借助图形进行计算，实现数形结合做铺垫。 活动2：借助网格纸，分析、验证以c为边长的正方形面积的求法。 问题3：(1) 如何验证以c为边长的正方形面积为2？ (2) 你能用上述方法验证问题2(2)的结论吗？ (3) 你有哪些方法知道所画出的正方形的面积为8？

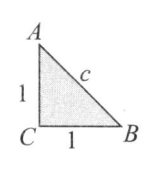

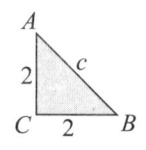

学生活动	教师活动
学生可以通过小组合作，借助工具包中提供的材料（网格纸、刻度尺、三角板、量角器）进行探究，利用网格画出图形，并能从不同的角度，思路清晰、有条理地解释说明。 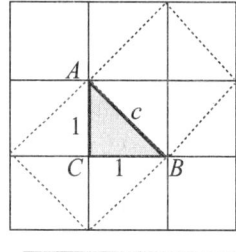 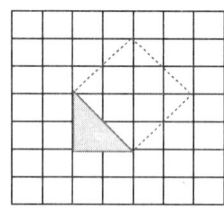 图中的正方形面积为8：可以数格子；可以借助网格将正方形切割成4个等腰直角三角形；可以将正方形补成大的正方形，再减去4个补上的直角三角形的面积。	教师在学生活动时巡视，给予学生适当的指点：要借助网格求面积，就要合理利用网格特点，将图形转化成边长可数出来的规则图形来解决问题。教师要深入小组，倾听学生发言，掌握学情。

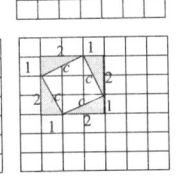

续 表

课题	探索勾股定理		设计者		初玲妍	
所在单元	勾股定理	年级	七年级上册		课时	1课时

环节二：猜想直角三角形的三边关系	设计意图： 学生借助网格，找到面积为2和8的正方形，同时将直角三角形的斜边长与正方形之间建立联系。学生通过对问题(3)的分析，找到可以用割补的方法来求图形的面积，为后面对一般直角三角形的探究做铺垫。 活动3：应用活动2中的方法，探究非等腰的直角三角形。 问题4：(1)你能用上述方法帮助解决问题3(3)吗？ (2)你有哪些方法能知道所画出的正方形的面积是5？ (3)若$a=2$，$b=3$，你能求出c^2吗？你有哪些方法能知道所画出的正方形的面积是13？

学生活动	教师活动
学生可以小组合作，利用活动2的活动经验进行探究。在活动2中，学生借助网格纸对正方形进行切割或者补来求正方形的面积。在此处，学生能应用活动2的不同方法来说明所画正方形的面积是5和13。	教师在学生活动时巡视，给予适当的指点。小组交流时，倾听学生发言，鼓励学生用尽可能多的方法验证正方形的面积。针对典型方法中的关键问题及时追问，引导学生充分交流、表达。 预设：尽管有问题4做铺垫，有的学生会想到分割成两个等腰三角形或者四个直角三角形，仍然很少有同学会想到补的方法。 追问：你还有其他的方法吗？引发学生的思考。如果学生还想不到"补"的方法，就提示学生，我们在问题3中运用了哪些方法对图形进行处理？学生就会想到"割"或者"补"的方法，并且进一步追问学生按照什么样的原则来切割，引导学生寻找解决问题的方法。

设计意图：
学生通过1、2两个环节，找到表示一般的直角三角形斜边平方的方法，提高合情推理能力以及语言表达能力，体会由特殊到一般和转化的数学思想。

续 表

课题	探索勾股定理		设计者		初玲妍	
所在单元	勾股定理	年级	七年级上册		课时	1课时

	活动4：观察、归纳，大胆猜想直角三角形的三边关系。 问题5：我们要寻找的是直角三角形的三边关系。通过上述探究过程，请借助下列表格对数据进行整理，你发现直角三角形的三边之间有怎样的关系？ | a	b	c | |---|---|---| | | | | | | | | | | | | | | | | 你的发现：_____
	学生活动	教师活动
环节二：猜想直角三角形的三边关系	学生可以利用小组对数据进行整理、观察，充分地交流、表达、讨论，大胆猜想。 □² + □² = □²。 | a | b | c | |---|---|---| | 1 | 1 | $c^2=2$ | | 2 | 2 | $c^2=8$ | | 1 | 2 | $c^2=5$ | | 2 | 3 | $c^2=13$ |	教师对学生的各种发现应给予及时的评价，引导学生分别从文字语言、符号语言、数学图形语言归纳。 预设：学生在整理数据的时候，会单纯地思考表头中的 a,b,c 的值，不知如何填表。 引导：你有什么困难？学生会回答表示不出 c 的具体值。教师可以引导，"我们不知道 c 的值，但是可以填写 c 的平方的值。"再进一步引导学生观察数据找出三边之间的关系。因为提到了其中一条边的平方，这样就有学生会想到将另外两条边也进行平方。
	设计意图： 通过对前面4组数据的梳理，学生能够通过观察数据以及前面的活动经验进行大胆猜想，找出直角三角形的三边关系。 同时，在探究过程中，对于 $c^2 = 2, 8, 5, 13$ 时， c 的值到底是多少？为后面一章无理数学习的必要性做了充分的铺垫。

续 表

课题	探索勾股定理		设计者		初玲妍	
所在单元	勾股定理	年级	七年级上册		课时	1课时

环节三：验证直角三角形的三边关系	验证猜想，得出定理。 问题6：(1) 你能进一步验证你的猜想吗？ (2) 你的结论适用于所有的直角三角形吗？	
	学生活动	教师活动
	学生利用前面的探究经验，通过列举不同的数据，进一步验证猜想。	教师巡视，观察学生列举的数据，注意引导学生列举小数、分数等。 教师利用几何画板演示，通过改变直角三角形三边的长，改变∠A的度数，让学生观察边长之间的关系，对定理的一般性进行更充分的说明。
	设计意图： 引导学生从数的角度由特殊到一般，从形的角度由具体到抽象，数形结合得出结论，并发现开平方运算与平方运算的关系，培养学生由特殊到一般的思维方式，提高归纳、总结的能力。	
环节四：归纳总结、回顾思考	活动1：归纳定理，回顾思考。 勾股定理：直角三角形中，两直角边的平方和等于斜边的平方。 $\Box$ + $\Box$ = $\Box$ 。 问题7： 回顾思考：(1) 怎样探索得到勾股定理的？ (2) 你有哪些方法验证勾股定理？ (3) 你有问题吗？你想到什么问题？你能发现什么问题？ (4) 勾股定理有什么用？	
	学生活动	教师活动
	学生通过回顾整个探究过程，引发思考。总结收获并提出疑问： (1) 三边满足 $\Box$ + $\Box$ = $\Box$ 的三角形是直角三角形吗？ (2) 面积为2的正方形的边长是多少？	教师引导学生对探索过程进行反思。对学生的回答给予及时的评价和鼓励。教师还可以播放科技馆转盘视频，让学生更直观地感受直角三角形三边之间的关系。 预设：学生想不到勾股定理的逆定理。 引导：引导学生回顾我们学过的平行线的相关定理。有的定理之间有互逆的关系。那么勾股定理是否也有呢？
	设计意图： 学生通过问题(1)(2)对探究过程回顾思考，总结研究图形的基本思路，体会数形结合思想和从特殊到一般的化归思想。	

续 表

课题	探索勾股定理	设计者		初玲妍	
所在单元	勾股定理	年级	七年级上册	课时	1课时

环节四：归纳总结、回顾思考	学生通过问题(3)的思考，提出问题：三边满足 $□^2+□^2=□^2$ 的三角形是直角三角形吗？并且通过本节课的探究，学生可以思考研究的路径和方法。还可以提出当 $c^2=2$，8，5，13时，c 的值到底是多少？从而产生学习下一——章实数的内在需要，为有理数的学习做准备，遵循数学历史的发展规律。	
	活动2：扩展延伸，开阔视野。 漫话勾股 (1) 介绍西方毕达哥拉斯于公元前582～493时期发现了勾股定理； (2) 介绍《周髀算经》中西周的商高(公元一千多年前)发现了"勾三股四弦五"这个规律。	
	学生活动	教师活动
	学生观看微视频，可以从民族自豪感，数学的多种验证方法，数形结合思想等方面谈谈自己的感想。	教师播放微视频《勾股史话》
	设计意图： 学生感受数学文化，培养民族自豪感。同时为下一课时"利用图形进行验证"做铺垫。	

环节五：巩固应用、评价诊断	学习任务： 1.请利用勾股定理，计算出问题情境中钢条的长度： 冰壶比赛场地底部的钢结构转换支撑部分是1.2米×1.6米的矩形，为了增强场地的稳定性，需要在矩形对角线的位置添加一根钢条支撑。你知道工程师是如何得到钢条的长度的吗？ 2.如图，一根旗杆在离地面8 m处折断，旗杆顶部落在离旗杆底部12 m处。旗杆原来有多高？	
	学生活动	教师活动
	学生独立解答，利用勾股定理解决简单的实际问题。	教师巡视，针对学生出现的情况，比如步骤、计算中的问题，对个别学生进行指导。 预设：学生在做题时，应用题步骤不完整，特别是不设未知数就列式，或者设未知数，漏单位等。教师要对学生的做题步骤进行规范。

续　表

课题	探索勾股定理		设计者	初玲妍	
所在单元	勾股定理	年级	七年级上册	课时	1课时

环节五：巩固应用、评价诊断	设计意图： 通过利用勾股定理解决生活中的实际问题，让学生感受数学源于生活又作用于生活，数学是为生活服务的，感受数学的应用价值。	
环节六：盘点收获	学习任务： ①本节课你学会了哪些知识？解决问题的思路是什么？ ②你学到了哪些思想方法？	
	学生活动	教师活动
	学生回顾本节课的知识、思想方法。	追问1：我们是怎样学习勾股定理的？ 追问2：你认为接下来我们要学习什么内容？
	设计意图： 师生互动，锻炼学生的口头表达能力。追问1培养学生有条理地梳理知识点，进行思想方法的总结，提高数学素养。追问2为下一节课做铺垫。	

作业设计

一、基础型作业（必做题）：

1. 求下图中字母所代表的正方形的面积。

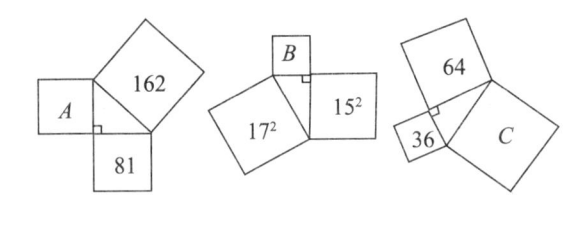

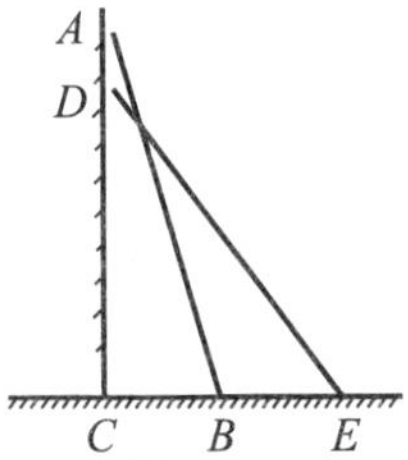

2. 计算：已知在 Rt△ABC 中，∠C=90°，AB=13，AC=5，求 BC 的长。

3. 已知等腰三角形的底为 6 cm，腰长为 5 cm，求这个等腰三角形的面积。

4. 一架云梯长 25 米，如果斜靠在一面墙上，梯子底端离墙 7 米。

(1) 这个梯子的顶端距地面有多高？

(2) 如果梯子的顶端下滑了 4 米，那么梯子的底部在水平方向也滑动了 4 米吗？

二、拓展型作业（必做题）：

如图①，直角三角形的两个锐角分别是 40°和 50°，其三边上分别有一个正方形。执行下面的操作：由两个小正方形向外分别作锐角为 40°和 50°的直角三角形，再分别以所

续表

课题	探索勾股定理	设计者		初玲妍	
所在单元	勾股定理	年级	七年级上册	课时	1课时

得到的直角三角形的直角边为边长作正方形。图②是1次操作后的图形。

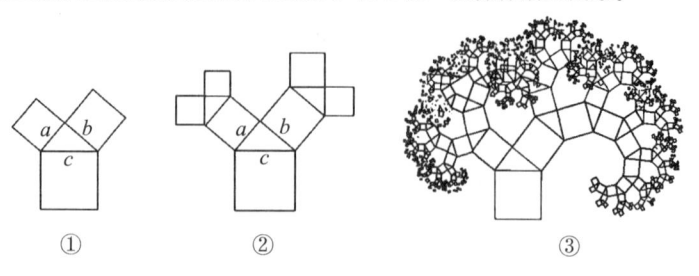

① ② ③

(1) 试画出2次操作后的图形。

(2) 如果原来直角三角形的斜边长为1厘米，写出2次操作后的图形中所有正方形的面积和。

(3) 如果一直画下去，你能想象出它的样子吗？

(4) 图③是重复上述步骤若干次后得到的图形，人们把它称为"毕达哥拉斯树"。如果最初的直角三角形是等腰直角三角形，你能想象出此时"毕达哥拉斯树"的形状吗？

三、探究型作业（选做题）：

你能尝试不用网格纸，借助图形探究勾股定理之间的关系吗？

板书设计

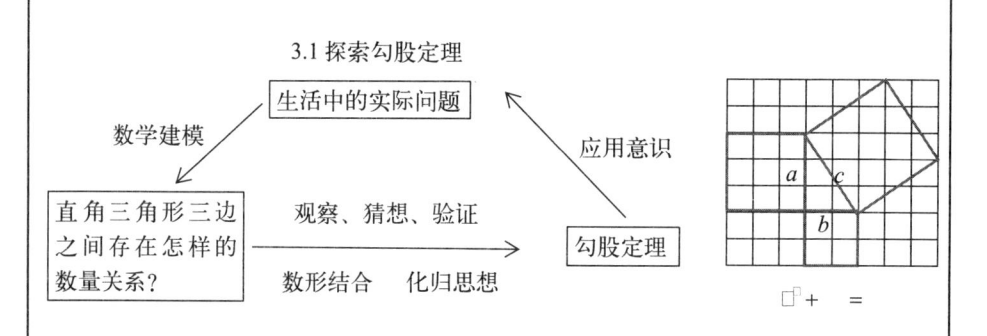

3.1 探索勾股定理

生活中的实际问题

数学建模 ↙　　　↘ 应用意识

直角三角形三边之间存在怎样的数量关系？ ——观察、猜想、验证——> 勾股定理

数形结合　化归思想

教学反思与改进

本节课是勾股定理的第一课时，主要是和学生一起经历探究勾股定理的过程，并灵活运用其解决简单问题。本节课教学设计思路非常清晰。整个教学过程围绕"猜想定理—验证定理—运用定理"的思路展开，探究活动的设计由易到难，注重思路和方法的引导。

但在教学的过程中感觉有几个方面需要改进：

续 表

课题	探索勾股定理	设计者	初玲妍		
所在单元	勾股定理	年级	七年级上册	课时	1课时

  1. 对于直角三角形三边关系的猜想，学生狠难想到边的平方。本节课活动的设计又有些详细，体现不出学生的自主探究。这也是我无法突破的困惑点。

  2. 猜想勾股定理环节，设计从特殊情况中寻找解决问题的思路和方法，再解决一般情况。学生在寻找切割的方法时花费时间较多，虽然在备课时有预设，但是解决效果不是很理想。难点的突破没有达到预想的效果。在以后的备课中要深入了解学情，引导的语言要精准。

  3. 学生在应用勾股定理解决与之有关的实际问题时，出错很多。学生的步骤不完整，计算能力太差，没有养成良好的做题习惯。在平时的教学过程中应该注意做题细节的培养，不仅要培养学生的数学思维，还要养成良好的答题习惯，精准板书做题步骤，给学生提供标准的示范。

4."图形的平移"课时教学方案

课题	图形的平移			设计者	薛艳艳
所在单元	图形的平移与旋转	年级	八年级上册	课时	1课时
目标设计	课标要求	学段目标： 　　初步学会在具体的情境中从数学的角度发现问题和提出问题，探索并理解平面图形的平移、旋转、轴对称；在研究图形性质和运动、确定物体位置等过程中，进一步发展空间观念；经历借助图形思考问题的过程，初步建立几何直观；并综合运用数学知识和方法解决简单的实际问题，增强应用意识，提高实践能力。 　　体会通过合情推理探索数学结论，运用演绎推理加以证明的过程，在多种形式的数学活动中，发展合情推理与演绎推理的能力；在应用数学表述和解决问题的过程中，认识数学具有抽象、严谨和应用广泛的特点，体会数学的价值。 内容标准： 　　1.通过具体实例认识平移，探索它的基本性质：一个图形和它经过平移所得的图形中，两组对应点的连线平行(或在同一条直线上)且相等。 　　2.认识并欣赏平移在自然界和现实生活中的应用。 　　3.通过具体实例认识平面图形关于旋转中心的旋转。探索它的基本性质：一个图形和它经过旋转所得到的图形中，对应点到旋转中心的距离相等，两组对应点分别与旋转中心连线所成的角相等。 　　4.了解中心对称、中心对称图形的概念，探索它的基本性质：成中心对称的两个图形中，对应点的连线经过对称中心，且被对称中心平分。 　　5.探索线段、平行四边形、正多边形、圆的中心对称性质。 　　6.认识并欣赏自然界和现实生活中的中心对称图形。 　　7.运用图形的轴对称、旋转、平移进行图案设计。 　　8.在直角坐标系中，能写出一个已知顶点坐标的多边形沿坐标轴方向平移后所得图形的顶点坐标，并知道对应顶点坐标之间的关系。 　　9.在直角坐标系中，探索并了解将一个多边形依次沿两个坐标轴方向平移后所得到的图形与原来的图形具有平移关系，体会图形顶点坐标的变化。				
	单元大概念	空间中的物体可以用平移、旋转、对称、相似等进行转化，这些转化可以用平行移动法、旋转法、翻折法、坐标法、放缩法等描述和分析。				

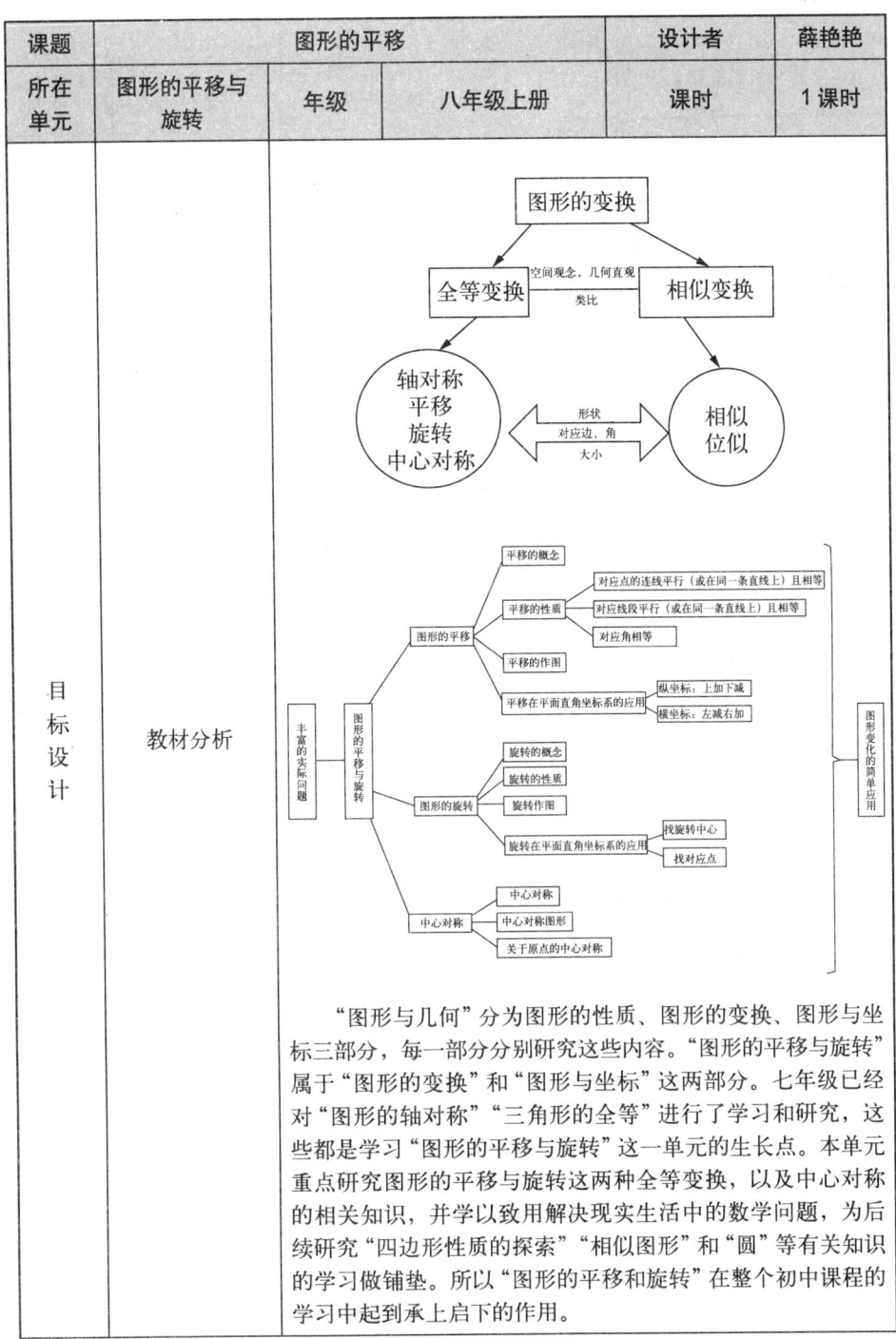

课题	图形的平移		设计者	薛艳艳
所在单元	图形的平移与旋转	年级	八年级上册	课时	1课时
目标设计	教材分析	\multicolumn{3}{l	}{结构图：图形的变换 → 全等变换（轴对称、平移、旋转、中心对称）与相似变换（相似、位似），通过空间观念、几何直观、类比，以及形状、对应边、角、大小进行联系；图形的平移与旋转包括图形的平移（平移的概念、平移的性质——对应点的连线平行（或在同一条直线上）且相等、对应线段平行（或在同一条直线上）且相等、对应角相等、平移的作图、平移在平面直角坐标系的应用——纵坐标：上加下减，横坐标：左减右加）、图形的旋转（旋转的概念、旋转的性质、旋转作图、旋转在平面直角坐标系的应用——找旋转中心、找对应点）、中心对称（中心对称、中心对称图形、关于原点的中心对称），丰富的实际问题，图形变化的简单应用。}

"图形与几何"分为图形的性质、图形的变换、图形与坐标三部分，每一部分分别研究这些内容。"图形的平移与旋转"属于"图形的变换"和"图形与坐标"这两部分。七年级已经对"图形的轴对称""三角形的全等"进行了学习和研究，这些都是学习"图形的平移与旋转"这一单元的生长点。本单元重点研究图形的平移与旋转这两种全等变换，以及中心对称的相关知识，并学以致用解决现实生活中的数学问题，为后续研究"四边形性质的探索""相似图形"和"圆"等有关知识的学习做铺垫。所以"图形的平移和旋转"在整个初中课程的学习中起到承上启下的作用。

续 表

课题	图形的平移		设计者	薛艳艳
所在单元	图形的平移与旋转	年级	八年级上册	课时	1课时

目标设计	学情分析	学生在小学阶段已经对平移、旋转有了初步的认识，能在方格纸上按水平或垂直方向将简单图形平移，会在方格纸上将简单图形旋转90°，能从平移、旋转和轴对称的角度欣赏生活中的图案，并运用它们在方格纸上设计简单的图案。 　　在七年级学习了三角形的全等、轴对称的定义、性质并能进行基础运用，但综合应用能力较弱，特别是借助三大变化解题，对学生来说会存在困难。针对这一问题，教师主要采取将难点问题进行层次性设计，分散难点，先以生活中的具体实例"升国旗""推拉门"，探索平移，以具体实例"秋千""雨刷""风扇叶片"探索旋转，在建立不同数学模型的基础上，又归纳出以三大变换为策略解决这一类问题的通法；结合课后延伸题练习将难点挖透，从而有效地突破难点。
	单元目标	1.通过具体的实例认识平移与旋转，探索平移与旋转的基本性质，会运用基本性质进行简单图形的平移画图、旋转画图。 　　2.在直角坐标系中，能写出一个已知顶点坐标的直线形图形沿坐标轴方向平移后所得图形的顶点坐标，并知道对应顶点坐标之间的关系。 　　3.在直角坐标系中，探索并了解将一个直线形图形依次沿两个坐标轴平移后所得到的图形与原来的图形具有平移关系，体现图形顶点坐标的变化。 　　4.了解中心对称、中心对称图形的概念，探索中心对称的基本性质。 　　5.认识和欣赏平移、旋转在自然界和现实生活中的应用，认识和欣赏自然界和现实生活中的中心对称图形。 　　6.经历有关平移与旋转的观察、操作、欣赏和设计的过程，增强动手实践能力，积累数学活动经验，发展审美意识。 　　7.经历借助图形思考问题的过程，初步建立几何直观，发展空间观念和推理能力。 　　重点：理解平移和旋转的概念，掌握平移和旋转的基本要素；探究平移和旋转概念的基本性质，会运用性质画图；了解中心对称和中心对称图形的概念，理解中心对称的基本性质，会运用中心对称的基本性质画图；利用平移、旋转认识图案、设计图案。 　　难点：探究平移和旋转的性质，并会利用性质解决一些相关的数学问题。

续 表

课题		图形的平移			设计者	薛艳艳
所在单元	图形的平移与旋转		年级	八年级上册	课时	1课时
目标设计	课时目标	1.通过观察生活情境,理解平移及对应点、对应角、对应线段的概念。 2.经历观察、测量、分析、归纳等过程,归纳出图形平移的性质。 3.能够在方格纸上画出经过平移后的平面图形,体会平移变换的思想。				
评价设计	评价任务或问题序列	单元主问题	轴对称的全等变换的描述和分析是否适用于平移和旋转?			
		主任务	子任务			
		一、归纳平移的定义	1.点 A 向什么方向移动?移动了几格? 2.点 B 向什么方向移动?移动了几格?点 C 呢? 3.若点 D 是 $\triangle ABC$ 上任意一点,则点 D 向什么方向移动?移动了几格?			
		二、探究平移的性质	1.平移前后图形的形状和大小改变了吗? (1)对应角和对应线段分别具有怎样的数量关系? (2)如何在图中表示 $\triangle ABC$ 平移的方向? 2.如果点 M 是线段 AB 的中点,你能找到点 M 的对应点点 N 吗?你能说一说 $\triangle ABC$ 的平移方向吗? 3.如何在图中表示点 A 平移的距离? 4.哪几条线段可以在图中表示点 B,C 平移的距离? 5.这些线段具有怎样的数量关系? 6.这些线段具有怎样的位置关系?			
		三、画出平移后的图形	1.请画出 $\triangle ABC$ 向右平移4格,向下平移3格后的图形. 2.你能画出 $\triangle ABC$ 的平移方向,并量出平移的距离吗?			

续 表

课题	图形的平移				设计者	薛艳艳
所在单元	图形的平移与旋转	年级		八年级上册	课时	1课时

评价设计	评价方案	核心目标	表现标准			评价任务（包括情境和核心问题）	评价工具
			表现维度	A	B	C	
		通过三角形在网格中的平移探究平移的性质。	用语言准确描述。	通过观察或测量能写出平移后对应点连线的位置与数量关系，对应线段之间的位置关系与数量关系，对应角之间的数量关系。	能观察出平移后对应点连线的位置与数量关系，对应线段之间的位置关系与数量关系，对应角之间的数量关系。	能观察出平移后对应线段之间的位置与数量关系，对应角之间的数量关系，不会观察对应点连线之间的关系。	情境：请以小组为单位，设计一个平移运动的数学模型，试解决问题（在平面直角坐标系内画图） 核心问题：平移具有哪些基本性质？	1.表格的填写。 2.性质的归纳。 3.检测。
			归纳性质	能写出平移的三条性质并给以合理解释。	能写出平移的三条性质，但是无法解析。	能写出平移的两条性质但不能进行解释。		
			应用性质	能准确解答并能利用性质进行解释。	能解答并利用性质解释。	不能准确解答。		

学习进程设计

环节一：动图导入、整体感知

学习任务：观看移窗、抽屉、钟表、风车、折纸的动图，感受生活中的图形运动现象，为新课做铺垫。

问题1：认真观看动图，你能利用小学学过的知识给以上图形运动进行分类吗？

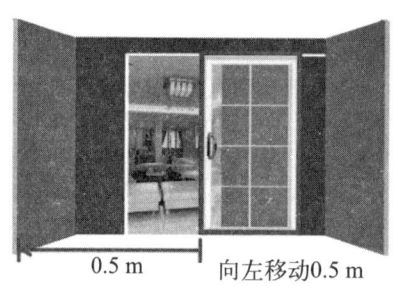

学生活动	教师活动
认真观看动图，并尝试用自己的语言描述图片的运动方式。	点拨指导：初二时学生学习了轴对称，轴对称的全等变换的描述和分析是否适用于平移和旋转呢？

课题	图形的平移		设计者	薛艳艳
所在单元	图形的平移与旋转	年级	八年级上册	课时	1课时

环节一：动图导入、整体感知	学生在班级交流获取的信息，互相补充完善。 学生回顾之前探究轴对称的研究路径，寻找相通之处，类比探究。	过渡语：图形的平移是图形运动的三大形式之一，今天我们将一起走入图形的平移（板书课题）。 追问：你认为我们应该从哪些方面研究图形的平移呢？你是如何想到的？ 预设：类比轴对称的研究路径。
	设计意图：通过动图梳理三大图形运动，让学生整体感知为什么学习平移及平移重点研究什么内容。	

环节二：抽象归纳、建构概念	学习任务：从生活实例出发，运用数学抽象，观察长方形、三角形的平移过程。 问题2： 1. 点 A 向什么方向移动？移动了几格？ 2. 点 B 向什么方向移动？移动了几格？点 C 呢？ 3. 若点 D 是 △ABC 上任意一点，那么点 D 向什么方向移动？移动了几格？	
	学生活动	教师活动
	学生独立解答问题。 　向右，6格； 　向右，6格； 　向右，6格。 学生回顾轴对称的概念。	预设可能的问题： 无法回答。 追问1：移动的方向指的是什么？移动了几格指的是什么？ 追问2：图形在平移的过程中，图形上的＿＿＿都向＿＿＿方向移动＿＿＿距离。 预设： 生1：平移是图形上的所有点都向相同方向移动相同的距离。（如学生能发现是所有点，则追问为什么？如不能发现所有点，就追问下面的问题）

续　表

课题	图形的平移			设计者	薛艳艳
所在单元	图形的平移与旋转	年级	八年级上册	课时	1课时

环节二：抽象归纳、建构概念	学生独立思考平移的本质，同桌交流。 学生发言，互相补充完善平移的本质。	追问1：在图形上任选一点D，点D向什么方向移动？移动几格？ 追问2：再选一点试试。 出示定义：平面内，图形沿着一定的方向移动一定的距离，这样的图形运动叫作图形的平移，简称平移。 2. 平移的两要素：平移的方向和平移的距离。 3. 图形在平移时，图形上的所有点向着相同的方向移动相同的距离。
	设计意图：从学生熟悉的情境入手，得出规律，引导学生理解平移的本质。此环节重点在于寻找平移的本质及平移的两要素，从而给出平移的概念。	

环节三：跟踪评价、深化概念	学习任务： 1. 如果△ABC沿着北偏东30度移动了20厘米，请问△ABC上的点E向什么方向移动了多少距离？ 2. 下列四幅图中，哪个是可以通过平移左图得到的？ ↑A　←B　↓C　→D	
	学生活动	教师活动
	学生独立完成第1题，班级展示时生生之间、师生之间共同纠错，深化理解平移的概念。 学生尝试总结平移的本质，进一步完善对平移概念的建构。 学生独立完成第2题，通过应用进一步巩固概念的建构。生生之间、师生之间共同纠错，完善解题思路。 学生总结提升，一是方向，二是距离。	预设第1题可能产生的问题： 无法回答。 点拨：△ABC沿着北偏东30度移动了20厘米，图形上的所有点向着相同的方向移动相同的距离，所以点E也是沿着北偏东30度移动了20厘米。 提升1：你认为平移的本质是什么？ 预设第2题可能产生的问题： 选错答案。 提升2：平移的两个要素是什么？

续表

课题	图形的平移			设计者	薛艳艳
所在单元	图形的平移与旋转	年级	八年级上册	课时	1课时

环节三：跟踪评价、深化概念	设计意图：通过学生相互讨论，使学生主动参与到学习活动中来，培养学生合作交流的学习习惯，问题设置的目的是使学生深化理解平移的本质和概念，提高学生分析问题的能力，培养学生善于思考，精益求精的良好思维习惯，以及缜密、严谨的逻辑推理能力。
环节四：归纳提升、探究性质	学习任务：平移有哪些性质呢？ 问题4：如图，△ABC向右平移6格得到△$A_1B_1C_1$。 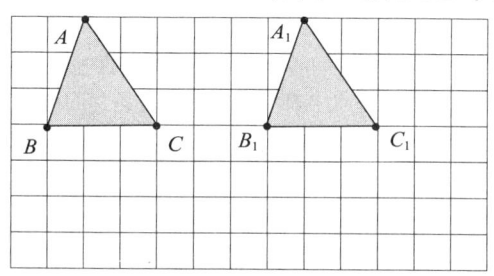 思考：(1) 平移前后图形的形状和大小改变了吗？ 对应点： 对应线段： 对应角： (2) 对应角和对应线段分别具有怎样的数量关系？ (3) 如何在图中表示△ABC平移的方向？ 问题5：如图，△ABC平移得到△DEF。思考： 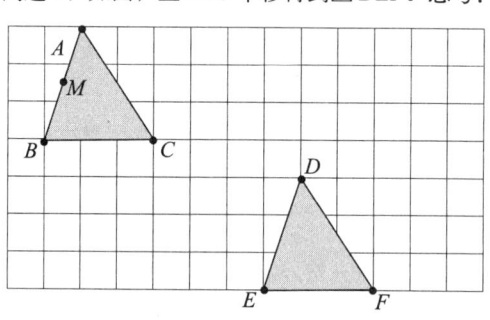 (1) 如果点M是线段AB的中点，你能找到点M的对应点点N吗？ (2) 如何在图中表示点A、点B、点C平移的距离？ 这些线段具有怎样的数量关系？请动手测量并验证你的结论。 AD =___cm，BE =_cm，CF =_cm。结论：这三条线段的长度___。 (4) 对应点的连线具有怎样的位置关系？

续 表

课题	图形的平移		设计者	薛艳艳
所在单元	图形的平移与旋转	年级	八年级上册	课时	1课时

环节	学生活动	教师活动
环节四：归纳提升、探究性质	学生独立完成性质的探究，以小组为单位交流汇总平移的性质。	预设可能产生的问题： 1. 对应点连线相等，对应点连线平行（或在同一条直线上）发现不了。 2. 对应边相等，对应边平行（或在同一条直线上）发现不了。 解决策略：让学生动手操作△ABC平移的过程，直观地感受平移的性质。
	设计意图：引导学生从三角形的顶点—边—角由点到形，通过观察和测量得出结论，并发现平移的对应点、对应线段、对应角之间的数量和位置关系，培养学生的空间观念和几何直观，提高学生动手操作、归纳、总结的能力。	
环节五：巩固应用、评价诊断	学习任务： 1. 如图，四边形EFGH是由四边形ABCD平移得到的，点A，B，C，D的对应点依次是点E，F，G，H，已知AD=5，AB=7，∠C=85°，∠B=70°，则EH=___，∠F=___。 2. 如图，△$A_1B_1C_1$是由△ABC沿射线BC方向平移2厘米得到的，若BC=3厘米，则B_1C=___厘米。	
	学生活动	教师活动
	学生独立解答，通过应用进一步巩固平移的性质。生生之间、师生之间共同纠错，完善解题思路。	追问：B_1C = 3厘米为什么不对？
	设计意图：任务的设置是为巩固学生对平移性质的掌握，能直接运用性质去解决问题。	
环节六：典例示范	学习任务： 1. 请画出△ABC向右平移4格，向下平移3格后的图形。 2. 你能画出△ABC的平移方向，并量出平移的距离吗？（精确到0.1 cm）	

续 表

课题	图形的平移		设计者	薛艳艳
所在单元	图形的平移与旋转	年级	八年级上册	课时	1课时

	学生活动	教师活动
环节六：典例示范	1.学生先独立完成作图，后小组内交流、讨论平移作图的基本步骤有哪些。 2.同桌两名同学共同完成，一名同学画平移后的图形，另一名同学描述平移(方向、距离等)。	师生总结平移作图的基本步骤： ①找关键点； ②作对应点； ③顺次联结； ④结论。
	设计意图：尝试借助网格绘制平移后的图形，为后面图形在平面直角坐标系中的平移做铺垫。	

环节七：盘点收获

学习任务：
①本节课你收获了什么？你还有什么疑问吗？
②你学到了哪些思想方法？

学生活动	教师活动
学生回顾本节课的知识、思想。	追问1：我们是怎样得到平移的？ 追问2：你认为接下来我们还将学习平移的哪些知识呢？

设计意图：师生互动，锻炼学生严谨的口头表达能力，培养学生有条理地梳理知识点，有目的地整合知识点的能力。追问1意在引导学生从获得平移概念的过程与方法角度进行小结，并渗透类比的数学思想；追问2指向培养学生研究一个数学对象的套路意识，小结余味悠长，留给学生继续思考的空间。

作业设计

基础型作业（必做题）：

1.在汉字中，有很多字可近似看作由一个汉字平移后组成，如汉字"朋"就可以看作由平移前后的两个"月"字组成，你能再举出几个类似的汉字吗？

2.如图，△DEF是由△ABC经过平移得到的，则平移的距离是线段___的长度。

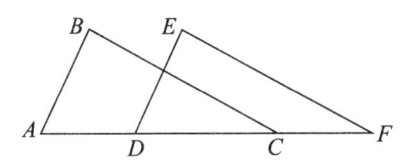

3.点A是数轴上表示2的点，当点A沿数轴移动4个单位长度到达点B时，点B所表示的实数是多少？

续表

课题	图形的平移		设计者	薛艳艳
所在单元	图形的平移与旋转	年级 八年级上册	课时	1课时

二、拓展型作业（必做题）：

3. 如图，在高为2米，水平距离为3米的楼梯表面铺地毯，地毯的长度至少是多少米？

(第3题图)

4. 如图，在长方形草地内修建了宽为2米的道路，则草地面积为_____平方米。

(第4题图)

三、探究型作业（选做题）：

如图，在正方形网格中有一个△ABC，按要求进行下列作图（只能借助于网络）。

(1) 画出将△ABC向右平移6格，再向上平移3格后的△DEF。

(2) 连接AD，BE，那么AD与BE的关系是_____，线段AB扫过的部分所组成的封闭图形的面积为___。

(3) 若点P是网格内的格点，且满足△PAC和△ABC的面积相等，在图中标出P点的位置。

板书设计

4.1 图形的平移

旋转 ——— 轴对称
     ＼全等变换／
中心对称 ——— 平移 ——— 定义 ——— 性质 ——— 作图 ——— 应用

找关键点
作对应点
顺次联结
结论。

方向
距离

对应点连线平行（或在同一条直线上）且相等
对应边平行（或在同一条直线上）且相等
对应角相等

续 表

课题	图形的平移			设计者	薛艳艳
所在单元	图形的平移与旋转	年级	八年级上册	课时	1课时
教学反思与改进					

1. 对"图形在平移时，图形上的所有点向着相同的方向移动相同的距离"的理解，要让学生明白是图形中所有点而不是部分点的移动，避免学生断章取义地应用。

2. 在归纳平移的本质特征及平移性质时，要潜移默化地培养学生由点到形的归纳能力及空间观念，教师不要急于给出提示。

3. 在跟踪评价部分，培养学生利用平移的两要素、图形的全等及平移的性质准确推理的能力，培养学生一丝不苟的科学精神，教师要及时纠正学生不全面或不规范的做法。

5. "平行四边形的性质"课时教学方案

课题	平行四边形的性质		设计者	李楠
所在单元	平行四边形	年级	八年级上册	课时	1课时
目标设计	课标要求	学段目标： 1. 知识技能：探索并掌握平行四边形的基本性质与判定，掌握基本的证明方法和基本的作图技能。 2. 数学思考：在研究图形性质和运动、确定物体位置等过程中，进一步发展空间观念；经历借助图形思考问题的过程，初步建立几何直观；体会通过合情推理探索数学结论，运用演绎推理加以证明的过程。在多种形式的数学活动中，发展合情推理与演绎推理的能力。能独立思考，体会数学的基本思想和思维方式。 3. 问题解决：初步学会在具体的情境中从数学的角度发现问题和提出问题，并综合运用数学知识和方法等解决简单的实际问题，增强应用意识，提高实践能力。在与他人合作和交流的过程中，能较好地理解他人的思考方法和结论。 4. 情感态度：积极参与数学活动，对数学有好奇心和求知欲；在运用数学表述和解决问题的过程中，认识数学具有抽象、严谨和应用广泛的特点，体会数学的价值；敢于发表自己的想法，养成独立思考、合作交流等学习习惯，形成严谨求学的科学态度。 内容标准： 1. 了解多边形的定义，多边形的顶点、边、内角、外角、对角线等概念；探索并掌握多边形内角和与外角和公式。 2. 理解平行四边形、矩形、菱形、正方形的概念，以及它们之间的关系；了解四边形的不稳定性。 3. 探索并证明平行四边形的性质定理和判定定理。 4. 了解两条平行线之间的距离的意义，能度量两条平行线之间的距离。 5. 探索并证明矩形、菱形、正方形的性质定理和判定定理；正方形具备矩形和菱形的一切性质。 6. 探索并证明三角形的中位线定理。		
	单元大概念	平行四边形的性质与判定是研究几何要素之间的位置关系、大小关系。		

续 表

课题	平行四边形的性质			设计者	李楠
所在单元	平行四边形	年级	八年级上册	课时	1课时
目标设计	教材分析	\multicolumn{4}{l	}{}

目标设计 / 教材分析：

图形与几何
├─ 图形的性质
├─ 图形的变化
└─ 图形与坐标

- 六下"基本图形"
  1. 线段、射线、直线
  2. 比较线段的长短
  3. 角
  4. 角的比较
  5. 多边形和圆的初步认识
- 七上"三角形"
- 七下"三角形的有关证明"
- 八上"平行四边形"
- 八上"图形的平移与旋转"
- 八下"特殊平行四边形"
- 八下"图形的相似"
- 九下"圆"

纵向梳理：

几何和图形都是基于基本图形开始的，所以六下的"基本平面图形"是几何的生长点。七年级通过三角形的学习，形成了研究一般图形和特殊图形的初步活动经验。等腰三角形的活动经验是八上本单元学习活动的类比源。本单元也为后续圆的学习打下基础，本单元起了承上启下的作用。

横向梳理：

本单元的主要内容是平行四边形的定义、性质、判定及有关应用。

四边形 ⊃ 平行四边形 ⊃ {矩形, 正方形, 菱形}

平行四边形
- **定义**：两组对边分别平行的四边形叫做平行四边形。
- **性质**：
  - 平行四边形的对边平行且相等。
  - 平行四边形的对角相等。
  - 平行四边形的对角线互相平分。
- **判定**：
  - 定义法
  - 两组对边分别相等的四边形是平行四边形。
  - 一组对边平行且相等的四边形是平行四边形。
  - 对角线互相平分的四边形是平行四边形。
- **应用**：面积计算、对称性

257

续 表

课题	平行四边形的性质			设计者	李楠
所在单元	平行四边形	年级	八年级上册	课时	1课时
目标设计	教材分析	本章内容从教材的安排上,通过章前图、大量的生活实例:如推拉门、汽车防护链、篱笆格等引入平行四边形,使学生在已有的知识和认知基础上去探索数学发展的规律,用问题创设数学情境,提高学生学习兴趣。为学生提供自主探索、发现的空间,让学生经历"探索—发现—猜想—证明"的过程,进一步发展学生的合情推理能力与演绎推理能力。所以在讲平行四边形定义前,要把平行四边形的对边、对角让学生认清楚。讲定义时要指出,定义既是平行四边形的一个判定方法,又是平行四边形的一个性质。 在平行四边形对边相等、对角相等性质的学习中,教材先是通过探究栏目让学生用观察、度量和猜想的方法得到平行四边形的对边相等、对角相等、对角线互相平分这三条性质的,然后用两个三角形全等证明了这些性质,并在后面安排了利用性质解决实际问题的例题。这个过程体现了教材对推理论证的处理,使证明成为学生观察、试验、探究得出结论的自然延续,将试验几何和论证几何有机结合。这有利于培养学生观察、分析、猜想、归纳知识的自学能力。本节的落脚点为平行四边形与一般四边形比较,有哪些特殊性。可以按边、角、对角线进行归纳。通过总结,使学生掌握这些知识,也培养学生随时复习、总结的习惯,并提高他们归纳总结的能力。			
	学情分析	分析学生的已知、未知,找准学生思维的进阶点、障碍点。学生在小学已经学习过平行四边形,对平行四边形有直观的感知和认识,但对概念的本质属性的理解并不深刻,所以这里并不是复习巩固,而是加深理解。 在掌握平行线和相交线有关几何事实的过程中,学生已经初步经历观察、操作等活动过程,获得了一定的探索图形性质的活动经验;同时,在学习数学的过程中也经历了很多合作过程,具有了一定的学习经验,具备了一定的合作和交流能力。 四边形和三角形一样,也是基本的平面图形,在六年级下册有关知识的基础上,探索并掌握四边形的基本性质,进一步学习说理和简单的推理,将为学生学习空间与图形的后继内容打下基础,本节将用多种手段(直观操作、图形的平移、旋转、说理及简单推理等)探索平行四边形的性质,并培养学生的探索意识。			

续表

课题	平行四边形的性质		设计者	李楠
所在单元	平行四边形	年级	八年级上册	课时	1课时

目标设计	单元目标	1. 通过具体情境，基于图形本质，理解平行四边形、矩形、菱形、正方形的概念，并能找出它们之间的关系。 2. 类比三角形的研究方法，经历探索—发现—猜想—证明的过程，从边、角、对角线等元素出发，分位置关系和大小关系探索并证明平行四边形及特殊平行四边形的性质定理与判定定理，进一步体会研究图形的一般思路。 3. 通过具体情境，在平行四边形的基础上，进一步理解两条平行线之间的距离的意义，能度量两条平行线之间的距离；在矩形的基础上，探索并证明三角形的中位线定理。 4. 在多种数学活动中，体会通过合情推理探索数学结论，运用演绎推理加以证明的过程，发展合情推理与演绎推理的能力，体会转化、类比、归纳的数学思想。
	课时目标	1. 通过具体情境，基于图形本质，理解平行四边形的概念。 2. 类比三角形的研究方法，经历探索—发现—猜想—证明的过程，从边、角、对角线等元素出发，分位置关系和大小关系探索并证明平行四边形的性质定理，进一步体会研究图形的一般思路。 3. 通过具体情境，在平行四边形的基础上，进一步理解两条平行线之间的距离的意义，能度量两条平行线之间的距离。 4. 在多种数学活动中，体会通过合情推理探索数学结论，运用演绎推理加以证明的过程，发展合情推理与演绎推理的能力，体会转化、类比、归纳的数学思想。

评价设计	评价任务或问题序列	单元主问题	平行四边形与一般四边形比较，平行四边形有哪些特殊性？
		主任务	子任务
		一、归纳平行四边形的定义	1. 由研究等腰三角形的基本思路，类比得平行四边形的研究思路：定义、性质、判定、应用。 2. 学生动手实践，引出平行四边形的概念，明确平行四边形的本质特征。 3. 认识基本要素，归纳几何语言。 4. 评价练习，辨析概念。
		二、探究平行四边形的性质	1. 小组合作，探究性质。能从边、角、对角线等角度猜想性质。 2. 动手操作，初步验证猜想，通过演绎推理再次验证猜想。 3. 用平行四边形的性质解决实际问题。

续 表

课题	平行四边形的性质			设计者	李楠
所在单元	平行四边形	年级	八年级上册	课时	1课时

评价设计	评价方案	核心目标	表现标准			评价任务（包括情境和核心问题）	评价工具
		从边、角、对角线等元素出发，分位置关系和大小关系探索并证明平行四边形的性质定理。	表现维度	A	B	C	情境：想一想等腰三角形性质的研究过程，操作你手中的平行四边形，猜想它有哪些性质并写下来。 核心问题：平行四边形具有哪些基本性质？	1.性质的猜想。 2.性质的探究与归纳。 3.评价反馈。
			猜想探究	能独立思考，选择合理的方法猜想，能从边、角、对角线三个角度猜想性质，小组合作交流，完成探究。	能独立思考，选择合理的方法猜想，能从边、角、对角线三个角度中的一个或两个猜想性质，小组合作交流，完成效果一般。	不能独立思考，选择合理的方法猜想，不能从边、角、对角线三个角度猜想性质，小组合作交流完成效果差。		
			归纳性质	能归纳平行四边形的三条性质定理并给以合理解释。	能归纳平行四边形的一条或两条性质定理并给以合理解释。	能归纳平行四边形的一条性质定理，但不能进行解释。		
			应用性质	能准确解答并能利用性质进行解释。	能解答并利用性质解释。	不能准确解答。		

学习进程设计

学习任务：结合本单元章首图和类比等腰三角形研究的基本思路，确定平行四边形的研究思路为：定义、性质、判定、应用。

环节一：整体感知

问题1：三角形的研究是从哪些方面展开的？

三角形 { 边 / 角 } → 等腰三角形 → { 定义 / 性质 / 判定 / 应用 }

第五章 平行四边形

续 表

课题	平行四边形的性质			设计者	李楠
所在单元	平行四边形	年级	八年级上册	课时	1课时

	学生活动	教师活动
环节一：整体感知	学生回顾之前探究三角形的研究路径，梳理出等腰三角形的研究基本思路是：定义、性质、判定、应用。 寻找研究四边形的相通之处，类比探究。	点拨指导：研究三角形时首先研究一般三角形，接着研究等腰、直角等特殊的三角形。以等腰三角形为例，研究的基本思路是什么呢？ 　　预设：学生对三角形的研究路径不明确，需要引导学生得到结论：学习等腰三角形，我们需要先知道等腰三角形到底是什么意思，这是它的"定义"。 　　接着学习了"等角对等边""三线合一"等，这是它的"性质"。如此来引导学生。 　　过渡语：四边形是我们本章研究的重点，今天我们将一起走入四边形的世界（板书"四边形"）。 　　追问：你认为我们应该从哪些方面研究四边形？你是如何想到的？ 　　预设：经过上述引导，学生可能会直接类比三角形的研究思路来研究四边形，若没有联想到三角形，教师可以适时引导学生"刚才回顾三角形，我们是如何学习的？"
	设计意图：四边形和三角形一样，也是基本的平面图形，在三角形有关知识的基础上，探索并掌握四边形的基本性质，进一步学习说理和简单的推理，回顾一般三角形到等腰三角形的学习过程，感受由一般到特殊的数学思想。由等腰三角形研究的基本思路，类比平行四边形的研究思路：定义、性质、判定、应用。为学生学习空间与图形的后继内容打下基础。	
环节二：抽象归纳、建构概念	学习任务： 　　把两个全等三角形拼成四边形，学生上台展示拼成的不同的四边形并对其分类，说明分类依据。学生明确其中一类特殊的四边形，即平行四边形，学生归纳共同特征，得出概念。 　　学生列举生活中常见的平行四边形实例。 　　1. 回顾定义、写法、读法。 　　2. 认识基本要素：对边、对角、对角线。 　　3. 几何语言。 【小试牛刀】 　　1. 已知：$AB \parallel EF \parallel CD$，$AD \parallel GH \parallel BC$，那么图中共有 __ 个平行四边形。 　　问题2：这一类（学生分类中的平行四边形）四边形有什么共同特征呢？	

续 表

课题	平行四边形的性质			设计者	李楠
所在单元	平行四边形	年级	八年级上册	课时	1 课时

	学生活动	教师活动
环节二：抽象归纳、建构概念	学生上台展示用三角形拼成不同的四边形并分类，得到平行四边形这一分类，概括平行四边形的共同特征。 列举生活中常见的平行四边形的实例。 学生回顾平行四边形的定义、写法、读法，认识基本要素：对边、对角、对角线并规范几何语言。 学生通过小试牛刀反馈掌握情况。	追问1：将手中的两个全等三角形拼成四边形。你是怎样做的？你能给这些四边形分类吗？ 追问2：这些四边形一样吗？你的分类依据是什么？ 预设：学生可能会以一类是轴对称图形，一类是平行四边形进行分类。 追问3：这一类的四边形有什么共同特征呢？ 追问4：生活中常见的平行四边形的实例有什么呢？ 出示定义：两组对边分别平行的四边形，叫作平行四边形。 预设：学生可能有遗漏，紧扣定义，及时纠正。
	设计意图：通过学生动手实践，引出平行四边形的概念。通过实践、探索、感知，学生进一步探索了平行四边形的定义，明确了平行四边形的本质特征。加强了知识的直观体验，学生感受数学来源于生活，数学图形和生活是紧密相连的。【小试牛刀】的设计意图基于学生已有的基础，特别是数学基础较薄弱的学生，设置低起点的问题，以激发所有学生学习的积极性。以简单问题为引导，学生独立思考，个别回答，其余学生补充，教师适时追问，学生能利用平行四边形的定义形成解题思路。	
环节三：探究性质	学习任务： 活动探究：想一想等腰三角形性质的研究过程，操作你手中的平行四边形，猜想它有哪些性质，写下来并验证。 通过实例认识"平行线之间的距离"，探索并证明"夹在平行线之间的平行线段相等"这一性质。 问题3：有了四边形的概念，接着要探索四边形的性质。你认为要探索哪些内容？能得出哪些性质？ 问题4：在笔直的铁轨上，夹在铁轨之间的平行枕木是否一样长？你能说明理由吗？与同伴交流。	

续 表

课题	平行四边形的性质			设计者	李楠
所在单元	平行四边形	年级	八年级上册	课时	1课时

	学生活动	教师活动
环节三：探究性质	学生通过剪、拼及旋转操作手中的平行四边形，猜想它有哪些性质并写下来。 学生先独立思考，选择合理的方法猜想，小组合作交流完成探究，将证明过程整理到纸上，组长组织组员上台展示。 学生通过辅助线，利用三角形全等演绎推理证明性质。 问题4中，学生通过实际问题抽象出几何图形，并用字母对其标注，进行演绎推理证明。 已知，直线 $a\!\mathbin{/\mkern-6mu/}\!b$，过直线 a 上任意两点 A，B 分别向直线 b 作垂线，交直线 b 于点 C、点 D，如图。 学生归纳： 若两条直线平行，则其中一条直线上任意两点到另一条直线的距离相等，这个距离称为平行线间的距离，即平行线间的距离处处相等。	引导学生动手操作、平移、旋转，可以观察分析平行四边形的对应边、对应角分别相等。 这一部分放手给学生独立思考和小组讨论，限时10分钟，学生讨论过程中教师巡视，及时发现学生遇到的问题以及讨论的进度。 预设1：学生可能不会猜想或者没有方向，无法从边、角、对角线的角度入手，这时候需要教师从研究等腰三角形的基本要素出发，引导学生通过类比，研究平行四边形的性质。 性质猜想的预设2： ①平行四边形的对边相等，对角相等。 ②对角线互相平分。 ③分成的两个三角形全等。 ④邻角互补，内对角相等。 预设3：当学生联想不到对角线时，引导学生猜想对角线互相平分。 小组上台展示过程中，教师及时规范证明步骤，最终将性质总结并板书到黑板上。 预设4：问题4中学生可能会用通俗的文字语言解释夹在铁轨之间的平行枕木一样长，这里要引导学生通过实际问题抽象出几何图形，并用字母对其标注，通过严谨的演绎推理证明。 追问1：线段 AC，BD 所在直线有什么样的位置关系？ （1）由 $AC\perp b$，$BD\perp b$，得 $AC\mathbin{/\mkern-6mu/}BD$。 追问2：比较线段 AC，BD 的长。 （2）$a\mathbin{/\mkern-6mu/}b$，$AC\mathbin{/\mkern-6mu/}BD \Rightarrow$ 四边形 $ACDB$ 是平行四边形 $\Rightarrow AC=BD$。 追问3：由此，你能得到什么结论？ 通过对平行四边形性质的简单应用，引入了平行线之间的距离的概念。

续 表

课题	平行四边形的性质			设计者	李楠
所在单元	平行四边形	年级	八年级上册	课时	1课时

环节三：探究性质	设计意图：通过学生相互讨论，使学生主动参与到学习活动中来，培养学生合作交流的学习习惯，通过动手操作（旋转）初步验证了平行四边形的几个猜想，接下来通过演绎推理再次验证平行四边形的猜想，提高学生分析问题的能力，培养学生善于思考、精益求精的良好思维习惯，以及缜密、严谨的逻辑推理能力。 基于学生已有的对平行四边形的掌握，通过条件开放以激发所有学生学习的积极性。以开放型问题为引导，学生独立思考，若有困难，可进行小组交流讨论，教师适时追问，以便学生能够掌握平行四边形的定义及性质。

环节四：巩固应用、评价诊断	学习任务：用平行四边形的性质解决问题。 1. 已知：在 □ABCD 中，∠A=80°，AB=2，AD=3。你能得出哪些结论？说说你的理由。 2. 已知：在 □ABCD 中，E，F 是对角线 AC 上的两点，并且 AE=CF。求证：BE=DF。		
	学生活动	教师活动	
	学生独立思考、独立解答，尝试解决生活中的实际问题。通过应用进一步巩固平行四边形的性质。生生之间、师生之间共同纠错，完善解题思路。	引导学生规范书写几何语言和因果关系。 要求书写端正，符号规范，有因有果，逻辑清晰，格式有序。 预设可能产生的问题： 例如第2题： 证明：∵四边形 ABCD 是平行四边形 （学生经常简写成"∵□ABCD"） ∴ AB = CD， 　　AB // CD， ∴ ∠BAE=∠DCF（强调能用数字标注的角尽量标注数字）。 又∵ AE = CF， ∴ △BAE ≌ △DCF（三角形全等的条件虽然上述已经出现，但为了培养学生严谨的态度，最好用大括号将全等条件罗列出来，并用字母表示全等依据）。 ∴ BE = DF。 符号语言是文字语言的升华，证明几何题时务必要依照定义、定理等，做到步步有据。	
	设计意图： 通过练习，学生进一步理解了平行四边形的性质，并进行简单的合情推理，体现了性质的应用。		

课题	平行四边形的性质		设计者	李楠
所在单元	平行四边形	年级 八年级上册	课时	1课时

环节五：盘点收获	**学习任务**：师生相互交流、反思、总结。 经历了对平行四边形的特征的探索，你有什么感受和收获？本节学习到了什么？（知识上、方法上）我们是按怎样的路径展开研究的？结合章首图你能按照这个路径画出本单元内容的思维导图吗？ 	
	学生活动	教师活动
	借助板书和思维导图回顾本节课的知识点、研究路径和思想方法，谈感受和收获。	在这一环节中，先找学生陈述，可以从回顾本节课的知识点、研究路径和思想方法等方面入手。鼓励学生交流课堂实践、观察探索的经历，谈感受和收获；鼓励学生勇于进行自我评价，进一步培养学生的反思意识及总结能力。 学生在叙述的简洁性、全面性上会有一定的欠缺，教师在此基础上，给出更为完整的小结。 追问1：我们是沿着怎样的路径探究平行四边形的？ 追问2：你认为接下来我们还将学习平行四边形的哪些知识呢？
	设计意图：师生互动，锻炼学生严谨的口头表达能力，培养学生有条理地梳理知识点，有目的地整合知识点的能力。追问1意在引导学生从获得平行四边形概念的过程与方法角度进行小结，并渗透类比的数学思想；追问2指向培养学生研究一个数学对象的套路意识，小结余味悠长，留给学生继续思考的空间。本节学习了平行四边形的概念，探索了平行四边形的性质，通过这样的活动，学生对本节内容有了一个更系统、深刻的认识，在学生反思的过程中，要有意识地提醒他们反思其中的数学思想方法。	
作业设计		

一、基础型作业（必做题）：

1. 已知：如图，在 $\square ABCD$ 中，E，F 是对角线 AC 上的两点，且 $AE=CF$。

求证：$BE=DF$。

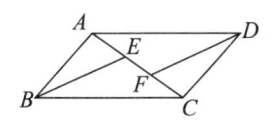

2. 如图，在平行四边形 $ABCD$ 中，点 O 是对角线 AC，BD 的交点，过点 O 的直线分别与 AD，BC 交于点 E，F。求证：$OE=OF$。

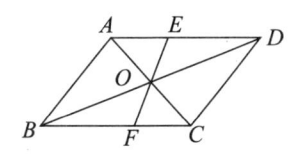

续表

课题	平行四边形的性质			设计者	李楠
所在单元	平行四边形	年级	八年级上册	课时	1课时

二、拓展型作业（必做题）：

1. 平行四边形 ABCD 的对角线 AC、BD 相交于点 O，∠ADB=90°，OA=6，OB=3。求 AD 和 AC 的长度。

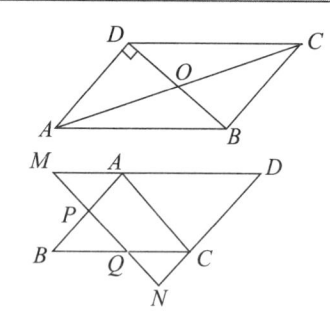

2. 已知，如图，在平行四边形 ABCD 中，平行于对角线 AC 的直线 MN 分别交 DA，DC 的延长线于点 M，N，交 BA，BC 于点 P，Q。你能说明 MQ=NP 吗？

三、探究型作业（选做题）：

1. 求证：平行四边形两条对角线将平行四边形的面积四等分。

2. 小颖对小明说："你给我任意一个四边形 ABCD，我都可以画出一个与你给的四边形面积相等的三角形，方法如下：如图，连接 BD，过点 C 作 CE//BD，交 AB 的延长线于点 E，连接 DE，则 $S_{\triangle AED}=S_{四边形ABCD}$。"她说得有道理吗？

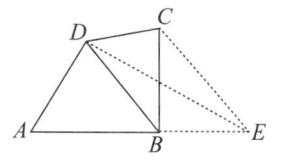

板书设计

研究路径　　　　平行四边形的性质

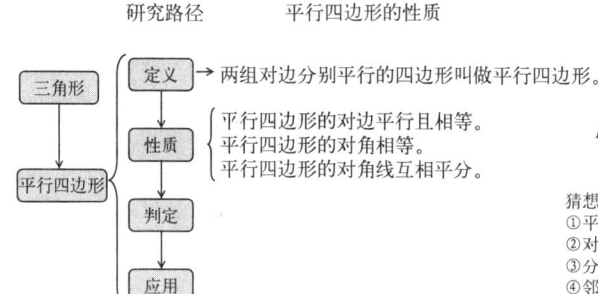

三角形 → 平行四边形

定义 → 两组对边分别平行的四边形叫做平行四边形。

性质：
平行四边形的对边平行且相等。
平行四边形的对角相等。
平行四边形的对角线互相平分。

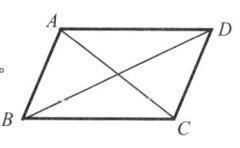

判定

应用

猜想：
① 平行四边形的对边相等，对角相等。
② 对角线互相平分。
③ 分成的两个三角形全等。
④ 邻角互补，内对角相等。
……

教学反思与改进

1. 作为一章的起始课，本节课设置的内容较为全面，重点突出，课堂容量相对来说较大，学生的分组讨论从时间上来看较为紧张，因而，应该更好地规划对某些题目的处理，例如：【小试牛刀】不应花费过多时间讲解和纠错，【问题4】对实际问题的抽象注意适时地引导。

2. 通过课前知识网络的整理、课堂展示讲解的过程，为学生提供展示自己的机会，更利于教师在此过程中发现学生的闪光点以及思维的误区，以便指导今后的教学。

3. 本节教材的直观感知活动较多，由学生的心理及年龄特点决定，学生有一定的逻辑

续 表

课题	平行四边形的性质			设计者	李楠
所在单元	平行四边形	年级	八年级上册	课时	1课时

思考能力及说理能力，因此，从理性角度分析平行四边形的性质特点是非常需要的。例如，在证明"平行四边形的对应边、对应角分别相等"这条性质时，既可以通过剪纸、拼纸片及旋转，观察到平行四边形的对应边、对应角分别相等，也可以通过推理来证明这个结论。学生通过说理，由直观感受上升到理性分析，在操作层面感知的基础上提升并了解图形具有的数学本质。

4.要引导学生有条理地叙述，比如，证明"夹在铁轨之间的平行枕木一样长"这个实际问题，由实际问题抽象出几何图形以及如何把隐含的已知条件和求证用几何语言表述出来是一个难点。

6."菱形的性质与判定"课时教学方案

课题	菱形的性质与判定		设计者		丛丽娜
所在单元	特殊平行四边形	年级	八年级下册	课时	1课时
目标设计	课标要求	探索并掌握四边形的基本性质与判定,掌握基本的证明方法和基本技能;在研究图形性质的过程中,进一步发展空间观念;经历借助图形思考问题的过程,初步建立几何直观,发展合情推理和演绎推理的能力。 经历从不同角度寻求解决问题的方法的多样性;在与他人的合作中较好地理解他人的思考方法和结论;敢于发表自己的想法,养成独立思考、合作交流的习惯,形成严谨的科学态度。 (3) 理解矩形、菱形、正方形的概念,以及它们之间的关系。 (4) 探索并证明矩形、菱形、正方形的性质定理:矩形的四个角都是直角,对角线相等;菱形的四条边相等,对角线互相垂直;以及它们的判定定理:三个角是直角的四边形是矩形,对角线相等的平行四边形是矩形;四边相等的四边形是菱形,对角线互相垂直的平行四边形是菱形。正方形具有矩形和菱形的一切性质。				
	单元大概念	几何要素之间确定的位置关系与大小关系是特殊平行四边形的性质。				
	教材分析	1. 单元教材地位 四边形 → 平行四边形 → 菱形 / 矩形 → 正方形 本节课是"图形与几何"四边形中的重要内容。从教材编排来看,菱形是学生学习的第一种特殊平行四边形,所以它的学习既是对平行四边形的延续和拓展,也是后面探索矩形、正方形的基础,有着承上启下的作用。 2. 单元知识结构 章首图以城市一角为背景,包含菱形、矩形、正方形图案,暗示本章的主要研究对象;文字简明、扼要地揭示了菱形、矩形、正方形这些特殊平行四边形与一般平行四边形的关系,概括了本章的主要学习内容。				

续 表

课题	菱形的性质与判定		设计者		丛丽娜	
所在单元	特殊平行四边形	年级	八年级下册	课时	1课时	
目标设计	教材分析	此外，本节课的内容渗透着转化、类比、从一般到特殊的数学思想，旨在培养学生分析、归纳、推理等逻辑思维能力。因此，本节课无论能力培养，还是数学思想方法的渗透，都对本单元的后续学习起着示范引领的作用。				
	学情分析	"已有"知识	"已获得的"知识能力	"未知"知识	"要获得的"知识能力	怎么知
		全等三角形的性质与判定。	能分析平行四边形几何要素间的位置关系与大小关系。	菱形的定义。	菱形与平行四边形之间的关系。	观察动画。
		平行四边形的性质与判定。	具备了一定的推理能力，积累了合作交流和探究学习的活动经验。	菱形的性质与判定。	证明菱形的性质。	类比探究平行四边形的性质，猜想并验证。
		（1）在认知基础方面：学生在生活中接触过菱形的实例，对菱形有了一定的生活经验和感性认识，且前期学习了三角形的全等、图形的平移与旋转、平行四边形的性质和判定，为本节课奠定了良好的知识基础。 （2）能力与活动经验基础：通过前期的学习与训练，学生已形成了图形的研究方法，具备了一定的推理能力，积累了合作交流和探究学习的活动经验。特别是我所任课的班级，学生探究欲望强烈，数学思考与回答问题积极踊跃。 但仍有问题存在，如部分同学思考不深入，推理不严谨，这就需要教师在探究活动中进行关注与引导。				

续 表

课题	菱形的性质与判定		设计者	丛丽娜
所在单元	特殊平行四边形	年级	八年级下册	课时	1课时

目标设计	单元目标	1. 通过观察图片、动画等，理解菱形、矩形、正方形的概念，了解它们与平行四边形之间的关系。 2. 通过多种方法探究并证明菱形、矩形、正方形的性质，并会利用性质与判定解决实际问题；探索并掌握直角三角形的性质定理。 3. 在归纳定义的过程中体会一般到特殊的数学思想；在探究性质与应用的过程中进一步发展合情推理和演绎推理能力。
	课时目标	1. 通过观察生活中特殊平行四边形的特征，归纳出菱形的定义，能描述菱形与平行四边形之间的关系。 2. 通过动手操作、推理证明等活动探索归纳出菱形的性质。 3. 能够运用菱形的性质进行简单的推理计算。

评价设计	评价任务或问题序列	单元主问题	特殊平行四边形的几何要素之间有怎样的关系？
		主任务	子任务
		一、梳理特殊平行四边形。	1. 回顾研究平行四边形的路径、要素。 2. 观察图片，找出共性及特殊性。
		二、归纳菱形的定义。	1. 观察动画，归纳定义。 2. 描述特殊平行四边形与平行四边形之间的关系。
		三、探究菱形的性质。	1. 猜想菱形的性质。 2. 对猜想的性质进行多种方法验证。 3. 应用性质解决问题。

续 表

课题	菱形的性质与判定			设计者		丛丽娜	
所在单元	特殊平行四边形	年级		八年级下册	课时	1课时	
评价设计	评价方案	核心目标		表现标准		评价任务（包括情境和核心问题）	评价工具
		通过动手操作、推理证明等活动探索归纳出菱形的性质。	表现维度	A	B	C	情境：借助已有经验与菱形纸片，探究菱形的性质。核心问题：菱形具有哪些性质？	1.表格的填写。2.性质的归纳。3.检测。
			猜想性质	猜想至少3条菱形的特有性质。	猜想2条菱形的特有性质。	只能猜想1条菱形的特有性质。		
			验证性质	用2种不同方法验证猜想的性质。	用1种方法验证猜想的性质。	不能验证猜想的性质。		
			归纳性质	熟练掌握菱形特有的性质，熟练运用几何语言书写性质。	会区分菱形特有的性质，会用几何语言书写性质。	不会区分菱形特有的性质，不会用几何语言书写性质。		

学习进程设计

环节一：复习回顾、整体建构

学习任务：
回顾：1.我们是从哪些角度研究的平行四边形？
2.在探究性质的过程中，我们是从哪几个要素出发进行探究的？

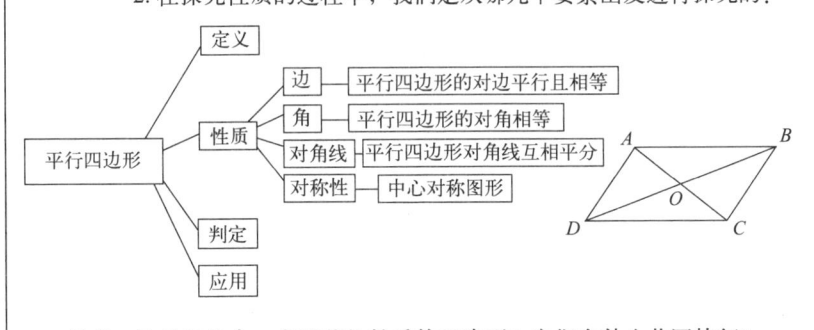

平行四边形
- 定义
- 性质
  - 边——平行四边形的对边平行且相等
  - 角——平行四边形的对角相等
  - 对角线——平行四边形对角线互相平分
  - 对称性——中心对称图形
- 判定
- 应用

思考：这些图片中，有哪些你熟悉的四边形？它们有什么共同特征？

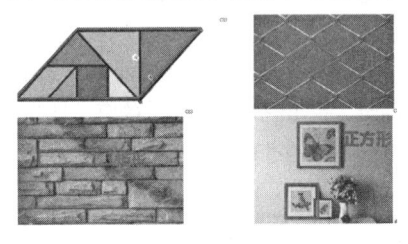

建构：整体建构本单元的知识体系。

271

续 表

课题	菱形的性质与判定		设计者	丛丽娜
所在单元	特殊平行四边形	年级	八年级下册	课时	1课时

	学生活动	教师活动
环节一：复习回顾、整体建构	学生回顾平行四边形的相关内容，回答教师问题，互相补充完善。 学生从边、角、对角线、对称性等方面描述平行四边形的性质。 学生观察图片回答问题。 学生观察图片说出每种图形的特殊性。	问题1：我们是从哪些角度研究的平行四边形？ 提升：对学生回答的角度进行梳理板书，并说明这就是研究几何图形的基本路径。 问题2：在探究性质的过程中，我们是从哪几个要素出发进行探究的？ 追问：平行四边形的性质。 教师课件显示平行四边形的性质。 问题3：这些图片中，有哪些是你熟悉的四边形？它们有什么共同特征？ 学生回答一种图形就显示一种。 预设：若学生回答的问题不是共同特征而是特殊性，就提醒学生；若回答两组对边分别平行，就可以帮他进行提升到什么图形。 问题4：这些图形与一般的平行四边形相比，特殊吗？谈谈你的认识。 追问：特殊性体现在边上还是角上？ 点出本单元研究的主要内容——特殊平行四边形。 过渡语：今天我们将走入菱形的世界，探究菱形的奥秘。

设计意图：第一部分在问题的驱动下，学生既复习了平行四边形的相关知识，又调动起了学习平行四边形的探究经验，建构单元知识体系，为菱形的类比学习奠定基础。

第二部分首先呈现生活中熟悉的图片，让学生体会生活中处处存在数学。在感知的同时，提出三个层层递进的驱动性问题。问题3是让学生经历从生活中抽象出几何图形的过程，让学生直观地感受这些图形都是平行四边形，感知一般图形的共同特征；问题4引导学生理性思考，感受菱形、矩形、正方形的边、角的特殊性。作为本单元的开篇课，从整体的角度建构本单元的知识体系，同时也引出本节课要研究的图形——菱形。

续 表

课题	菱形的性质与判定		设计者		丛丽娜
所在单元	特殊平行四边形	年级	八年级下册	课时	1课时

环节二：动态演示、归纳概念

学习任务：
观察动画，归纳定义。
问题2：什么是菱形？菱形与平行四边形有怎样的关系？

菱形ABCD
$AB=4.90$
$BC=4.90$

学生活动	教师活动
学生观察动画，尝试给菱形下定义。 学生理解菱形是一种特殊的平行四边形。	问题：什么是菱形？ 预设：学生回答四条边相等的四边形是菱形，教师可以适当引导菱形是在什么图形的基础上变化而来的？如何变化？从而尝试给菱形下定义。 出示定义：一组邻边相等的平行四边形叫作菱形。 提升：定义具有性质与判定的双重作用。

设计意图：通过动画展示，学生水道渠成地形成菱形的定义，又可形象直观地发现菱形与平行四边形的区别与联系，很好地完成了教学重点，达成了目标一"归纳出菱形的定义，能描述菱形与平行四边形之间的关系"。

环节三：跟踪评价、深化概念

学习任务：
1. 判断：一组邻边相等的四边形是菱形。（　　）
2. 选择：下列第（　　）幅图能够反映出四边形、平行四边形、菱形的关系。

A：四边形⊃菱形⊃平行四边形（菱形与平行四边形并列在四边形内）
B：四边形⊃（平行四边形、菱形并列）
C：四边形⊃平行四边形⊃菱形

学生活动	教师活动
学生独立完成两道题，班级展示时生生之间、师生之间共同纠错，深化理解菱形的概念。	教师找出答案有错误的同学，让其说明错误的原因；如果没有错误同学，就找学生对答案进行解释。 提升：菱形是特殊的平行四边形。

设计意图：通过判断与选择正确图示，可以很好地评价学生对菱形定义的掌握情况。

续 表

课题	菱形的性质与判定		设计者		丛丽娜
所在单元	特殊平行四边形	年级	八年级下册	课时	1课时

<table>
<tr><td rowspan="3">环节四：动手实践、探索性质</td><td colspan="2">学习任务：
活动1：操作猜想。
借助已有经验与菱形纸片，猜想菱形具有哪些性质。
活动2：推理证明。
对菱形的特殊性质进行证明。
活动3：梳理性质。
从边、角、对角线、对称性等方面梳理出平行四边形与菱形性质的异同点。
问题4：菱形具有哪些性质？</td></tr>
<tr><td>学生活动</td><td>教师活动</td></tr>
<tr><td>学生类比平行四边形的研究路径回答第一个问题；类比探究平行四边形的几何要素之间的关系研究菱形的几何要素之间的关系。
活动一：操作猜想。
学生借助已有经验与菱形纸片，猜想菱形的性质，并将自己的猜想记录在学案纸上。与同桌交流自己的结论。
活动二：推理证明。
学生在学案纸上对菱形的特殊性质进行证明，并进行投影展示；找出展示学生的错误点，并对照准确答案进行完善修改。
活动三：梳理性质。
学生从边、角、对角线、对称性等方面梳理出平行四边形与菱形性质的异同点。</td><td>问题：研究完定义，下一步我们要探究菱形哪方面的内容？我们该如何探究？
追问1：这些猜想中，哪些不需要验证？
追问2：为什么这些性质不用验证？
过渡语：数学讲究严谨性，这些特殊性质只是猜想出来的，需要大家给出严格的推理证明。
指导：针对学生的证明过程进行纠错，给学生指明易错点。
板书：菱形性质的几何语言。
提升：菱形特有的性质；菱形内部的三角形有怎样的特点？</td></tr>
<tr><td colspan="2">设计意图：通过操作猜想让学生列举出菱形作为特殊的平行四边形所具有的一般性质，渗透从一般到特殊的数学思想，明确特殊四边形具备一般四边形的所有性质。通过问题6，启发学生类比平行四边形的性质探究，从图形的边、角、对角线、对称性等角度猜想菱形的性质，对学生的猜想，教师应给予鼓励性评价，积极引导；通过理论验证，把操作层面的感性认知上升到理性认知，学生感受到数学推理的严谨性，发展了推理能力。</td></tr>
</table>

续 表

课题	菱形的性质与判定		设计者		丛丽娜
所在单元	特殊平行四边形	年级	八年级下册	课时	1课时

<table>
<tr>
<td rowspan="4">环节五：巩固应用、评价诊断</td>
<td colspan="2">学习任务：
1. 菱形具有而一般平行四边形不具有的性质是（　　）。
　A. 对角相等　B. 对边相等　C. 对角线互相垂直　D. 对角线互相平分
2. 菱形的两条对角线的长分别为 6 cm 和 8 cm，则菱形的周长是___。
3. 如图，在菱形 ABCD 中，若 $\angle ABC=50°$，则 $\angle 1=$___。</td>
</tr>
<tr>
<td>学生活动</td>
<td>教师活动</td>
</tr>
<tr>
<td>学生独立解答，通过应用进一步巩固菱形的性质。生生之间、师生之间共同纠错，完善解题思路。</td>
<td>追问1：菱形对角线的性质。
追问2：若 $\angle ABC=60°$，则会有哪些结论？</td>
</tr>
<tr>
<td colspan="2">设计意图：通过3个问题可以很好地评价学生对菱形性质的掌握情况。</td>
</tr>
<tr>
<td rowspan="4">环节六：盘点收获</td>
<td colspan="2">学习任务：
①本节课你学会了哪些知识？在知识应用中需要注意什么？
②你学到了哪些思想方法？</td>
</tr>
<tr>
<td>学生活动</td>
<td>教师活动</td>
</tr>
<tr>
<td>学生回顾本节课的知识、思想。</td>
<td>追问1：我们是怎样研究菱形的？
追问2：你认为接下来我们还将学习菱形的哪些知识呢？</td>
</tr>
<tr>
<td colspan="2">设计意图：师生互动，锻炼学生严谨的口头表达能力，培养学生有条理地梳理知识点，有目的地整合知识点的能力。学生明确了探究的基本路径，清晰了性质的探究要素，学习了定义与性质，巩固了转化、类比的数学思想。</td>
</tr>
<tr>
<td colspan="3" align="center">作业设计</td>
</tr>
<tr>
<td colspan="3">一、基础型作业（必做题）：
已知一菱形的对角线分别是 10 cm，24 cm，求它的周长、面积。
二、拓展型作业（必做题）：
两张等宽的纸条交叉重叠在一起，重叠部分是菱形吗？
三、探究型作业（选做题）：
　　四边形 ABCD 是菱形，通过改变 AB 边的长来改变菱形的大小，那么它的性质是否会发生变化？如果通过改变 $\angle A$ 的大小来改变菱形的形状，它的性质会发生变化吗？当 $\angle A=90°$ 时，会出现新特征吗？</td>
</tr>
</table>

续 表

课题	菱形的性质与判定		设计者		丛丽娜
所在单元	特殊平行四边形	年级	八年级下册	课时	1课时
板书设计					

菱形的性质与判定(1)
1. 菱形的定义：邻边相等的平行四边形。
2. 菱形的性质：

菱形 ↔ 平行四边形
- 1.定义
- 2.性质
- 3.判定
- 4.应用

	与一般平行四边形共有的性质	特有性质
边		
角		
对角线		
对称性		

思想方法：从一般到特殊，类比，转化，推理。

教学反思与改进

1. 注重目标的达成度——做到目标—教学—评价一致性。

本节课设置的三个环节服务三个目标，并设置相应的检测评价目标的达成度。问题6略显生硬，可再设计一个更好的问题。

2. 采用问题驱动教学，注重数学思想方法的渗透、活动经验的总结。

菱形性质的发现与探究，问题驱动学生借助平行四边形的学习经验，从边、角、对角线、对称性等角度类比进行，渗透了类比、从一般到特殊的数学思想方法。

3. 注重单元整体教学，促进结构化思维发展。

本节课从四边形专题整体地设计与分析，从学生已有的平行四边形的学习经验出发，组织多元化的数学活动，关注知识间的联系，关注结构化思维的发展。关于学习路径的问题可以再放手一些，让学生整理出研究体系最好。

7. "圆"课时教学方案

课题	圆		设计者	卞佳媛
所在单元	圆	年级	九年级下册	课时	1课时
目标设计	课标要求	学段目标： 知识技能： 探索并掌握圆的基本性质和判定，掌握基本的证明方法和基本作图技能。 数学思考： 1. 经历借助图形思考问题的过程，初步建立几何直观。 2. 体会用合情推理探索数学结论，运用演绎推理加以证明的过程，在多种形式的数学活动中，发展合情推理与演绎推理的能力。 问题解决： 1. 初步学会在具体情境中从数学的角度发现问题和提出问题，并综合运用数学知识和方法等解决简单的实际问题，增强应用意识，提高实践能力。 2. 在与他人合作和交流中，能较好地理解他人的思考方法和结论。 情感态度： 1. 积极参与数学活动，对数学有好奇心和求知欲。 2. 在运用数学表述和解决问题的过程中，认识数学具有抽象、严谨和应用广泛的特点，体会数学的价值。 内容标准： 1. 理解圆、弧、弦、圆心角、圆周角的概念，了解等圆、等弧的概念；探索并了解点与圆的位置关系。 2. 探索并证明垂径定理：垂直于弦的直径平分弦以及弦所对的两条弧。 3. 探索圆周角与圆心角的关系；了解并证明圆周角定理及其推论：圆周角的度数等于它所对弧的圆心角度数的一半；直径所对的圆周角是直角；90°的圆周角所对的弦是直径；圆内接四边形的对角互补。 4. 知道三角形的内心和外心。

续 表

课题	圆		设计者		卞佳媛
所在单元	圆	年级	九年级下册	课时	1课时

目标设计	课标要求	5.了解直线和圆的位置关系，掌握切线的概念，探索切线与过切点的半径的关系，会用三角尺过圆上一点画圆的切线。 6.探索并证明切线长定理：过圆外一点所画的圆的两条切线长相等。 7.会计算圆的弧长、扇形的面积。 8.了解正多边形的概念及正多边形与圆的关系。 9.会利用基本作图完成：过不在同一直线上的三点作圆；作三角形的外接圆、内切圆；作圆的内接正方形和正六边形。 10.在尺规作图中，了解作图的道理，保留作图的痕迹，不要求写出作法。
	单元大概念	探究几何图形中几何元素之间的数量关系和位置关系。
	教材分析	1.单元教材地位： 平面图形 　直线形 　　线段/射线/直线 ── 六下：基本平面图形 　　三角形 ── 七上：三角形；七下：三角形的有关证明 　　四边形 ── 八上：平行四边形；八下：特殊平行四边形 　　…… 　曲线形 　　圆 ── 六下：多边形与圆的初步认识；九下：圆 　　…… 通过纵向梳理单元可以看出：本章是初中几何阶段的最后，也是几何学习提高阶段。在学习直线形中，不仅掌握了相关知识，更具备了一定的推理能力，为最后阶段圆的学习打下扎实的基础。圆是最简单的曲线形，在学习圆之后对曲线形会有更深入的研究，如椭圆。

续 表

课题		圆		设计者		卞佳媛	
所在单元		圆	年级	九年级下册	课时	1课时	

| 目标设计 | 教材分析 | 2. 本章单元结构：

圆 ┬ 圆的基本性质 ┬ 圆的对称性 → 垂径定理
　　　　　　　　└ 旋转不变性 ┬ 弧、弦、圆心角之间的关系
　　　　　　　　　　　　　　└ 圆心角与圆周角之间的关系
　　├ 与圆有关的位置关系 ┬ 点与圆的位置关系 ┬ 点在圆内
　　│　　　　　　　　　│　　　　　　　　　├ 点在圆上
　　│　　　　　　　　　│　　　　　　　　　└ 点在圆外
　　│　　　　　　　　　└ 直线与圆的位置关系 ┬ 相交
　　│　　　　　　　　　　　　　　　　　　　├ 相切
　　│　　　　　　　　　　　　　　　　　　　└ 相离
　　├ 圆与三角形 ┬ 三角形的外接圆 → 外心
　　│　　　　　　└ 三角形的内切圆 → 内心
　　├ 圆与四边形（圆内接四边形） ┬ 内角和为360°
　　│　　　　　　　　　　　　　└ 一个外角等于它的内对角
　　├ 圆与正多边形 → 正多边形的中心、半径、中心角、弦心距
　　└ 与圆有关的计算 ┬ 弧长及扇形的面积
　　　　　　　　　　└ 圆锥的侧面积和全面积

通过横向梳理本章知识体系，内容更多的是圆与直线形的结合，体现旧知对新知的学习不仅提供了知识储备与技能，更能让新知到达更高的层次。几何的学习最终上升为综合体的研究与应用。

3. 章首图
"为什么车轮要做成圆形"是对圆定义的考查，"利用直尺检查工件"是对圆周角判断直径的考查，"在三角形纸片中画一个尽可能大的圆"是对三角形内切圆的考查。整体来说本章的学习还是遵循研究其他平面图形常见的模式：定义—性质—判定—应用。在圆的背景下，线与线、角与角之间存在一定的数量关系和大小关系。 |

续 表

课题		圆		设计者		卞佳媛
所在单元		圆	年级	九年级下册	课时	1课时
目标设计	学情分析	\<td colspan=5\> 学生在小学和初一已经认识了圆，对圆有一定的感性认识，能联系具体实际知道"圆"。在前三年中学过三角形、四边形……对几何证明具备一定的基础，掌握平移、旋转、对称相关知识。同时，九年级学生已经具备了一定的合作交流与探究能力，具备一定的推理能力，所以对新知识的接受较为容易。				
	单元目标	1. 通过实例和动手操作了解圆的定义，并借助定义探索点与圆的位置关系，体会数形结合思想。 2. 理解圆及弦、弧、圆周角的概念，利用圆的旋转不变性，了解弧、弦、圆周角的关系，利用圆的对称性了解圆的垂径定理，发展演绎推理能力。 3. 通过观察圆与直线的相对运动方式，探索并了解圆与直线的位置关系，体会数形结合思想。了解切线的概念和判定方法、切线长和切线长定理。 4. 了解三角形的内心、外心、内切圆、外接圆，内接三角形，外切三角形的概念以及正多边形与圆的关系。 5. 经历分析圆与扇形的联系，了解圆锥的侧面展开图，借助圆的面积、周长的求法，探索出弧长及扇形的面积以及圆锥的侧面积和全面积的求法。				
	课时目标	1. 通过对车轮形状的研究归纳出圆的静态定义。 2. 通过动手操作画图，体会圆的形成过程，归纳出圆的动态定义，提高合情推理能力。 3. 经历套圈游戏，进一步了解点与圆的位置关系，体会数形结合思想。				
评价设计	评价任务或问题序列	单元主问题	几何图形中几何元素之间的哪些数量关系和位置关系？			
		主任务	子任务			
		探究圆的概念	1. 在实际情境图片中画出圆。 2. 对车轮的特点进行分析，归纳出圆的定义。 3. 运用现有工具画图，归纳圆的动态定义。 4. 动笔画只有一个元素相同的两个圆，得到同心圆或等圆。			
		探究点与圆的位置关系	1. 借助套圈游戏，找到点与圆的位置关系。 2. 交流分析出点与圆的位置关系的判断依据。			

续 表

课题		圆		设计者	卞佳媛
所在单元		圆	年级	九年级下册	课时	1 课时

<table>
<tr><td rowspan="8">评价设计</td><td rowspan="7">评价方案</td><td rowspan="2">核心目标</td><td colspan="4">表现标准</td><td>评价任务（包括情境和核心问题）</td><td>评价工具</td></tr>
<tr><td colspan="4"></td><td rowspan="7">在冬奥会的氛围下，为增进家庭感情，现需要为家庭聚会设计一个套冰墩墩游戏。（在空地上有一个冰墩墩）
1. 结合所学，设计一个公平的套圈游戏。
2. 小明和小华站在图示的位置上，结果都套中了，接下来，人们想赢小明，但想输给小华，游戏该如何设计？

　　　　小明
　　　2m
小明
　1m</td><td rowspan="7">1. 课堂展示。
2. 评价量规。</td></tr>
<tr><td rowspan="6">1. 通过实例和动手操作画图，了解圆的定义。
2. 经历套圈游戏，进一步了解点与圆的位置关系。</td><td>表现维度</td><td colspan="3">表现等级</td></tr>
<tr><td></td><td>A</td><td>B</td><td>C</td></tr>
<tr><td>知识及方法的运用</td><td>能利用圆的定义和点与圆的位置关系的知识。</td><td>能利用圆的定义和点与圆的位置关系中的一个知识。</td><td>无法利用圆的定义和点与圆的位置关系。</td></tr>
<tr><td>问题解决的方案。</td><td>将两个游戏设计出来。</td><td>设计出一个游戏。</td><td>一个都未设计出。</td></tr>
<tr><td>数学语言的表达。</td><td>对设计的叙述逻辑清晰，语言简练。</td><td>对设计的叙述逻辑较清晰，思维正确。</td><td>对设计陈述模糊不清。</td></tr>
</table>

学习进程设计

环节一：整体感知、单元建构	学习任务：感知平面图形由直线形到曲线形的扩充。 问题1：数学分为代数和几何，本章是初中阶段最后的几何学习阶段。在之前的学习中，我们学过哪些平面图形？我们都研究过图形的哪些方面？

281

续 表

课题	圆		设计者		卞佳媛
所在单元	圆	年级	九年级下册	课时	1课时

	学生活动	教师活动
环节一：整体感知、单元建构	学生举手回答。（并鼓励其他同学及时纠正与补充） 学生举手回答，通过回答将知识整合成网状结构，对"圆"这章的位置有较清楚的认识。	预设：多人相互补充回答线段、射线、直线、三角形、四边形、多边形、定义、性质、判定和应用。 点拨指导：线段、射线、直线、三角形、四边形……统称为直线形，平面图形除直线形外还有曲线形。（以思维导图形式板书） 追问：你知道哪些曲线形的平面图形？ 预设：（学生回答）圆，椭圆。 过渡：本章我们就学习最简单的曲线形—圆。
	设计意图：圆是初中阶段几何学习的最后章节，学生具备一定的几何基础，对学习几何的路径也有了一定的感知。在本章章始课开头，对学生学过的平面图形进行梳理，让学生明晰本节课的位置，在学习圆之前我们都学过哪些平面图形，及对高中阶段我们还要研究的其他曲线形产生兴趣，对整个平面图形大框架产生整体感知。	
环节二：抽象归纳、建构概念	学习任务： 问题2：小学阶段我们已经对圆有了初步的认识，你能从这些实例中找出圆的影子吗？你还能举出一些生活中圆的例子吗？ 问题3：你认为本章需要研究圆的哪些内容？ 问题4：针对对车轮稳定性的分析，你能给圆下一个定义吗？ 美丽的圆	

续 表

课题	圆		设计者	卞佳媛
所在单元	圆	年级	九年级下册	课时	1课时

	学生活动	教师活动
环节二：抽象归纳、建构概念	学生在黑板屏幕上画出圆。 美丽的圆 学生举出生活中圆的例子。 学生先独立思考一分钟，组内交流想法，小组代表组织语言，并发言。 学生根据车轮上点的共同点，归纳圆的定义，感受定义的产生过程。	问题2：小学阶段我们已经对圆有了初步的认识，你能从这些实例中找出圆的影子吗？你还能举出一些生活中圆的例子吗？ 预设：因为学生在小学阶段对圆有了初步认识，所以学生会快速地画出多个圆。 教师点拨：生活中的很多图形都可以抽象成圆形，你还能举出生活中的一些圆形的例子吗？ 预设：学生不仅指出圆的例子，还有球。 教师点拨：球是一个体，圆形指的是平面图形，你看到的"圆"其实是球的投影。 问题3：你认为本章需要研究圆的哪些内容？ 预设：学生会比较快速地说出定义、性质、应用。 追问：你是如何想到的？ 预设：前面的几何图形都是按照这个路径研究的。 点拨指导：将其他几何图形的研究路径应用于圆的研究，这是类比思想的体现。 预设：学生能回答出，车轮上的任意一点到中间点的距离都相等，所以用圆形做车轮能避免出现颠簸。 教师点拨：在车轮转动的过程中，圆形车轮中间那个点可以看成一个定点，轮子上无数个点到定点的距离都等于定长。 问题4：你能给圆下一个定义吗？ 预设：圆可以看成平面内到定点的距离等于定长的所有点组成的图形。 追问：定点就是圆心，定长就是半径，你认为图示这个圆的表示方法是什么？ 预设：学生会回答出，圆 O。 追问：你是如何想到的？ 预设：类比平行四边形、三角形的表示方法，表示符号就是图形的缩小版。

续 表

课题	圆			设计者	卞佳媛
所在单元	圆	年级	九年级下册	课时	1课时

环节二：抽象归纳、建构概念	教师补充：圆是指圆周，也就是这条封闭曲线，不是圆面。
	设计意图：学生对圆有一定的初步感知，可以从实例抽象出圆，车轮就是一个圆，因此，通过对车轮的形状为什么是"圆"引发学生思考，让学生感受这些点的特点，用集合的观点研究出圆的静态定义。

环节三：动手操作、总结概念	学习任务：探究圆的动态定义。 活动1： 活动要求： (1) 利用现有工具在纸上画圆。 (2) 描述绘制过程。 问题5：你能依据绘制圆的过程，给圆下一个动态定义吗？ 活动2： 活动要求： 同桌分别画出确定圆的基本要素中一个要素不同的两个圆。
	学生活动 | 教师活动
	用已有的工具独立完成绘制圆的过程，并组织语言描述自己绘制的步骤。 学生举手回答，用线和笔画圆，并上讲台和大家演示是如何画出来的。（如果无人回答，则观看工人画圆的视频） | 活动1 预设：学生用圆规画圆。 追问：工地上想画一个大圆，圆规很小满足不了，如何画圆？ 预设：学生会回答，一根线，一端固定，一端绑笔，线拉直，用笔画圆。 教师点拨：圆规的设计也是遵循这样的原理，只是中间不是用线连接，但是画笔和固定点之间的距离也是一定的。 问题5：你能根据画圆过程归纳出圆的定义吗？ 预设：学生大致能回答出，一条线段绕一个端点旋转360度，另一个端点形成的轨迹就是一个圆形。（对学生语言的规范性进行纠正与补充）

续 表

课题	圆		设计者	卞佳媛	
所在单元	圆	年级	九年级下册	课时	1课时

环节三：动手操作、总结概念	学生独立画出两种图（一种是半径相同但是圆心位置不同的，一种是半径不同，但是圆心位置相同的）。学生投影展示，并介绍自己的作品的特点。 学生根据画圆过程要确定的固定点和圆规张角大小进行回答。	追问：确定一个圆需哪些要素？分别决定圆的什么？ 预设：圆心和半径。 活动2 追问：你和同桌画的圆有什么不同？圆的两个要素是如何确定圆的？ 预设：学生可以回答出，圆心确定圆的位置，半径确定圆的大小。 追问：对比之后，你能给这两种圆起个名字吗？ 预设：当两个圆的圆心不同，半径相同时，这两个圆叫作等圆。 当两个圆的圆心重合，半径不同时，这两个圆叫作同心圆。 追问：当两个圆的圆心重合，半径相同时，这两个圆叫作什么呢？ 预设：同圆。
	设计意图：圆的动态定义其实是从圆的作法中得来的，学生在之前已经掌握了圆的画法，因此，先让学生独立画圆，在绘图过程中感受圆的形成过程，再加上视频展示，从而能组织出圆的动态定义。由画圆过程引出确定圆的两个要素，正是这两要素不同时，会出现两种圆：等圆和同心圆。为后面圆的几何证明作铺垫。	
环节四：归纳提升、探究性质	学习任务： 在冬奥会的氛围下，为增进家庭感情，现需要为家庭聚会设计一个套圈游戏。（在空地上有一个冰墩墩可供大家套） 结合所学，设计一个公平的套圈游戏。 问题6：若想站在其他区域上套圈，还公平吗？说明理由。	
	学生活动	教师活动
	学生独立完成游戏的设计过程（2分钟），小组展示，选出最佳作品进行展示。 采用生评方式对无法体现公平性的作品进行评价。	追问：这样设计如何保证公平性？ 预设：学生会回答出，这个圆上所有点到冰墩墩的距离相等。

课题	圆		设计者	卞佳媛
所在单元	圆	年级	九年级下册	课时	1课时

续 表

环节四：归纳提升、探究性质	设计意图：以冬奥会为背景，以设计游戏为学生的兴趣点，根据圆上的点到圆心距离相等的特点，很好地成就了游戏的公平性，让学生检测自己所学的同时，感受数学服务于生活。		
^	学生活动		教师活动
^	学生先根据前一个环节圆的定义独立思考，再小组交流。 要求：全员参与，一人记录，其他人轮流发言，小组代表组织语言。 小组展示自己组的发现，其他小组纠正并补充。 学生将套圈游戏抽象成数学问题，游戏中的人可以看成数学问题里的点，进而发现点与圆的位置关系有三种。		问题6：若想站在其他区域上套圈还公平吗？说明理由。 预设：学生回答，不公平，如果站在圆的内部，人到圆心的距离就更近，如果站在圆的外部，人到圆心的距离就更远，只有都站在圆上，才能保证到圆心的距离相等，只有这样才能公平。 教师点拨：圆将平面分成了三部分，圆上，圆外部，圆内。 追问：在这个平面内的点与圆的位置关系可以分为几种呢？ 预设：可以分为三种：点在圆外，点在圆上，点在圆内。 追问：如何判断点与圆的位置呢？ 预设：根据点到圆心的距离与半径进行比较来判断点与圆的位置。 教师点拨： 点在圆外 $\longleftrightarrow$ $d > r$ 点在圆上 $\longleftrightarrow$ $d = r$ 点在圆内 $\longleftrightarrow$ $d < r$ 这两部分可以相互推导，体现数形结合思想。
^	设计意图：在评价任务中，教师追问：站在其他区域公平吗？引入下一环节内容，使环节间的过渡自然生成，同时引导学生将实际问题抽象成数学问题，用数学理论去说明，就是引入点与圆的位置关系的判断和 d 与 r 的比较是相通的，体现数形结合思想。		

课题	圆		设计者	卞佳媛	
所在单元	圆	年级	九年级下册	课时	1课时

环节五：巩固应用、评价诊断	学习任务： 在冬奥会的氛围下，为增进家庭感情，现需要为家庭聚会设计一个套圈游戏。（在空地上有一个冰墩墩可供大家套） 小明和小华站在图示的位置上，结果都套中了，接下来，人们想赢小明，但想输给小华，游戏该如何设置？		
	学生活动		教师活动
	学生独立尝试，发现合适区域，再以小组为单位进行交流，找出最合理的游戏设计，同时也把不合理的进行分享，其他同学查找问题。		追问：你是如何想到的？ 预设：依据点与圆的位置关系的判定，找到圆心的距离大于1 m小于2 m的点，从而找到所求区域。
	设计意图：本评价和评价一是在同样的背景下，同时是对评价一的游戏进行了提升。学生需要保证两个方面的要求，找到符合要求的点，而这些点的集合就是要求区域，加深数形结合思想。		
环节六：盘点收获	学习任务： 1.这节课我们都研究了哪些内容？ 2.我们都是怎么研究的？		
	学生活动		教师活动
	学生借助板书，回顾本节课的知识点、研究路径和思想方法，主动发言交流。		追问：我们是沿着怎样的研究路径研究圆的？ 追问：你认为接下来我们还要研究什么？研究的路径是什么？
	设计意图：本环节是本节课的总结阶段，师生不断地交流可以引发学生对整个学习过程的不断思考，培养学生有目的性、有条理地整合知识，形成知识网，同时追问"我们是怎样研究的？"培养学生学会学习。最后一个问题也引发学生对后续学习的思考，感受知识的连贯性。		
作业设计			

一、基础作业（必做题）

1.点 P 是 $\odot O$ 所在平面内的一点，$\odot O$ 的面积为 25π。

若 $PO=5.5$，则点 P 在_____。

若 $PO=4$，则点 P 在_____。

若 $PO=$_____，则点 P 在 $\odot O$ 上。

续 表

课题	圆	设计者	卞佳媛	
所在单元	圆	年级	九年级下册	课时	1课时

2. 一根 5 m 长的绳子，一端拴在柱子上，另一端拴在一只羊身上（羊只能在草地上活动），请画出羊的活动区域。

3. 设 $AB = 3$ cm，作图说明：到点 A 的距离小于 2 cm，且到点 B 的距离大于 2 cm 的所有点组成的图形。

二、拓展型作业（必做题）

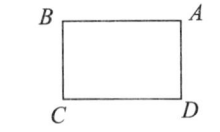

如图，长方形 $ABCD$ 中，$AB = 4$ cm，$BC = 3$ cm。以 A 为圆心，以 2 cm 长为半径画圆，B，C，D 与圆的位置关系如何？

(1) 以 A 为圆心，以 2 cm 长为半径画圆，B，C，D 与圆的位置关系如何？

(2) 以 A 为圆心，以 4 cm 长为半径画圆，B，C，D 与圆的位置关系如何？

(3) 以 A 为圆心画圆，为保证 D 在圆内且 B，C 在圆外，则半径为多少？

三、探究型作业（选做题）

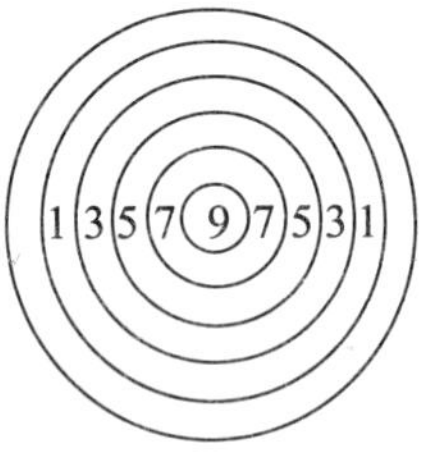

如图是一张靶纸，靶纸上的 1，3，5，7，9 分别表示投中该靶区的得分数，小明、小华、小红 3 人各投了 6 次镖，每次镖都中了靶，最后他们是这样说的。

小明说："我只得了 8 分。"

小华说："我只得了 56 分。"

小红说："我共得了 28 分。"

他们可能得到这些分数吗？如果可能，请把投中的靶区在靶纸上表示出来（用不同颜色的彩笔画出来）；如果不可能，请说明理由。

板书设计

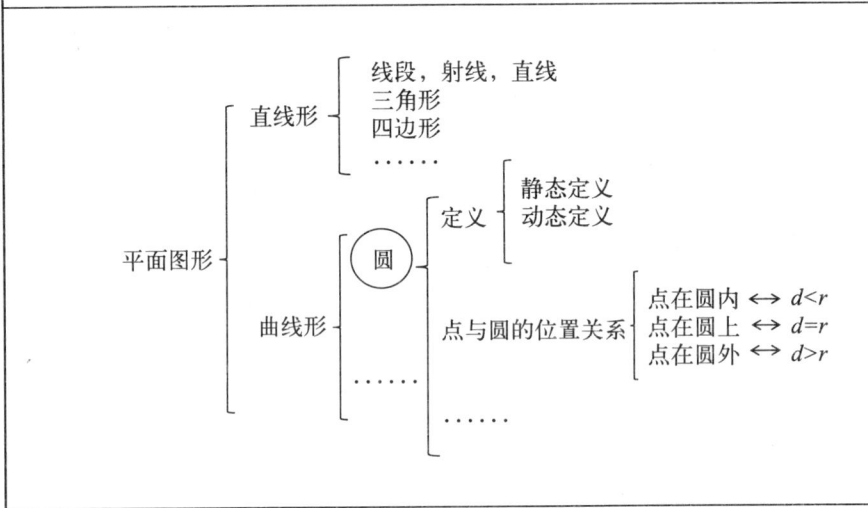

平面图形
- 直线形
  - 线段，射线，直线
  - 三角形
  - 四边形
  - ……
- 曲线形
  - 圆
    - 定义
      - 静态定义
      - 动态定义
    - 点与圆的位置关系
      - 点在圆内 $\Leftrightarrow d<r$
      - 点在圆上 $\Leftrightarrow d=r$
      - 点在圆外 $\Leftrightarrow d>r$
  - ……

续 表

课题	圆		设计者	卞佳媛	
所在单元	圆	年级	九年级下册	课时	1课时
教学反思与改进					

  1. 本节课是本章的章始课，要让学生明白圆这章的"前世"和后续，"前世"就是学习了一些直线形，了解研究几何图形的基本路径，也具备了一定的几何推理能力，而后续还要继续在高中阶段研究曲线形。

  2. 圆的定义从实例和动手中来，从两个角度去定义圆，帮助学生提升概括抽象能力，提升准确、简练和严密的数学表达水平。

  3. 点与圆的位置关系从本节课的表现性任务中来，相对于评价一的追问，让环节之间过渡自然生成，让学生体会知识的生成具有连贯性。

  4. 课堂内容要大胆地让学生生成，师评和生评结合对学生语言进行规范，让学生对知识的生成有参与感。

  5. 如果本节课可以设计一个更有难度，更有阶梯性的，甚至贯串整个课堂的大任务，效果会更好。

8. "确定位置"课时教学方案

课题	确定位置		设计者	刘鸽
所在单元	位置与坐标	年级	七年级上册	课时	1课时

目标设计	课标要求	1. 能够通过平面直角坐标系描述图形的位置与运动；形成推理能力，发展空间观念和几何直观。 2. 在实际问题中，能建立适当的平面直角坐标系，描述物体的位置。 3. 在平面上，运用方位角和距离刻画两个物体的相对位置。
	单元大概念	用两个数据在平面直角坐标系中描述图形的变与不变。
	教材分析	（图示：图形与几何——图形的性质、图形的变化、图形与坐标←发展—图形与位置；深入：生活中确定位置的方式方法→总结平面内确定位置的基本规律→确定位置的极坐标思想→平面直角坐标系的基本概念→图形的坐标变化与图形的轴对称之间的关系；图形与位置、图形的轴对称→在相互联系中强化认识、回味、反思） 本节课是鲁教版七年级上册第五章"位置与坐标"中的第一节。课程标准为"结合实例进一步体会用有序数对可以表示物体的位置""在平面上，能用方位角和距离刻画两个物体的相对位置"。本节教材的主要内容是在生活情境中确定平面物体的位置。结合课标与教材呈现，本节课通过形式多样的活动（如

290

续 表

课题	确定位置		设计者		刘鸽
所在单元	位置与坐标	年级	七年级上册	课时	1课时

目标设计	教材分析	"在教室中确定座位""在地图中确定城市的位置""在海洋中确定船只的位置"等等），运用多种定位方法确定物体位置，将现实生活中常用的定位方法呈现在每一个学生的面前，其中既有反映极坐标思想的定位方法，也有反映平面直角坐标思想的定位方法。这种呈现方式，一是为了使学生在相对轻松、有趣的活动中理解坐标思想及其由来，进一步发展学生的合情推理能力和丰富的情感、态度（尤其是学习数学的兴趣），二是有利于学生在大量的实际运用中掌握确定位置的基本方法，为本章"平面直角坐标系"及后续的学习奠定基础。
	学情分析	学生在小学学过用数对、方位角和距离确定点的位置，具有一定的知识与经验基础，但由于中学生数学思维还不是很严密，对数对的有序性、起始位置的约定及象限角距离法中参照点的选定等问题理解得还不透彻，在准确描述位置上还存在一定的困难。七年级的学生已经具备了一定的学习能力，多为学生创造自主学习、合作交流的机会，促使他们主动参与、积极探究。
	单元目标	1. 在研究确定物体位置的过程中，进一步发展空间观念；经历借助图形思考问题的过程，初步建立几何直观。 2. 结合实例进一步体会用有序数对可以表示物体的位置。 3. 在平面上，能用方位角和距离刻画两个物体的相对位置。 4. 理解平面直角坐标系的有关概念，能画出直角坐标系；在给定的直角坐标系中，能根据坐标描出点的位置，写出点的坐标。
	课时目标	1. 在现实情境中探究确定物体位置的不用方式和方法，感受确定位置的多样性。 2. 能比较灵活地运用不同方式确定物体的位置，积累操作活动经验。 3. 在研究确定物体位置的过程中，进一步发展空间观念，经历借助图形思考问题的过程，初步建立几何直观。

续 表

课题	确定位置			设计者		刘鸽	
所在单元	位置与坐标		年级		七年级上册	课时	1课时

<table>
<tr><td rowspan="12">评价设计</td><td rowspan="4">评价任务或问题序列</td><td colspan="2">单元主问题</td><td colspan="3">运用坐标怎样描述图形的变与不变?</td></tr>
<tr><td colspan="2">主任务</td><td colspan="3">子任务</td></tr>
<tr><td colspan="2" rowspan="2">搜集与新同学相关的各种位置信息,编辑信息发送给新同学。</td><td colspan="3">子任务一:用经纬度和区域划分法,确定威海凤林学校的位置。</td></tr>
<tr><td colspan="3">子任务二:通过安排座位活动,能用有序数对表示自己的座位,能根据数对找到相应的位置。</td></tr>
<tr><td colspan="2"></td><td colspan="3">子任务三:探究军舰的位置,能用方位角和距离描述两个物体的相对位置。</td></tr>
<tr><td rowspan="7">评价方案</td><td>核心目标</td><td colspan="2">表现标准</td><td>评价任务(包括情境和核心问题)</td><td>评价工具</td></tr>
<tr><td rowspan="6">在现实情境中探究确定物体位置的不同方式和方法,感受确定位置的多样性。</td><td>表现维度</td><td>A   B   C</td><td rowspan="4">情境:编辑信息发送给新同学,告知各种位置信息。

核心问题:运用两个数据描述物体位置。</td><td rowspan="6">1.独立书写。
2.口头表述。
3.检测。</td></tr>
<tr><td>座位位置</td><td>会准确用有序数对表示自己和他人的位置,能快速反馈出别人的问题。   会用有序数对表示自己的位置,能反馈出别人的问题。   会用有序数对表示自己的位置,但对别人的问题不能做出反馈。</td></tr>
<tr><td>军舰位置</td><td>会正确找出象限角,并很准确地给他人指导。   在找象限角时出现问题,但通过小组交流能发现问题。   不会找象限角,对于别人的讲解也不能明白。</td></tr>
<tr><td>编辑信息</td><td>能准确向新同学编辑三种及三种以上的信息。   能向新同学编辑两种有关本节课信息。   能向新同学编辑一种有关位置信息。</td></tr>
</table>

学习进程设计
环节一:情境导入,整体感知	学习任务:了解本节课的大情境问题,每年咱们学校都有同学转进转出,假如咱班将从北京转来一名新同学小伟,需要发信息告诉他一些位置信息,让他提前做好来威海的准备。

第四章　单元起始课教学设计的案例与反思

续　表

课题	确定位置		设计者	刘鸽
所在单元	位置与坐标	年级	七年级上册	课时　1课时

<table>
<tr><th colspan="2">学生活动</th><th>教师活动</th></tr>
<tr>
<td rowspan="2">环节一：
情境导入，整体感知</td>
<td>　　学生认真看大屏幕的情境任务，获取任务信息。
　　学生明确本节课需要完成的任务，沿着问题路径学习新课。</td>
<td>　　过渡语：每年咱们都有同学转进转出，假如有位北京的同学即将转进咱班，需要发信息告诉他一些位置信息，让他提前做好来威海的准备。
　　追问：需要编辑哪些位置信息呢？如何编辑这些信息呢？</td>
</tr>
<tr><td colspan="2">　　设计意图：本节课的情境任务来源于生活问题，既能激发学生学习的兴趣，又能让学生明确本节课需要带着怎样的任务去进行学习。</td></tr>
<tr>
<td rowspan="4">环节二：初探地图、再次认知</td>
<td colspan="2">学习任务：可以确定一个城市在地球上的位置
问题：找城市位置
威海：
北京：</td>
</tr>
<tr><th>学生活动</th><th>教师活动</th></tr>
<tr>
<td>　　通过地理知识的学习，指导用经度和纬度表示。
　　观察绘制的平面化的经纬图，表示出威海的位置，学生展示北京的位置、威海的位置。
　　学生说出结论需要两个数据，初步感受确定位置一个数据不可以。</td>
<td>　　问题1：探究用什么方法表示威海的位置？
　　问题2：你是如何表示的？怎样得到的？
　　预设：
　　追问1：一个数据行不行？
　　生1：一个数据不行，找不到具体的城市。
　　追问2：你有什么结论？
　　点拨：运用经纬度两个数据表示地理位置，称为经纬定位法。</td>
</tr>
<tr><td colspan="2">　　设计意图：在学生原有的地理知识的基础上，先用地图描述一个城市的位置，同时也能根据数据找到相应的城市，内容比较简单，学生容易掌握，先从身边的情境入手更容易接受。</td></tr>
</table>

293

续 表

课题	确定位置		设计者	刘鸽
所在单元	位置与坐标	年级	七年级上册	课时	1课时

环节三：引发冲突、探究新知	学习任务：运用区域分布图确定凤林学校的位置。 问题：找凤林学校的位置。 跟踪检测：A2区域能找到什么的位置？

学生活动	教师活动
学生在环节一的基础上思考怎样用经纬法表示学校的位置。 学生观察区域分布图，思考怎样表示学校的位置。 学生得出结论需要两个数据表示学校的位置，再次体会表示位置需要两个数据。	问题1：凤林学校怎么表示？追问为什么不能用经纬网表示？ 预设：可以表示，但是太小，通常我们也不用。（引发认知冲突） 点拨：所以仿照经纬图制作了一张区域分布图。 预设： 追问1：如何表示凤林学校的位置？ 追问2：一个数据行不行？为什么？

设计意图：位置确定的方法很多，用区域分布图也可以确定物体的位置，让学生感受位置确定方法的多样性和适用性，进一步体会用两个数据表示的必要性。

环节四：重点探究、深入练习

学习任务：用有序数对表示座位的位置。
1. 问题：写出新同学的座位位置。
2. 小游戏：贪吃蛇。
由起点到终点，只能前后左右走；
用有序数对表示自己，并用有序数对表示出下一个位置，语言描述如"我是(1,1)，下一个是(1,2)"；
直到走到终点，游戏结束。
3. 检测。
课间操时，小华、小军、小刚的位置如图所示，小华的位置用(0,0)表示，小军的位置用(2,1)表示，那么小刚的位置可以表示成（　　）。
A.（5,4）
B.（4,5）
C.（3,4）
D.（4,3）

294

续 表

课题	确定位置		设计者	刘鸽	
所在单元	位置与坐标	年级	七年级上册	课时	1课时

	学生活动	教师活动
环节四：重点探究、深入练习	学生在探究单上尝试写出新同学的座位位置。 学生写完后同桌交流，先判断对错，再互相说明理由。 学生展示，生生相互质疑和补充，交流不同答案。 两人用有序数对说一说自己的位置和同桌的位置。 学生明确游戏规则：一名学生上台画出贪吃蛇的轨迹，其余学生做裁判。 学生独立完成检测，进一步巩固方法，生生之间互相纠错。 学生通过追问，对下一步的学习有了整体的建构。	预设可能产生的问题： 1. 表示的方法不同，有的可能用文字表述，第几行第几列，有的可能用两个数字表示，有的可能直接描述从什么地方数第几个。 2. 起始位置不同，可能以最右边最下边为第一行第一列，有的可能以最左边最下边为第一行第一列。 3. 行列的顺序不同，先列再行或是先行再列。 追问1：谁还有不同答案？ 点拨：学生展示时引起冲突，规定第一列第一行的位置，提升标记不同座位相同。 追问2：不同答案有什么共同点？ 追问3：第2列，第3行还可以怎样表示？ 追问4：(2, 3) 和 (3, 2) 数字相同，为什么在不同的位置？ 点拨：提出有序数对的定义，第一个数字表示的是列，第二个数字表示的是行。 预设：1. 参与游戏者出错。 　　　2. 画轨迹者出现问题。 教师巡视学生完成情况，及时发现错误资源，比如，没有注意到小华的坐标是 (0, 0)。 追问：如果把小军变成 (0, 0)，那么小刚如何表示？小华如何表示？ 提升：构成网格形式，为下节课的平面直角坐标系做准备。
	设计意图：利用学生熟悉的教室场景，激发学生学习数学的兴趣。围绕确定教室中学生的座位这个问题进行讨论，让学生体会确定位置时需要两个数据，并且感受到这两个数据的顺序的重要性，结合小学已有的数对知识，引导学生得到用有序数对确定平面内物体的位置，感受现实世界中蕴含着大量的数学信息。练习环节在已有的数轴知识基础上让学生意识到数对中也可以有 (0, 0) 和负数，为学生下一节学习平面直角坐标系奠定认识的基础。	

课题	确定位置		设计者	刘鸽	
所在单元	位置与坐标	年级	七年级上册	课时	1课时
环节五：合作交流、突破难点	学习任务：确定军舰的位置。 1.问题：刘公岛附近有一艘敌舰，该如何确定敌舰的位置？ 探究要求： (1) 借助手中的量角器、直尺等工具测量。（图上距离1cm代表实际距离1千米） (2) 通过测量，写出敌舰的位置。 2.跟踪检测。 在刘公岛观测点 O 处检测到附近有4只船。 (1) 船1位于观测点 O 的什么位置？ (2) 在观测点北偏西65°，4千米位置的是_____。				
	学生活动			教师活动	
	学生独立完成探究任务，进一步明确确定位置需要两个数据。 　　小组合作探究和交流：小组内说说不同点和困惑点，进行讨论，小组展示交流答案，生生相互补充，能明确象限角的定义。 　　学生独立完成跟踪检测，进一步体会运用"象限角+距离"这种方法确定位置。			追问1：需要几个数据？ 追问2：为什么是北偏东30°？ 预设难点： 1.提出象限角定义—象限角指的是南北方向线与目标方向线的夹角。 2.强调是哪个点相对于哪个点的位置。 提升：还能提出什么问题？ 预设问题：船2的位置、船3的位置在观测点的什么位置？	

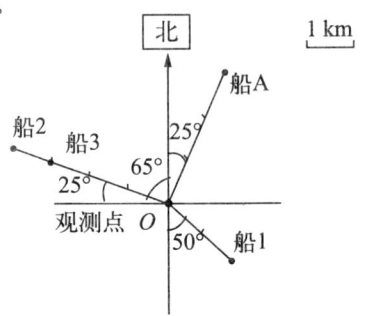

续表

课题	确定位置		设计者	刘鸽
所在单元	位置与坐标	年级	七年级上册	课时	1课时

环节五：合作交流、突破难点	设计意图：通过威海旅游地刘公岛提出关于军舰的位置描述，让学生更容易理解这种方法，以及我们研究的必要性，来源于我们的生活，学生在动手和合作交流中获得知识，激发学生的学习兴趣，在练习中提出开放性的问题，更加发散了学生的思维。	
环节六：盘点收获	学习任务： 问题：1. 本节课你学会了哪些知识？在知识应用中需要注意什么？ 2. 你学到了哪些思想方法？ 3. 编辑任务信息发送给新同学。	
	学生活动	教师活动
	学生回顾本节课的知识、思想，并完成本节课最初的编辑任务。	追问1：比较今天学习的确定位置的方法，有什么区别和联系？ 追问2：生活中还有哪些确定位置的例子？ 预设可能产生的问题： 1. 只说共同点，不好描述不同点。 2. 生活中的例子提供图片更便于理解。
	设计意图：数学来源于实际，也是为了应用于实际，如何运用本节课所学的四种方法综合地解决实际问题，在这个活动中得到了集中的体现。旨在让学生进一步体会到在平面上确定物体的位置有多种方式，突出重点，突破难点，提高学生综合运用知识的能力。	

作业设计

一、基础型作业（必做题）：
利用今天所学内容，画出凤林学校合适的区域分布图。
二、拓展型作业（选做题）：
疫情过后，老师打算暑假去云南旅游，利用本节课所学的知识，帮助老师进行合理的规划。

板书设计

确定位置
（两个数据）

一、经纬定位　　　37.5°N，42.1°E
二、区域定位　　　　B　　2
三、行列定位　　　（3，　4）
四、象限角+距离定位　南偏东40° 2千米

象限角指的是南北方向线与目标方向线的夹角。

续 表

课题	确定位置		设计者		刘鸽	
所在单元	位置与坐标	年级	七年级上册	课时	1课时
教学反思与改进					

  初中数学探索课是指教师运用探究技能在课堂中让学生通过主动探索,自主建构知识的一种课型。教师在数学探索课中,要针对探究点设置评价任务,开展精准教学,构建高效的数学探索课堂。

  本节课有的生成没有抓住和加以利用,在学生回答生活中确定位置的例子时,提到图书馆藏书,这时需要的就不仅仅是两个数据的表示,可以再有个提升,所以在以后的教学中仍需要不断地学习和磨炼,课堂上认真听取学生的发言,多观摩学习优秀教师的课堂,运用在自己的教学中。

第三节　概率与统计领域

1. "平均数"课时教学方案

课题	平均数		设计者	王孟孟	
所在单元	数据的分析	年级	九年级上册	课时	第一课时
目标设计	课标要求	单元课标要求： 1. 了解在现实生活中有许多问题应当先做调查研究，收集数据，通过分析作出判断，体会数据中蕴含的信息。 2. 了解对于同样的数据可以有多种分析的方法，需要根据问题的背景选择合适的方法。 3. 经历收集、整理、描述和分析数据的活动，了解数据处理的过程；能用计算器处理较为复杂的数据。 4. 理解平均数的意义，能计算中位数、众数、加权平均数，了解它们是数据集中趋势的描述。 5. 体会刻画数据离散程度的意义，会计算简单数据的方差。 6. 体会统计方法的意义，发展数据分析观念，感受随机现象。 课时课标要求： 1. 理解平均数的意义，能计算加权平均数，了解它是数据集中趋势的描述。 2. 根据结果作出简单的判断和预测，并能进行交流。				
	单元大概念	有些问题可以通过收集和分析数据来解答，所要解答的问题决定了需要收集哪些数据以及如何最好地收集数据。数据的类型决定了可视化表征的最佳选择。				
	教材分析	统计：整理数据、描述数据（条形图、扇形图、折线图、直方图）、收集数据（调查方式：全面调查、抽样调查）、数据分析（数据的集中趋势：平均数、中位数、众数；数据的离散程度：方差）				

续 表

课题		平均数		设计者	王孟孟
所在单元	数据的分析	年级	九年级上册	课时	第一课时
目标设计	教材分析	\[知识结构图：问题→收集数据（全面调查、抽样调查）→整理数据（条形图、扇形图、折线图、直方图）→分析数据→决策；分析数据分为数据的集中趋势（平均数、中位数、众数）和数据的离散程度（极差、方差、标准差）\] 本节课是鲁教版初三数学上册第三章"数据的分析"第一节"平均数"第一课时。 　　一个完整的统计过程包括明确目的，收集数据，整理数据，分析数据，作出决策。数据的分析是在对数据的收集、整理基础之上进行的，是统计活动中最重要的环节，也是初中数学统计与概率这一领域的重要组成部分。在平均数、中位数、众数三个数据的统计量中，平均数是最常用、最基本的数据分析方法，在实际生活中有着广泛的应用。本节课将在真实、生动、活泼的生活情境下复习小学学习过的算术平均数，并进一步研究加权平均数，让学生感受权的意义、作用和表现形式，建立良好的统计观念，为后续中位数、众数、方差等统计量的学习奠定基础。			
	学情分析	在小学阶段学生已经学习过平均数，并且有了一定的计算能力，为初中的学习奠定了一定的基础。初三的学生性格活泼，思维活跃，好奇心强，并拥有了一定的生活经验。本节课采用单元知识结构导入，让学生对本章内容有清晰的了解。对于平均数，从学生熟悉的情境引入，让学生能够快速回忆出与算术平均数有关的内容，在此基础上深入学习加权平均数，使学生学会计算并理解加权平均数的统计意义。 　　在本节课的学习中，学生不易理解权的意义，在计算时，如果对加权平均数的统计意义理解不深刻，往往会造成数据与权混淆不清，利用公式计算时会出现错误。因此，要结合实际问题情境帮助学生深入体会。			

续 表

课题		平均数		设计者	王孟孟
所在单元	数据的分析		年级	九年级上册	课时	第一课时

目标设计	单元目标	1. 初步经历数据的收集与处理的过程，发展学生初步的统计意识和数据处理能力。 2. 能通过分析数据解决简单的实际问题，形成一定的解决问题的能力，进一步体会数学的应用价值。 3. 初步经历调查、统计、研讨等活动，在活动中发展学生的合作交流的意识与能力。 4. 掌握平均数、中位数、众数的概念，会求一组数据的平均数、中位数、众数；能从条形统计图、扇形统计图等统计图表中获取信息，求出相关数据的平均数、中位数、众数；能用计算器求一组数据的算术平均数。 5. 知道权的差异对平均数的影响，能用加权平均数解释现实生活中一些简单的现象；了解平均数、中位数、众数的差别，初步体会它们在不同情境中的应用。 6. 经历探索表示数据离散程度的过程，了解刻画数据离散程度的三个量度——极差、标准差和方差，能借助计算器求出相应的数值，并在具体问题情境中加以应用。
	课时目标	1. 通过活动一，理解算术平均数的概念，会求一组数据的算术平均数。 2. 通过社团纳新活动，体会"权"产生的必要性，感受"权"的作用。 3. 会求一组数据的加权平均数，在解决社团纳新问题的过程中，发展数据分析观念。

评价设计	评价任务或问题序列	单元主问题	数据的类型决定了可视化表征的最佳选择。
		主任务	子任务
		一、理解并掌握算术平均数	1. 初步分析数据，利用分析结果进行决策； 2. 生活中平均数的应用。
		二、理解并掌握加权平均数	1. 感悟理解学"权"的意义。 3. 何为"权"，通过实例感受"权"影响数据结果的原因。 4."权"在实例中的应用。

续 表

课题		平均数			设计者		王孟孟	
所在单元		数据的分析	年级		九年级上册	课时	第一课时	
评价设计	评价方案	核心目标	表现标准			评价任务（包括情境和核心问题）		评价工具
		通过分析、计算掌握算术平均数和加权平均数的概念，会求一组数据的算术平均数和加权平均数。	表现维度	A	B	C	情境：请你根据本节课表现按要求计算，给自己打分 核心问题：如何进行数据分析？	1. 计算准确度。 2. 概念理解度。 3. 应用完成度。
			计算	会计算算术平均数和加权平均数，结果准确，熟练。	会计算算术平均数和加权平均数，结果准确。	会计算算术平均数和加权平均数，结果存在偏差。		
			选择	能在不同题目条件下找到适用的平均数类型并准确计算。	在不同题目条件下选取求解平均数类型不熟练。	在不同题目条件下没有直接找到适用的平均数类型，计算错误。		
			检测	在达标检测中根据自身情况分数达到85分以上。	在达标检测中根据自身情况分数达到70分以上。	在达标检测中根据自身情况分数未达到70分。		

学习进程设计

环节一：梳理单元、知识结构	学习任务： 问题1：借助章前图，梳理单元知识结构。 学生在初一已经学过数据的收集和整理，在生活中，人们离不开数据，不仅要对数据进行收集和整理，也要对数据进行分析，根据结果便于做出相对正确的决策。 通过调查数据解决生活问题的一般路径：收集数据——整理数据——分析数据——决策。		
	学生活动		教师活动
	学生观察数据，思考如何分析数据，以及能够得出什么结论，如何利用结论做出预测？ 学生班级交流，列举观点。 学生借助生活经验，列举说明。		过渡语：数据分析是多维度的，通过调查数据解决生活问题的一般路径是什么？ 追问：你能试着列举找到生活中的实例吗？
	设计意图：对整个初中阶段的数据知识内容进行梳理，在知识结构上形成框架，让学生了解调查数据解决实际问题的一般路径。		

续 表

课题	平均数		设计者	王孟孟
所在单元	数据的分析	年级 九年级上册	课时	第一课时

环节二：建立模型、揭示概念	学习任务 问题2：建立模型，揭示概念。 活动一：观察A同学本周的英语小测成绩： 15　10　10　15　10　10　10　15　15　10 能求出该同学的平均成绩吗？ 一般地，对于 n 个数 $x_1, x_2, \cdots, x_n$，我们把 _____ 叫作这 n 个数的算术平均数，简称平均数。		
	学生活动		教师活动
	学生计算该同学的平均成绩，并对问题作出判断。 　同学交流对平均数的认识。		追问1：您是如何计算的？ 追问2：问题判断的依据是什么？ 追问3：能用自己的语言说说什么是平均数吗？（板书）
	设计意图：本活动通过一个现实的情境，引导学生用小学学过的方法计算平均数，并归纳求平均数的方法，得到"算术平均数"这一概念。同时，采用不同的计算方法，为引入加权平均数作铺垫。		

环节三：实例分析、感受"权"	活动二：学校"英语园地"社团招募新成员，A，B两人本周的英语成绩如下表：（单位：分）										
	A同学	15	10	10	15	10	10	10	15	15	10
	B同学	10	15	15	15	10	15	15	10	10	15
	如果在两名同学中选一名加入社团，选择谁？选择的标准是什么？										
	学生活动						教师活动				
	学生通过计算平均数，对问题作出判断。 　预设：学生观察数据发现B同学得到15分的次数为6次，比A同学的4次更多，故B同学的平均成绩会比A高。 　预设：学生通过观察两组数据会发现，虽然两人的成绩都是10分和15分两种数据组成，但是他们的个数并不相同。						教师巡视解题的书写过程，加以纠正。 　追问：两人的成绩都是10分和15分两种数据，为什么最后的平均成绩却不相同呢？				
	设计意图：引导学生对比两组成绩，体会每个数据出现的次数不同，造成每个数据对平均数的"贡献"不同，体现了它所占"比重"的不同。在此，"权"的感觉初步渗入学生心里。										

303

续 表

课题	平均数			设计者	王孟孟
所在单元	数据的分析	年级	九年级上册	课时	第一课时

环节三：实例分析、感受"权"

活动三：学校"英语园地"招募成员，C同学、D同学的成绩如下表：（单位：分）

	听力	口语	阅读	写作
C同学	6	9	6	5
D同学	5	5	7	9

在两位同学中选一名加入"英语园地"，选择谁？选择的标准是什么？

学生活动	教师活动
分析数据，得出结论，班级交流自己的观点。 学生根据自己的理解，认为哪项能力更重要，结合实际情况，给出自己的答案。	预设：学生会发现两名同学的平均数相同，不知如何选择。 同学会在平均数相同的情况下，去关注听力、口语、阅读、写作的分值，然后给出自己的看法。 追问：选择标准是什么？如何计算？ 面对同学选择陷入"思维冲突"的情况下，教师及时设问。 追问：如果社团想选拔一位英语主持人，该如何选择？

设计意图：此问题中给出的C和D两名同学的四项成绩总分、平均分都相同，让学生体验用已有经验和方法来确定人选是不可能的，即用"总分"或用"算术平均数"的方法已不能解决这个问题了，那么就必须要建立新的标准和方法。这个新标准、新方法是什么呢？引发学生自发、自主、独立思考，为诞生"权"提供基础保障。

活动四：学校"英语园地"招募英语主持人，C同学、E同学的成绩如下表：（单位：分）

	听力	口语	阅读	写作	平均成绩
C同学	6	9	6	5	6.5
E同学	7	8	6	7	7

在两名同学中选一名英语主持人，你又会如何确定人选？

第四章 单元起始课教学设计的案例与反思

续 表

课题	平均数		设计者	王孟孟
所在单元	数据的分析	年级	九年级上册	课时	第一课时

	学生活动	教师活动
环节三：实例分析、感受"权"	基于活动三的问题基础，小组讨论，提出解决方案。 学生提出疑问，同学之间进行解答疑惑，体会某几项的"重要性"。	预设：学生在解决前一个问题的基础上，会先去求平均数，但是当发现平均数不一样的时候，又会陷入新的"思维冲突"，同时会结合此前的方法，选择"更重要"的某几项作为参考。 追问1：你觉得哪项成绩是确定主持人的重要因素？ 追问2：在算式中如何体现某项数据对平均数的影响更大？
	设计意图：在上述分析的基础上，进一步激化矛盾，C和E两名同学四项成绩的平均分相比较而言，E略占优势，而"口语"方面，C更胜一筹。此时，如果仅从三项测试的算术平均数来判断，或仅从"口语"这一成绩来判断，显然不是最好的方案，最好的方案应该是兼顾四项测试成绩，突出"口语"这一成绩，则用"权"的意识来判断就会立马显现。显然这一问题是将"孕育'权'"向"诞生'权'"进行递进式生长的过程。	

	学习任务： 活动五：学校"英语园地"招募英语主持人，两名同学的成绩如下：（单位：分）综合兼顾四项成绩，突出口语，说说你的评选方法。

	听力	口语	阅读	写作
C同学	6	9	6	5
E同学	7	8	6	7

环节四：实例分析、揭示"权"	1. 如果听力、口语、阅读、写作得分按照1:2:1:1的比例确定两名同学的平均分，计算C同学的平均数。 2. 计算E同学的平均数，并比较，确定最后人选。 3. 根据自己的理解，赋予不同的"权"，然后求出C同学的平均数。		
	学生活动		教师活动
	学生计算不同情境下的平均数，感受"权"对数据分析的影响。		追问：为什么"权"的数值越大，对平均数的影响越大？
	设计意图：结合主持人对口语的需要，通过比例计算C同学和E同学的成绩，进行分析解决问题，进一步理解"权"的意义。通过鼓励学生结合实际进行对权的赋值，并完成相应的计算，感受量变到质变的过程，引导学生的思维从"认识'权'"向"欣赏'权'"递进式生长。此处更多地关注课堂生成内容，如果学生不能顺利生成，则以问题串的形式展开课堂，循序渐进，让学生容易接受。		

续　表

课题	平均数		设计者	王孟孟
所在单元	数据的分析	年级	九年级上册	课时	第一课时

环节五：实例分析、体验"权"	学习任务： 我来决策：M，N两名同学竞选"英语园地"团长，他们的各项测试成绩如下表所示（单位：分）： |	文化成绩	语言表达	组织能力 | |---|---|---|---| | M同学 | 90 | 80 | 100 | | N同学 | 100 | 90 | 80 | 你能制订一个方案，选出团长吗？
	学生活动 | 教师活动
	学生设计方案并交流，充分应用"权"。 | 引导学生多方面利用"权"计算平均成绩，并说出设计理由。
	设计意图：这是一个开放性的问题，让学生用所学知识自主设计方案，强化了学生的创新意识，培养了他们的数据分析观念，并让学生感受到数学在我们生活中的应用，同时在班级内充分地展示交流锻炼了学生的交流能力和语言表达能力。

环节六：梳理知识	数据分析路径：收集——整理——分析——判断。 $$平均数\begin{cases}算术平均数\\加权平均数\begin{cases}百分数\\比\\次数\end{cases}\end{cases}$$ 设计意图：引导学生回忆本节课所学，畅谈对"平均数"的理解，互相补充，完善对平均数的认识。在学生回答的基础上揭示算术平均数与加权平均数特殊与一般的关系。同时引申："权"在生活中应用广泛，除了在评分中以"比"的样子出现外，还有很多形式，鼓励学生收集生活中用到的"加权平均数"的例子，为下节课做准备。数据分析路径的总结体现了单元整体教学的观念。

环节七：数学理解	学习任务：观察并思考以下两个问题。 1. 某条小河平均水深1.3 m，一个身高1.6 m的小孩在这条河里游泳是否一定没有危险？说说你的理解。

续 表

课题	平均数		设计者	王孟孟
所在单元	数据的分析	年级 九年级上册	课时	第一课时

环节七：数学理解

2. 公司员工的月工资如下表（单位：元）：

员工	经理	副经理	职员A	职员B	职员C	职员D	职员E	职员F	职员G
月工资/元	7000	4400	2400	2000	1900	1800	1800	1800	1200

经理说："我公司员工收入很高，月平均工资为2700元。"

学生活动	教师活动
学生思考两个情境中平均数的出现和生成过程，分析计算原因并判断是否合理。 学生通过举出实例，说明如何避免极端值的影响。	在日常生活中，我们常用平均数表示一组数据的"平均水平"，容易受极端值的影响。 追问：生活中有哪些避免极端值的经历？试举例。

设计意图：通过实际情境，进一步加强学生对平均数的认识，同时指出平均数容易受极端值的影响，因此，我们需要新的量对集中趋势进行描述，为下一节中位数和众数的引入奠定基础。

作业设计

一、基础型作业（必做题）：

1. 已知一组数据：1，7，10，8，x，6，0，3。它们的平均数是5，那么x等于____。
A. 6　　B. 5　　C. 4　　D. 3

2. 已知a_1，a_2，a_3，a_4，1，2，3，4八个数的平均数是4，则a_1，a_2，a_3，a_4的平均数是_____。

3. 某小组5名同学一次测验的平均成绩是80分，已知其中4名同学的成绩分别是82分，78分，90分，75分，则另一名同学的成绩是_____分。

4. 某校举行黑板报评比，由参加评比的10个班各派一名同学担任评委，每个班的黑板报得分取各位评委所给分值的平均数，下面是各评委给八年级（6）班黑板报的分数（单位：分）：

评委编号	1	2	3	4	5	6	7	8	9	10
评分	8.2	8.5	8.4	8.6	6.2	10	8.4	8.6	8.5	8.2

(1) 该班的黑板报的得分是多少？此得分能否反映其设计水平？
(2) 在这10位评委中，你认为哪几号评委给出了异常分？怎样解决这个问题？
(3) 你觉得怎样评分比较好？

二、拓展型作业（1，2必做题，3选做）：

1. 如果一组数据x_1，x_2，x_3，x_4，x_5的平均数是3，则x_1+1，x_2+2，x_3+3，x_4+3，x_5+4的平均数是（　　）。

续 表

课题	平均数		设计者		王孟孟
所在单元	数据的分析	年级	九年级上册	课时	第一课时

A. 2　　B. 3　　C. 5　　D. 10

2. 有 m 个数的平均值是 x，n 个数的平均值是 y，则这 $(m+n)$ 个数的平均值是 ____。

3. 某班进行个人投篮比赛，受污染的下表记录了在规定时间内投进 n 个球的人数分布情况，同时，已知进球 3 个或 3 个以上的人平均每人投进 3.5 个球；进球 4 个或 4 个以下的人平均每人投进 2.5 个球。投进 3 个球和 4 个球的各有多少人？

进球数 n	0	1	2	3	4	5
投进 n 个球的人数	1	2	7			2

三、探究型作业（选做题）：

结合自己的学习情况、德育表现，设计一个评优选先的方案，并给同学们合理化的建议。

板书设计

问题 → 收集数据 → 整理数据 → 分析数据 → 决策

分析数据 → 数据的集中趋势 → 平均数（算术平均数、加权平均数）、中位数、众数

分析数据 → 数据的离散程度 → 极差、方差、标准差

重要程度

教学反思与改进

上述活动设计，总是要求学生递进式地理性思考问题，并不断创新思维方式，把握问题本质和数学本质，让学生的思维在每一次理性思维之后得到升华。

纵观整个活动过程，始终将评价设计和活动设计融为一体，活动就是评价，评价始

续 表

课题	平均数		设计者	王孟孟
所在单元	数据的分析	年级	九年级上册	课时	第一课时

终渗透在整个教学过程中。首先，设计了平均数不相同的数据，学生通过分析平均数的不同即可得到答案。然后给出了又一组平均数相同的实例，让学生体会数据的"数量"对平均数的影响。在学生感觉学会的时候，又给出了平均数相同的情况，体会不同类别对数据的影响。在选择选手的过程中，每名学生针对自己理解的不同，给出了合理化的决策方案。最后，利用身边的实例，说明平均数容易受极端值的影响。

只有教师把关注点转变到数据分析、模型思想、数学应用以及数学的抽象以及数学的理性思考方面，才能让核心素养的理念在数学课堂上生根、发芽，才能让更多的学生触摸到数学的本质与内涵，获得学科素养的提升和发展。

本节课在把握"权"的内容上比较精准，直指学生的"思维冲突"，在冲突中体会不同类别对数据的影响。但是本节课在体现单元整体上比较薄弱，更多的是在渗透平均数的影响，作为单元起始课，没有更好地起到"总揽全局"的作用。另外，在最后职员工资的实例中，学生感觉比较陌生，可以改为班级同学的某一科成绩，效果会更直观。

2. "用树状图或表格求概率"课时教学方案

课题	用树状图或表格求概率		设计者	邹范
所在单元	对概率的进一步认识	年级 九年级下册	课时	1课时

目标设计	课标要求	总目标： 知识技能：经历在实际问题中搜集和处理数据、利用数据分析问题、获取信息的过程，掌握统计与概率的根本知识和根本技能。 数学思考：体会统计方法的意义，开展数据分析观念，感受随机现象。 问题解决：获得分析问题和解决问题的一些根本方法，体验解决问题方法的多样性，开展创新意识。 情感态度：积极参与数学活动，体会数学的特点，了解数学的价值。 学段目标： 知识技能：体验数据搜集、处理、分析和推断的过程，理解抽样方法，体验用样本估计总体的过程；进一步认识随机现象，能计算一些简单事件的概率。 数学思考：理解利用数据可以进行统计推断，树立建立数据分析的观念；感受随机现象的特点。 问题解决：经历从不同角度寻求分析问题和解决问题的方法的过程，体验解决问题方法的多样性，掌握分析问题和解决问题的一些根本方法。 情感态度：积极参与数学活动，对数学有好奇心和求知欲。 内容标准： 1. 了解利用数据可以进行统计推断，发展数据分析观念，感受随机现象的特点。 2. 能通过列表、画树状图等方法列出简单随机事件所有可能的结果，以及指定事件发生的所有可能的结果，了解事件的概率。 3. 知道通过大量的重复试验，可以用频率来估计概率。 具体如下：

行为条件	行为动词	认知水平	具体概念	知识类型
了解	了解	理解	数据可以进行统计推断	陈述性知识
通过列表、画树状图等方法	能列出	掌握	简单随机事件所有可能的结果，以及指定事件发生的所有可能的结果	程序性知识
了解	了解	理解	概率	陈述性知识
知道	知道	理解	用频率来估计概率	程序性知识

课题	用树状图或表格求概率		设计者		邹范
所在单元	对概率的进一步认识	年级	九年级下册	课时	1课时
目标设计	单元大概念	事件发生的概率可以用 0 到 1 之间的数来描述，并用于对其他事件进行预测。				
^	教材分析	1. 单元教材地位 统计与概率 ├─ 统计 │　1.六下"数据的收集与整理" │　2.八上"数据的分析" └─ 概率 　　1.七下"概率初步" 　　2.九下"对概率的进一步认识" 通过纵向梳理单元知识可以看出，第三学段关于"统计与概率"的章节共有四章，初一经历数据的收集和整理，注重学生数据分析观念的培养和发展，发展学生的数据分析观念是这部分内容的核心。初二开始概率的学习——"概率初步"，学习的重点是感受随机现象发生的可能性有大有小，感受频率的稳定性，能用概率对可能性大小进行数学描述，做出合理的决策。初三进一步学习概率——"对概率的进一步认识"，学习的重点是通过列表、画树状图等方法获得事件的概率，用频率来估计概率。 本章属于"统计与概率"领域，教科书按先统计后概率的顺序分开编排。一方面，概率与统计相对独立，另一方面，概率又以统计为依托。本章是在初二已经学习了概率初步的基础上，进一步研究生活中的概率，以及通过试验估算和理论计算两种方法求概率，本章内容与已学内容联系紧密，同时也是以后高中将要学习的多步试验等内容的重要基础。本节利用画树状图和列表法求出涉及"两步"试验的概率并解决问题。 2. 单元知识结构				

续 表

课题	用树状图或表格求概率		设计者	邹范
所在单元	对概率的进一步认识	年级	九年级下册	课时	1课时

目标设计	教材分析	分析目录可知本单元的研究内容及内容划分，将本单元分为3节，首先通过"抛硬币"活动，引导学生理解游戏的公平性问题，并分析事件所有可能发生的结果，经历用树状图、表格梳理事件结果的过程。 分析章首图可知本单元大致的研究内容，以及本单元的学习目标和本单元学完后可以解决哪些问题，便于明晰教材的设计框架和意图。 3. 课时结构分析 为了更清晰地把握教材，从学习内容、学习路径、学习结果这三方面来横向梳理教材发现，本单元的主要内容有用树状图或表格求概率、生活中的概率、用频率估计概率。本章与"概率初步"类似，通过具体游戏活动，让学生感受两步试验的结果该如何梳理，关注知识的形成与应用过程，切实提高学生的应用意识和能力。

续 表

课题	用树状图或表格求概率		设计者		邹范
所在单元	对概率的进一步认识	年级	九年级下册	课时	1课时
目标设计	学情分析	在七年级下学期学习"概率初步"时，学生已经通过试验、统计等活动感受随机事件发生的频率的稳定性，即"当试验次数很大时，事件发生的频率稳定在相应概率的附近"，了解到事件的概率，体会到概率是描述随机现象的数学模型，并会解决一步试验的等可能事件的概率。在此基础上，结合具体的情境，让学生经历猜测、试验估算、理论验证等活动过程，利用画树状图和列表法求出涉及"两步"试验概率并解决问题。这样，进一步让学生体会数学在生活中的价值及发展合作意识。本节主要用树状图和列表法求涉及两步试验的简单问题情境的概率。			
	单元目标	1. 经历试验、收集与统计试验数据、分析试验结果等活动过程，进一步发展数据分析观念，体会概率与统计的关系。 2. 通过试验进一步感受随机事件发生的频率的稳定性，感受随机现象的特点，理解随机事件发生的频率与概率的关系，加深对概率意义的理解。 3. 能利用列表和画树状图等方法计算一些简单事件发生的概率；能用试验频率估计一些较复杂随机事件发生的概率。 4. 能运用概率解决一些简单的实际问题，进一步发展应用意识。 5. 在活动过程中积累活动经验，体验与他人合作交流的意义和作用。			
	课时目标	1. 会用合适的方法计算简单随机事件发生的概率。 2. 在试验和统计活动中，积累活动经验，体会概率与统计的关系，进一步认识频率与概率的关系，加深对概率的理解。			
评价设计	评价任务或问题序列	单元主问题	之前所学一步试验概率求法还适用于两步试验吗？		
		主任务	子任务		
		一、试验法求两步试验概率	小明、小颖和小凡都想周末去看电影，只有一张电影票，只有1个黄球1个白球，三人还想通过摸球游戏决定胜负，谁获胜谁去看电影。 1. 只摸一次球能决定胜负吗？ 2. 你有什么方法？ 3. 小组4人进行摸球游戏。		
		二、用树状图或表格求两步试验概率	1. 摸第一个球可能出现哪些结果？它们发生的可能性是否一样？ 2. 摸第二个球可能出现哪些结果？它们发生的可能性是否一样？ 3. 在摸出的第一个球是黄色的情况下，摸第二个球可能出现哪些结果？它们发生的可能性是否一样？如果摸出的第一个球是白色的呢？		

续 表

课题	用树状图或表格求概率			设计者	邹范	
所在单元	对概率的进一步认识	年级	九年级下册	课时	1课时	

评价设计	评价方案	核心目标	表现标准				评价任务（包括情境和核心问题）	评价工具
		在试验和统计活动中，积累活动经验，体会概率与统计的关系，进一步认识频率与概率的关系，加深对概率的理解。	表现维度	A	B	C	在一个不透明的袋子里装有3个小球，每个球上都写有一个数字，分别是1，2，3，这些小球除数字不同外其他均相同。从中随机摸出一个小球，记下数字后放回，将球搅匀，再从中随机摸出第二个球。 （1）求两次小球上的数字都是奇数的概率。 （2）若记下数字后不放回，求两次小球上的数字都是奇数的概率。	生生评价。师生评价。
			能用试验法估计两步试验的概率。	能够正确进行试验，记录实验数据，计算事件发生的频率。	能够正确进行试验，记录实验数据，但不会计算事件发生的频率。	不能合理进行试验。		
			能用树状图或表格法求概率。	能正确用树状图或表格梳理事件所有可能的结果，并计算概率。	能正确用树状图或表格梳理事件所有可能的结果，但不会计算概率。	不会用树状图或表格梳理事件所有可能的结果。		

学习进程设计	
环节一：复习回顾	学习任务： 1. 小明和小颖都想周末去看电影，但是只有一张电影票，如何决定谁去？你有哪些方法？ 2. 两人通过做游戏决定胜负，谁获胜谁就去看电影。游戏规则如下： 不透明的箱中装有1个黄球和1个白球，除颜色外完全相同，任意摸出1个球，摸到黄球小明获胜，摸到白球小颖获胜。 这个游戏对双方公平吗？他们获胜的概率是多少？

续　表

课题	用树状图或表格求概率		设计者	邹范
所在单元	对概率的进一步认识	年级	九年级下册	课时	1课时

	学生活动	教师活动
环节一：复习回顾	学生课前整理七年级所学"概率初步"的思维导图，并投影展示交流。 　　学生回答问题，互相补充完善。 　　学生回顾之前探究一步试验求概率的研究路径，寻找相通之处，类比探究。 　　学生回答。	点拨指导： 1. 根据以前的学习，我们知道事件发生的可能性是有大小的，用概率表示。概率为1的事件是什么事件？ 2. 概率为0的事件是什么事件？ 3. 这两类事件统称为什么事件？ 4. 还有更多的事件概率介于0到1之间，这类事件称为什么事件？ 5. 我们重点研究的是随机事件如何求概率，你学过哪些求概率的方法？能不能举例说明一下？ 6. 重新梳理一下初二所学的概率知识，首先学习了事件的分类，然后学习了如何求一步试验的概率，最后用所学的知识解决实际问题。其中重点研究的是几步试验？用什么方法求概率？ 　　过渡语：初三我们将对概率做进一步的认识。（板书课题） 　　追问：你认为我们将从哪些方面进一步认识概率？如何想到？ 　　预设问题：这个游戏对双方公平吗？ 　　追问：他们获胜的概率是多少？
	设计意图：通过思维导图及预设问题引导学生梳理初二所学的概率初步的有关知识，主要是一步试验如何求概率，猜测初三将进一步研究两步及多步试验以及用什么方法求概率。	
环节二：实验探究	学习任务： 　　小明、小颖和小凡都想周末去看电影，只有一张电影票，只有1个黄球1个白球，三人还想通过摸球游戏决定胜负，谁获胜谁就去看电影。 　　问题1：只摸一次球能决定胜负吗？ 　　问题2：你有什么方法？ 　　问题3：不透明的箱中装有1个黄球和1个白球，除颜色外完全相同，连续摸两次球，摸完第一次记下颜色，放回搅匀，再从中随机摸第二个球。如果两次都摸到黄球，则小明获胜；如果两次都摸到白球，则小颖获胜；如果摸到一个黄球一个白球，则小凡获胜。 　　你认为这个游戏公平吗？	

续 表

课题	用树状图或表格求概率			设计者	邹范
所在单元	对概率的进一步认识	年级	九年级下册	课时	1课时

	学生活动	教师活动
环节二：实验探究	学生独立思考并回答： 1. 小组4人合作，1名同学负责摸球，组长负责记录。 2. 先从箱中摸出第一个球记下颜色后放回，充分搅匀，接着摸出第二个球，记下颜色后放回搅匀，作为小组的第一次摸球记录。 3. 重复步骤2的操作，每组记录20次，组长将结果记录在小组的表格中。 4. 小组记录完，组长到屏幕上的表格中填上自己小组的结果。	预设：只摸一次球能决定胜负吗？ 追问：你有什么方法？ 出示游戏规则： 预设可能存在的问题： 1. 搅拌不均匀。（点拨：将手放进箱中，至少顺时针搅动三圈） 2. 实验数据误差较大。 追问1：为什么出现这种情况？ 追问2：如何缩小差距？ 追问3：怎样获取更多的试验结果？ 过渡语：现在我们用试验的方法初步验证了同学们的猜想，能不能像以前一样，通过计算从理论上进一步验证猜想。请同学们思考下列问题。
	设计意图：一步试验解决不了问题，从而引出两步试验。由于学生还不会计算两步试验的概率，所以学生先猜想，然后类比一步试验，通过试验的方法，初步验证猜想。	

	学习任务： 小明、小颖和小凡都想周末去看电影，只有一张电影票，只有1个黄球1个白球，三人还想通过摸球游戏决定胜负，谁获胜谁就去看电影。 问题1. 摸第一个球可能出现哪些结果？它们发生的可能性是否一样？ 问题2. 摸第二个球可能出现哪些结果？它们发生的可能性是否一样？ 问题3. 在摸出的第一个球是黄色的情况下，摸第二个球可能出现哪些结果？它们发生的可能性是否一样？如果摸出的第一个球是白色的呢？	
环节三：理论验证	学生活动	教师活动
		学生展示交流的时候，教师板书梳理。 典型展示——树状图 第一个球　第二个球　所有可能出现的结果 　　　　　　白　　　（白，白） 　　　白 　　　　　　黄　　　（白，黄） 开始 　　　　　　白　　　（黄，白） 　　　黄 　　　　　　黄　　　（黄，黄）

续 表

课题	用树状图或表格求概率			设计者	邹范
所在单元	对概率的进一步认识	年级	九年级下册	课时	1课时

环节		
环节三：理论验证	学生独立完成，通过合作交流总结出求一件事情发生的概率必须是所有可能出现的结果都相同，班级展示时生生之间、师生之间共同纠错，深化对概率公平性的理解。 学生独立完成表格的填写，让学生先自己用表格表示出所有可能出现的结果，然后通过合作交流并总结出求一件事情发生的概率必须是所有可能出现的结果都相同。 生生之间、师生之间共同探究，完善解题思路。	共有4种可能的结果，每种结果出现的可能性相同，其中摸到2个黄球的结果有1种，即（黄，黄），摸到2个白球的结果有1种，即（白，白），摸到1个黄球1个白球的结果有2种，即（白，黄），（黄，白）， 所以$P($小颖获胜$)=\dfrac{1}{4}$，$P($小明获胜$)=\dfrac{1}{4}$，$P($小凡获胜$)=\dfrac{1}{2}$。 典型展示——表格。 （表格）
	设计意图：通过学生相互讨论，师生交流，教师板书，使学生能梳理出事件发生的所有可能结果，并用树状图或表格表示出来，计算求出两步试验的概率，从理论上进一步验证学生的猜想，提高学生分析问题的能力，培养学生善于思考，精益求精的良好思维习惯。	

环节四：跟踪评价	学习任务：在一个不透明的袋子里装有3个小球，每个球上都写有一个数字，分别是1，2，3，这些小球除数字不同外其他均相同。从中随机摸出一个小球，记下数字后放回，将球搅匀，再从中随机摸出第二个球。 (1) 求两次小球上的数字都是奇数的概率。 (2) 若记下数字后不放回，求两次小球上的数字都是奇数的概率。		
	学生活动		教师活动
	学生独立完成概率的探究，以小组为单位交流。		预设可能产生的问题： 1. 书写格式不规范。 2. 学生不理解不放回。
	设计意图：(1) 的设置是为评价学生对用树状图或表格求两步试验概率方法的掌握，(2) 的设置是为了促进学生的思维生长，探究不放回试验的概率求法。		

续 表

课题	用树状图或表格求概率		设计者	邹范
所在单元	对概率的进一步认识	年级 九年级下册	课时	1课时

环节五：盘点收获	学习任务： 1. 本节课你学到了哪些知识？ 2. 本节课你积累了哪些学习经验？		
	学生活动	教师活动	
	学生回顾本节课的知识、经验。	追问1：我们是怎样求两步试验的概率的？ 追问2：你认为接下来我们还将学习概率的哪些知识呢？	
	设计意图：师生互动，锻炼学生严谨的口头表达能力，培养学生有条理地梳理知识点，有目的地整合知识点的能力。 追问意在引导学生从获得两步试验概率的过程与方法角度进行小结，并渗透类比的数学思想。		

作业设计

一、基础型作业（必做题）：

1. 小亮与小明一起玩"石头、剪刀、布"的游戏，两同学同时出"剪刀"的概率是（ ）

A. $\frac{1}{4}$ B. $\frac{1}{3}$ C. $\frac{1}{2}$ D. $\frac{1}{9}$

2. 某商场在今年"十一"国庆节举行了购物摸奖活动。摸奖箱里有四个标号分别为1，2，3，4的质地、大小都相同的小球，任意摸出一个小球，记下小球的标号后，放回箱里并摇匀，再摸出一个小球，又记下小球的标号。商场规定：两次摸出的小球的标号之和为"8"或"6"时才算中奖。请利用"树状图法"或"列表法"求出顾客李老师参加此次摸奖活动时中奖的概率。

二、拓展型作业：

1.（必做题）

一个盒子里有完全相同的三个小球，球上分别标有数字 -2，1，4，随机摸出一个小球（不放回），其数字记为 p，再随机摸出另一个小球，其数字记为 q，则满足关于 x 的方程 $x^2 + px + q = 0$ 有实数根的概率是 _____。

2.（选做题）运用已有经验及本节所学的探究方法，探究：

在一个不透明的袋子里装有3个小球，每个球上都写有一个数字，分别是1，2，3，这些小球除数字不同外其他均相同。从中随机摸出一个小球，记下数字后放回，将球搅匀，再从中随机摸出第二个球，记下数字后放回，将球搅匀，再从中随机摸出第三个球。求两次小球上的数字都是奇数的概率。

三、探究型作业（选做题）：运用已有经验及本节所学的探究方法，探究：

4名同学都想周末去看演唱会，但只有一张门票，只好用抽签的方法来解决。他们做了4张一样的卡片，其中只有一张写有"门票"。将4张卡片放在一起洗匀，让4个人依次抽取（抽完后不放回）。你认为先抽签的人比后抽签的人抽到"门票"的机会大吗？为什么？

续 表

课题	用树状图或表格求概率	设计者	邹范
所在单元	对概率的进一步认识	年级	九年级下册	课时	1课时

板书设计

6.1 用树状图或表格求概率

```
                    ┌─ 必然：1
           ┌─ 确定 ─┤
           │        └─ 不可能：0
           │
 事件 ─┬───┤                    ┌─ 试验：大量重复              ┌─ 猜想
       │    │        ┌─ 一步试验 ─┤                              │
 概率 ─┤    │        │            └─ 计算                        │
       │    └─ 随机 ─┤ 类比                              验证 ─┼─ 试验
 应用 ─┘             │            ┌─ 试验：大量重复              │
                     ├─ 两步试验 ─┤           ┌─ 树状图 → 板书过程  └─ 理论
                     │            └─ 计算 ─┤
                     │                       └─ 表格 → 投影
                     └─ 多步试验
```

教学反思与改进

本节课的两个目标：1.会用合适的方法计算简单随机事件发生的概率。2.在试验和统计活动中，积累活动经验，体会概率与统计的关系，进一步认识频率与概率的关系，加深对概率的理解。

在摸球试验时，个别组的学生得出的试验数据误差较大，主要是因为学生摸球的动作不标准，没有严格按照要求去操作，应该在学生操作之前，着重强调操作要求。